Manual de
EDUCACIÓN
CRISTIANA

Bruce P. Powers, editor

Traductora: Sonia Soto

EDITORIAL MUNDO HISPANO

Editorial Mundo Hispano

Apartado 4255, El Paso, Texas 79914, EE. UU. de A.

www.editorialmh.org

Manual de educación cristiana. © Copyright 2006, Editorial Mundo Hispano, 7000 Alabama St., El Paso, Texas 79904, Estados Unidos de América. Traducido y publicado con permiso. Todos los derechos reservados. Prohibida su reproducción o transmisión total o parcial, por cualquier medio, sin el permiso escrito de los publicadores.

Publicado originalmente en inglés por Broadman & Holman, bajo el título *Christian Education Handbook. A Revised and Completely Updated Edition*, por Bruce P. Powers, Editor. © Copyright 1996, Broadman & Holman.

Las citas bíblicas han sido tomadas de la Santa Biblia: Versión Reina-Valera Actualizada. © Copyright 1999, Editorial Mundo Hispano. Usada con permiso.

Editoras:
Alicia Zorzoli
Vilma Fajardo

Diseño de la portada:
Carlos Aguilar

Diseño de páginas:
Olpa Mendoza

Primera edición: 2006
Clasificación Decimal Dewey: 268.1
Tema: Educación cristiana

ISBN: 0-311-11062-2
EMH Núm. 11062

3 M 7 06

Impreso en EE. UU. de A.
Printed in U.S.A.

Dedicado a

Clara Langston y a la memoria de Perry Q. Langston,
amigos y colegas con una gran visión de la dimensión educacional del ministerio.
El doctor Langston fue profesor de educación religiosa en la universidad de
Campbell, Buies Creek, Carolina del Norte durante más de 30 años.

Contenido

Prólogo

La administración del tiempo es uno de mis mayores problemas. Como ministro de una iglesia, como administrador educativo y como maestro con más de 20 años de experiencia, he encontrado que estar al día con los aspectos relacionados con mi trabajo es lo que principalmente me consume más tiempo y energía.

Me he dado cuenta de que la clave del problema es que siempre ha existido una *sobrecarga administrativa*, relacionada mayormente con procedimientos de información, organizaciones y procedimientos administrativos.

Como líder educativo, siempre busqué recursos que me pudieran ayudar a ser más eficaz en mi trabajo proveyéndome información básica y directrices administrativas. Al ser responsable de todo el ministerio educativo de la iglesia, no obstante, pronto experimenté una sobrecarga de *recursos*. No era que esa información no fuera útil, pero cada manual daba instrucción detallada para administrar un programa particular u organización. Eso era excelente para los directores de esas actividades, pero una sobrecarga para mí.

¿Qué acerca de los pastores, ministros de educación y otros líderes clave de la iglesia que tienen la responsabilidad principal de administrar la *totalidad* del programa educativo? ¿Qué hay para ayudar a los líderes que están en este nivel de responsabilidad?

A medida que discutía esta necesidad con los líderes de la iglesia, me di cuenta de que muchos de nosotros compartíamos inquietudes similares. Una respuesta que surgió fue la idea de un manual que brindara tanto información esencial como pautas para administrar todo el ministerio educativo en la iglesia local: un recurso que combinara el por qué y el cómo, con información y procedimientos apropiados para los líderes clave.

El resultado es este volumen, escrito por personas que han servido en iglesias que aman la dimensión educativa del ministerio, y que se distinguen como maestros y administradores.

Al usar este libro, encontrará que puede leerse consecutivamente o que puede ser consultado temáticamente buscando en la extensa lista del contenido. Cada capítulo es independiente y hace referencia a otras porciones apropiadas. Por consiguiente, hay sobreposición, pero es inherente al diseño.

El libro está dividido en tres secciones: Fundamentos (caps. 1-3), administración (caps. 4-12) y liderazgo (caps. 13-15). Los temas van desde los principios generales teológicos y educativos hasta las estrategias específicas de administración y liderazgo. Cada capítulo se enfoca en formas prácticas para usar la información presentada.

Los autores desean mostrarles su aprecio a los publicadores por animarlos y por su perspicaz participación en esta nueva y ampliada edición; a la Junta de Escuelas Dominicales (JED) por apoyar el proyecto y proveer acceso a los recursos apropiados; a más de 30.000 iglesias y líderes denominacionales, estudiantes y profesores que han usado este recurso; y a nuestros estudiantes que en su proceso de aprendizaje nos han ayudado a refinar los conceptos, valores y técnica que esperamos impartir.

Me gustaría expresarles mi gratitud personal a los autores de este volumen y a Mary Lou Stephens, mi muy servicial secretaria.

—Bruce P. Powers
Wake Forest, Carolina del Norte

Colaboradores

Bob I. Johnson, decano de Boyce Bible School, Louisville, Kentucky

Bruce P. Powers, profesor de educación cristiana, Southeastern Seminary, Wake Forest, North Carolina, y profesor visitante Langston, Campbell University, Buies Creek, North Carolina

Jerry M. Stubblefield, profesor de educación cristiana, Golden Gate Seminary, Mill Valley, California

Edward A. Buchanan, profesor de educación cristiana, Southeastern Seminary, Wake Forest, North Carolina

Daniel Aleshire, director asociado de Association of Theological Schools en los Estados Unidos y Canadá, Pittsburgh, Pennsylvania

James F. Hines, decano académico y profesor de educación religiosa, Central Seminary, Kansas City, Kansas

C. Ferris Jordan, profesor de educación cristiana y educación de adultos, New Orleans Seminary, New Orleans, Louisiana

FUNDAMENTOS PARA LA ADMINISTRACIÓN Y EL LIDERAZGO

1. Ministerio educativo de la iglesia
2. Educación cristiana y teología
3. El testigo cristiano

Por tanto, sed imitadores de Dios como
hijos amados, y andad en amor,
como Cristo también nos amó
y se entregó a sí mismo por nosotros
como ofrenda y sacrificio
en olor fragante a Dios.
Efesios 5:1, 2

CAPÍTULO UNO

MINISTERIO EDUCATIVO DE LA IGLESIA

Bruce P. Powers

Aunque la iglesia siempre ha sido una institución de enseñanza, fue recién a principios de 1900 cuando las iglesias identificaron sus actividades formales de enseñanza como un ministerio o programa educativo.

La Escuela Dominical, en gran parte una actividad extramuros y una organización dirigida por laicos durante el siglo XIX, fue luego adoptada por algunas denominaciones como un medio para la enseñanza de la Biblia a las masas. Esta influencia, junto con el creciente interés público por la educación y el desarrollo moral durante los inicios del siglo XX, ejerció una fuerte presión sobre las iglesias para idear organizaciones y programas educativos que comunicaran el contenido y los valores de su fe.

Los primeros administradores educativos salieron primordialmente de la tradición de la escuela pública. En las iglesias grandes, los voluntarios no pudieron manejar más la tarea tan absorbente de tiempo de seleccionar y entrenar maestros, organizar la Escuela Dominical y otras organizaciones educativas, desarrollar los programas de estudio, planificar con los líderes y administrar las instalaciones. Por consiguiente, las iglesias grandes comenzaron a buscar a sus más calificados voluntarios y les extendieron una invitación para ampliar sus responsabilidades y oportunidades en el ministerio educativo.

Desde este modesto inicio, se ha desarrollado un área diferente del ministerio de la iglesia junto con su correspondiente función administrativa: la de la administración educativa.

La educación, junto con la adoración, la proclamación, el ministerio y el compañerismo, se reconoce ahora como una de las principales funciones de la iglesia. Mientras las otras funciones han sido administradas tradicionalmente por el pastor, en las grandes iglesias las responsabilidades educativas les han sido delegadas a especialistas, y en las iglesias pequeñas a líderes voluntarios. Aunque al principio la mayoría de los especialistas educativos no fueron vistos como ministros, tales líderes hoy en día reciben preparación teológica en el área de educación y sirven como parte del personal ministerial de la iglesia.

En las iglesias pequeñas, el pastor es generalmente la persona clave en la administración educativa, y asume esta responsabilidad junto con otras.

Hasta cierto punto, sin embargo, bien o pobremente llevado a cabo, en cada iglesia se provee el ministerio educativo. El punto inicial se encuentra en la declaración de propósitos u objetivos de cada congregación o, si no está formalmente declarado, en la esperanza y los sueños de la gente.

El propósito de la iglesia ha sido dividido en actividades formales e informales que han sido diseñadas para perpetuar la institución. Gran parte del ministerio o programa educativo está constituido por actividades formales como estudios bíblicos y grupos de capacitación; otra importante influencia complementaria la constituyen la enseñanza informal a través de la vida congregacional y la educación en la familia.

La responsabilidad principal del coordinador de educación es la planificación de actividades educativas bajo la dirección y el control de la iglesia. Y son estas actividades educativas comprendidas dentro del plan estructurado de estudios las que capacitan a la iglesia para lograr su propósito.

¿QUÉ ESTAMOS TRATANDO DE HACERLE A LA GENTE?

La respuesta a la pregunta: ¿qué estamos tratando de hacerle a la gente? sugiere una expectativa de la congregación acerca de su ministerio educativo y su líder. Si estas expectativas están claramente definidas, se pueden proveer estructuras y experiencia apropiadas. La alternativa es tener expectativas poco claras (o inseguras) que corresponden a estructuras y experiencias que producen resultados ambiguos.

La enseñanza en la iglesia primitiva se enfocaba principalmente en la instrucción catequística, o *adoctrinamiento*, la cual permaneció como la mejor expresión de la educación cristiana hasta el desarrollo de la Escuela Dominical en el siglo XVIII.

Junto con la idea de la escuela eclesiástica para laicos vino un renovado interés por la *educación*, latente desde la Reforma. Una persona educada podía usar la Biblia e interpretar el mensaje de Dios sin depender de otra. Los compromisos, escogidos libremente a través del estudio personal, podían ser la base para las creencias cristianas en vez de adoptar una serie de creencias transmitidas por otros. Por lo tanto, la educación tomó su lugar junto al adoctrinamiento como una forma de transmitir la fe.

El avivamiento, particularmente en los Estados Unidos de América durante los siglos XVIII y XIX, fue una importante influencia que relacionó la Escuela Dominical y el evangelismo. El rápido crecimiento del movimiento de la Escuela Dominical, la necesidad de una forma para enseñarles a los convertidos y el uso de la Escuela Dominical para la *proclamación* (llamado también alcance y testimonio) contribuyeron a identificar lo que ha venido a ser una parte inseparable del ministerio educativo en las iglesias evangélicas. Así se desarrolló la afirmación general de que la Escuela Dominical es la responsable del estudio de la Biblia *y* de la proclamación, y que los ministros o directores de educación tienen una importante responsabilidad en el crecimiento de la iglesia.

Hoy en día, la postura general del ministerio educativo de la iglesia abarca estas tres tradiciones: *adoctrinamiento*, *educación* y *proclamación*. Cada denominación, verdaderamente cada iglesia, incorpora elementos de cada una de las tres tratando de contestar la pregunta: "¿qué estamos tratando de hacerle a la gente?". Y, sin ninguna sorpresa, cada tradición provee un ingrediente único y necesario para la educación cristiana eficiente.

La iglesia que enseña

Aunque *la enseñanza* abarca diferentes maneras de impartir información, técnicas y valores de manera que otros aprendan, cada una de las tradiciones antes citadas representa solamente una expresión parcial de la enseñanza de la iglesia.

Adoctrinamiento. Está dedicado a instruir en las creencias y prácticas fundamentales; es usado para infundirles a los alumnos un punto de vista partidista y marcadamente sectario. Esto es necesario para asegurar que las creencias pasen de una generación a otra y para proveerle un fundamento a la juventud y a los nuevos cristianos, de manera que ellos se puedan mover eficazmente en la corriente de la vida congregacional.

Educación. Cuando este término se volvió popular en las iglesias durante los inicios del siglo XIX, el énfasis radicaba en sacar a la luz las habilidades latentes, dadas por Dios, de los jóvenes. A medida que las personas se desarrollaban, debían ser expuestas a la historia, las creencias y prácticas de su fe apropiadas para su nivel de comprensión. Esta forma de enseñanza buscaba capacitar a los alumnos para obtener un conocimiento de su fe por sí mismos en vez de depender solamente de los instructores o de la tradición. Por consiguiente, las personas estaban conscientes de y desarrollaban la capacidad de interpretar no solamente su propia fe, sino también otras tradiciones de fe. El resultado de convicciones religiosas era algo más personal que sectario y, sobre todo, el desarrollo era más consistente con la habilidad de cada individuo.

Proclamación. Testificar o ser testigo de lo que se ha experimentado es la base de la proclamación como un tercer elemento de la iglesia que enseña. El deseo de hablar sobre ello e involucrar a otros en la propia creencia y prácticas evidencia que el compromiso es fuerte. Hay dos aspectos de la proclamación que contribuyen a un ministerio efectivo: (1) dar testimonio de lo que se cree y experimenta, y (2) atraer personas a la vida y a las organizaciones de la iglesia. Ambos los inicia un creyente con la esperanza de que resulte un nuevo convertido y/o un nuevo participante que obtiene los mismos beneficios testificados por los creyentes. La proclamación es necesaria para expandir el mensaje del evangelio y para asegurar la participación en las actividades obvias de la enseñanza en la congregación.

El ministerio educativo de hoy en día

La mayoría de las iglesias evangélicas usan el término *ministerio educativo* para identificar las funciones de una iglesia que enseña y que fueron descritas anteriormente. Es importante reconocer que las tres tradiciones tienen su lugar y, de hecho, contribuyen a la efectividad de la una con la otra. Cuando una es débil o se la ignora, las otras sufren; y cuando se enfatiza una en detrimento de las otras, habrá finalmente deterioro en toda la eficacia.

¿Qué estamos tratando de hacerle a la gente? Considere esto como una posible respuesta: El propósito del ministerio educativo es desarrollar entre las personas una comprensión de, un compromiso hacia, y una habilidad de practicar las enseñanzas cristianas. Otra forma de verlo es describir la educación cristiana como el esfuerzo continuo de los creyentes que buscan entender, practicar y propagar la revelación de Dios.

El cristianismo puede ser visto como la vida de una comunidad, y el ministerio educativo como el trabajo de esa comunidad. El objetivo no es tanto promover al grupo sino contribuir a la misión reconciliadora a la que la comunidad es llamada. Por lo tanto, desde una perspectiva total, el ministerio educativo debe ser visto como el esfuerzo "para introducir a una persona a la vida y a la misión de la comunidad de fe cristiana"[1].

Muchos ministros han sido influenciados por la imagen de la familia, especialmente en relación con la responsabilidad de los padres y de los maestros. Por ejemplo, el Nuevo Testamento usa la figura de la adopción para describir lo que les pasa a las personas de la fe cristiana (Rom. 8:23; Gál. 4:5). A través de la adopción los niños entran a una familia; la familia se convierte en *su* familia, y ellos se convierten en sus hijos. Estos adoptan el estilo de vida de la familia, sus prácticas e ideas, sus preciosos símbolos y los chistes familiares. La familia recibe a los niños con cordialidad, pone los recursos que tiene a disposición de los niños, y les trasmiten a los jóvenes sus hábitos y valores. "En este proceso educativo, las instrucciones deliberadas juegan un papel muy importante, pero es menos significativo que la enseñanza y el aprendizaje que inevitablemente vienen con la vida. Por lo tanto, la adopción es una metáfora sugestiva para el ministerio educativo de la iglesia"[2].

La respuesta a la pregunta: "¿Qué estamos tratando de hacerle a la gente?" es realmente una esperanza y un objetivo. Es central para nuestro papel como líderes y en el ministerio de hoy en día incorporar lo mejor de las tres tradiciones que constituyen nuestra historia.

ENTENDIENDO A SU IGLESIA Y SU MINISTERIO EDUCATIVO

Cualquiera que sea la forma que haya asumido su ministerio educativo, existe de esa manera porque alguien creyó que los programas, las instalaciones, la disposición de la organización, el plan de estudios y otros componentes eran la mejor forma de lograr la educación cristiana. Estas estructuras capacitan a la iglesia para hacer su trabajo.

Los maestros de ciencias sociales a menudo hablan del ciclo de la vida a través del cual la organización se desarrolla. Aplicando esta teoría a la iglesia, podemos entender cómo se desarrolla la estructura, predecir problemas potenciales y determinar una estrategia de liderazgo apropiada basada en las necesidades de una situación particular.

Considere cómo se mueve la iglesia a través de las fases de este ciclo de la vida, como lo ilustra la figura 1.

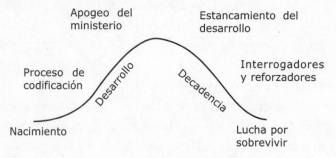

Figura 1

Nacimiento

En la fase de nacimiento, la organización se desarrolla a partir de las esperanzas y los sueños de una persona o un grupo. Los iniciadores invitan a otros a formar parte de la organización de una iglesia que llene las expectativas originales de los fundadores, a menudo llamadas las *metas fundadoras*.

Desarrollo

La segunda fase se enfoca en el desarrollo de la institución. Las estructuras se desarrollan para ayudar a la iglesia a lograr los sueños de sus organizadores teniendo en cuenta las expectativas de los miembros de la institución y los recursos disponibles. Un término apropiado para este proceso es *codificación*. Si bien una organización nace de ideas y de sueños, la manera como alcanza esos propósitos está determinada por la estructura creada para perpetuar esa institución. Este es el proceso de codificación; es el desarrollo de los recursos posibles para implementar las *metas fundadoras*, tales como programas, instalaciones y planes de estudio. Esta es la forma en la cual una congregación hace su trabajo.

Apogeo del ministerio

En la fase de apogeo del ministerio, la organización llena efectivamente las necesidades de la congregación y efectúa su trabajo en la comunidad. Este es un tiempo caracterizado por la cohesión y las buenas sensaciones. La iglesia experimenta crecimiento en la membresía, fuerte apoyo y compromiso entre los miembros, aprecio de la comunidad, y una relativa facilidad para tomar decisiones. La misión y el ministerio de la iglesia son centrales para todas las actividades y las decisiones.

Estancamiento del desarrollo

Inevitablemente, sin embargo, lo que ha sido codificado comienza a perder efectividad. Con el tiempo, la situación y las condiciones que produjeron ciertos programas, organización, instalaciones, personal y procedimientos cambian. Hay un movimiento en la membresía que resulta en gente nueva que no entiende o aprecia las formas o estructuras tradicionales que han sido codificadas. Finalmente, si no se hacen ajustes o cambios, los recursos desarrollados para ayudar a que la iglesia alcance sus propósitos comienzan a perder efectividad.

La fase de estancamiento con frecuencia comienza sutilmente cuando el deseo de mantener las cosas va reemplazando gradualmente al anhelo de innovar y adoptar. El deseo de encontrar seguridad a través de estructuras familiares resulta en una congregación que resiste los cambios. El resultado es una disminución gradual en la efectividad.

La asistencia y la participación comienzan a decrecer, los intereses evangelísticos se moderan y el fervor asociado con el apogeo del ministerio desaparece. Hay un énfasis diferente en hacer que la organización existente funcione y se evitan los cambios grandes. Aunque previamente la misión y el ministerio guiaron a la iglesia, durante esta fase se vuelve más importante el mantenimiento de una organización viable.

Decadencia

Si el ciclo de la vida continúa, llega la decadencia. Esta fase aparece cuando los esfuerzos por mantener funcionando el sistema no son los adecuados para que se mantenga el nivel de estancamiento. La congregación completa su transformación desde un enfoque en la misión y el ministerio de la iglesia a uno de mantenimiento de la institución. El tiempo y el dinero que se usaron anteriormente para alcanzar y servir a otros ahora se redirigen para llenar las necesidades de la institución y de sus miembros.

El ministerio de la enseñanza, anteriormente consagrado a un énfasis balanceado de la instrucción, la formación y la proclamación, ahora se enfoca más en la formación y descuida las otras áreas. Mientras que en la fase de desarrollo eran muy fuertes la asistencia a los estudios bíblicos, el desarrollo cristiano y las actividades misioneras, en la fase de decadencia tienen prioridad la participación en la adoración y otras actividades que requieren menos responsabilidad personal.

Lucha por sobrevivir

Esta última fase, la lucha por sobrevivir, la enfrentan las iglesias que no tienen la capacidad o el deseo de adaptarse a las necesidades cambiantes. Para algunas congregaciones, la existencia será un continuo esfuerzo de aquellos comprometidos con la supervivencia de la organización. Para otras con recursos inadecuados o capacidad para resistir, el ciclo de la vida termina.

CUESTIONADORES Y REFORZADORES

Durante la fase de estancamiento comienza un interesante despliegue que se intensifica a medida que la iglesia comienza su decadencia. Uno por uno, los miembros comienzan a polarizarse en interrogadores y reforzadores al tiempo que perciben que no está todo bien.

Cuestionadores

Generalmente, la respuesta inicial entre aquellos que no estuvieron involucrados en la fase de codificación es una expresión de duda acerca de la efectividad de algunos aspectos de la vida de la iglesia. Surgen preguntas y comentarios tales como: "¿Qué pasa con nuestra iglesia?". "¿Por qué es tan difícil conseguir gente que sirva?". "¿Cómo podemos mejorar el interés en las misiones en nuestra iglesia?". "¿Por qué seguimos haciéndolo de esta manera?". "Creo que necesitamos un nuevo liderazgo". "¿Qué deberíamos hacer?".

Reforzadores

En respuesta a los disturbios, las personas comprometidas con la herencia y las tradiciones de la iglesia comienzan a dudar que la congregación esté poniendo su mejor esfuerzo para que se lleve a cabo el trabajo. Los cuestionadores son vistos como personas problemáticas que no entienden que la organización ha funcionado bien en el pasado.

Los reforzadores defienden las estructuras existentes, creyendo que la renovación viene a medida que los miembros se comprometen de nuevo y dan de sí mismos sin egoísmo. Buscan conservar los recursos y preservar la institución. El personal, las instalaciones, los programas y otras cosas deben servir más efectivamente a las necesidades de los miembros; otros intereses son secundarios.

Resultados potenciales

Si los reforzadores son lo suficientemente fuertes como para resistir los cambios necesarios, los interrogadores frecuentemente se retiran o desarrollan un subgrupo dentro de la congregación. Esto se puede observar cuando los que piensan de forma similar comienzan a organizar clases "renegadas" de Escuela Dominical, grupos de oración o de compañerismo, y actividades misioneras. Ocasionalmente, los cuestionadores simplemente aceptan la situación y se convierten en quejosos crónicos o en participantes pasivos. Sin ajustes importantes para enfrentar la situación cambiada, la decadencia continuará.

Por otra parte, si dominan los cuestionadores, existe potencial para un cambio desenfocado y radical que puede interrumpir la continuidad y la operación de la organización. Hay pérdida del compromiso hacia la institución y de la capacidad para resolver los problemas normalmente adquirida a través de la historia y de la experiencia. El interés por respuestas estudiadas y bien definidas de parte de la congregación da camino a una acción conveniente e inmediata.

Claramente, tanto cuestionadores como reforzadores son necesarios para la estabilidad y la iniciativa en la solución de los problemas; pero cada grupo puede crear problemas que más adelante fomentarán una decadencia. Sin ajustes importantes que enfrenten las circunstancias cambiantes, la congregación continuará su camino cuesta abajo.

Afortunadamente, sin embargo, la mayoría de las iglesias no alcanzan la fase final. A medida que empieza la decadencia y los cuestionadores y los reforzadores se vuelvan prominentes, hay un desarrollo inusual. El nivel de tensión se levanta a medida que la insatisfacción aumenta, y los líderes tienen que enfrentar la toma de acción. Algunos líderes escogen este tiempo para trasladarse a otras iglesias. Otros se vuelven más positivos al buscar solución a los problemas. De cualquier manera, los líderes y la congregación comienzan a dirigirse hacia asuntos clave como:

• ¿Cuáles son nuestros problemas?
• ¿Por qué estamos sintiendo de esta manera?
• ¿Qué deberíamos estar haciendo?
• ¿Cuáles son las mejores opciones para nuestras circunstancias?

Es esta búsqueda de respuesta la que a menudo crea oportunidades para la renovación, ya que las personas se encuentran a sí mismas involucradas en el mismo tipo de ambiente creativo de solución del problema que dio a luz a la organización original. Por lo tanto, la congregación tiene la oportunidad de codificar otra vez qué es y cómo se hace el trabajo basándose en las necesidades y en los recursos presentes.

Figura 1.2

Como se muestra en la figura 1.2, este reavivamiento puede ser extenso si el cuestionador es fuerte, o puede ser insignificante si los intereses del reforzador son dominantes. A pesar de eso, la iglesia vuelve a pasar a través de las mismas fases, con muchas de las mismas oportunidades y los mismos problemas para ser enfrentados otra vez.

ESTRATEGIA DE LIDERAZGO

Su iglesia está en una de estas fases. Por lo tanto, la forma en que usted lleve a cabo el ministerio educativo debe verse no solamente en la perspectiva presente, sino también en relación con las fases previa y futura. Idealmente, los líderes educativos harán continuamente ajustes y evaluaciones para evitar la decadencia. Preguntas tales como: "¿qué debemos estar haciendo para lograr nuestro propósito?", y "¿cuáles son nuestras mejores opciones?", retratan un liderazgo comprometido que animará y ayudará a la iglesia a mantener una organización viable y ministerios relevantes para la congregación y también para el mundo[3].

Los objetivos de un líder

Además de comprender los patrones de desarrollo de su iglesia y de estar comprometido a mantener una organización efectiva, ciertas acciones del líder son necesarias para tener éxito. Cuando administre el ministerio educativo de su iglesia, busque los siguientes objetivos:

• Clarifique y base todas las decisiones en la declaración de misión de la iglesia.

• Dirija a los miembros a establecer metas comunes y ayúdelos a alcanzarlas.

• Involucre a la gente que se verá afectada en el proceso de tomar decisiones.

• Sea flexible al enfrentar necesidades cambiantes.
• Distribuya las responsabilidades del liderazgo ampliamente entre gente responsable.
• Apoye los valores del grupo cuando sea apropiado y cuestiónelos cuando sea necesario.
• Aprenda de los posibles fracasos y no se deje inhibir por ellos.
• Tome decisiones basado en la información y no en las emociones.
• Anime el desarrollo y el uso de los dones individuales.
• Mantenga un balance saludable entre el cuidado del trabajo y el de la gente.
• Mantenga un fundamento espiritual fuerte en su vida personal y en la vida de la organización.

El compromiso del líder

Durante mis estudios de postgrado, fui profundamente impresionado por James Smart, un erudito del Antiguo Testamento, quien tuvo una profunda experiencia cuando llegó a entender el papel de la educación cristiana en el ministerio de la iglesia. Al describir sus experiencias en *The Teaching Ministry of the Church* (El ministerio de enseñanza en la iglesia), Smart acusa a nuestras iglesias de tener misiones, pero las congregaciones no se ven a sí mismas como misioneras. Los miembros prefieren ser "cristianos ordinarios" con poca participación en la misión de Jesucristo.

Él sugirió, en reacción a la enseñanza moral de sus días, que redefinamos el propósito de la educación cristiana de manera que dirijamos a la gente a Cristo y a desarrollar creyentes que vivan apasionadamente en obediencia y respondan a la Palabra de Dios:

> Nuestra meta no debe ser menor a la que Jesús y sus apóstoles tuvieron ante ellos. Enseñamos para que a través de nuestra enseñanza Dios pueda trabajar en los corazones de aquellos a los que enseñamos para hacer de ellos discípulos totalmente comprometidos con su evangelio, con una comprensión de éste, y con una fe personal que los capacite a sobrellevar un testimonio convincente en palabra y acción en medio de un mundo incrédulo. Enseñamos para que a través de nuestra enseñanza Dios pueda crear una iglesia... cuyo creciente y cautivante propósito será servir a Jesucristo como un cuerpo terrenal a través del cual él pueda continuar su redención del mundo [4].

En esencia, un ministerio educativo de calidad demanda el compromiso de alcanzar, enseñar, desarrollar e involucrar a las personas en el servicio cristiano.

No hay mayor necesidad u oportunidad que enfrentan los líderes educativos que hacer discípulos y llevarlos a una vida y fe maduras en la iglesia. Ayudar a la gente a encontrar su realización como parte del cuerpo de Cristo y a tener parte en su misión es un ministerio que encarna claramente la enseñanza de Jesús de que los líderes efectivos deben ser siervos capaces (ver Mat. 20:26).

CAPÍTULO DOS

EDUCACIÓN CRISTIANA Y TEOLOGÍA

Daniel Aleshire

"¡Suban a bordo, pequeños, suban a bordo!". Las palabras de este canto espiritual repicaron a través de las iglesias en casas y en los campos rurales de los Estados Unidos del siglo XIX. "¡Suban a bordo, pequeños, suban a bordo... del tren del evangelio!". El canto era un llamado a la fe, un llamado a una nueva forma de vida. Era un llamado a abordar las buenas nuevas y a disponerse al viaje, en las palabras de otro antiguo himno, "con destino a la tierra prometida". La imagen era la de un alegre vehículo que avanzaba con estruendo a través de la campiña mientras recogía pasajeros a lo largo de la vía. El tren del evangelio es una visión del siglo XIX de la vida cristiana. Las personas venían a Cristo, compartían juntas la vida y las experiencias, y viajaban hacia la recompensa celestial.

La imagen de la iglesia identifica una esperanza y un problema. La vida cristiana sí tiene un inicio para cada individuo, un tiempo para abordar el tren. El problema es, ¿qué hace la gente una vez a bordo? El tren del evangelio es una buena metáfora para el principio y el final de la vida cristiana, pero, ¿qué del trayecto? ¿Qué hacen los cristianos durante el viaje?

La iglesia primitiva nació declarando el *kerygma*, la historia del amor de Dios y de la gracia salvadora disponible a través de Jesucristo. La iglesia tuvo dificultades con asuntos tales como a quiénes les estaba permitido oír las buenas nuevas (Hech. 15:1-29), y cómo y quién debía llevar a cabo el trabajo misionero (ver Hech. 15:36-41). Conforme pasó el tiempo, los asuntos que confrontaban los cristianos se expandieron e incluyeron un interés creciente por la vida y la enseñanza de Jesús, y también la comprensión de la iglesia en cuanto a la naturaleza de la fe y sus implicaciones para vivir vidas fieles. La tarea del *kerigma*, la proclamación del evangelio, nunca terminó. Pero a medida que los creyentes comenzaron a vivir todo el curso de su vida, la importancia de la *didaché* —la enseñanza acerca de la obra de Dios y de la vida de fe— aumentaron.

"¡Suban a bordo, pequeños, suban a bordo!". Es el llamado del *kerygma*: oír el llamado de la fe y responder. Sin embargo, abordar el tren sólo es el inicio del viaje; continuar el viaje requiere instrucción en la fe. El mandato para la iglesia primitiva fue enseñar, bautizar y hacer discípulos (Mat. 28:19, 20). No es suficiente hacer que los pequeños aborden el tren, aunque este es el innegable inicio. Además, deben aprender las verdades profundas de la fe cristiana. Deben llegar a entender la fe que produce emoción por la llegada del reino y produce paciencia para los largos días del viaje. Enseñar, formar discípulos y lidiar con la vida en el tren son actividades relacionadas con la educación cristiana.

La educación que guía al discipulado tiene varios requisitos, y en este capítulo veremos cuatro de ellos. Primero, la educación que es fiel a la gracia del evangelio requiere una visión de la iglesia, su propósito y misión. La educación cristiana debe surgir de la misión de la iglesia y dirigir a su gente hacia el discipulado auténtico. Segundo, la educación cristiana requiere metas y objetivos teológicamente informados. Tercero, el aprendizaje que resulta de la educación cristiana requiere cierta consideración seria. El aprendizaje debe ser de una clase especial; la clase que provee conocimiento, instila sentimientos y conduce a una vida recta. Cuarto, los procesos y las organizaciones que la iglesia usa para educar a la gente en la fe requieren una evaluación y renovación continua y cuidadosa.

LA NATURALEZA Y LA MISIÓN DE LA IGLESIA

El tren del evangelio es una "imagen" de la iglesia. Es un retrato que representa fidedignamente la vida de fe como un viaje. Pero, al igual que cualquier imagen de la iglesia, no describe a la iglesia en su plenitud. W. O. Carver anotó que: "Ya que el Nuevo Testamento no tiene en ninguna parte una definición explícita de la iglesia, debe alcanzarse un criterio básico y concluyente a través de un estudio inductivo de los libros del Nuevo Testamento"[1]. Es sorprendente, y algunas veces misterioso, que el Nuevo Testamento en ninguna parte provea una descripción definitiva de la iglesia ni de su naturaleza y misión.

¿Por qué, en un asunto tan importante como la misión y la naturaleza de la iglesia, la Escritura no provee una declaración clara? Como en muchos otros asuntos de significado profundo (por ejemplo, la obra de la redención, la calidad de la vida de un discípulo), no hay ni una sola imagen que sea adecuada para captar la riqueza del significado trasmitido por el concepto. Como los sonidos que juntos forman una sinfonía, un entendimiento fiel surge a menudo de la suma de muchas partes.

La Biblia habla profusamente sobre la naturaleza de la iglesia, pero siempre en ejemplos y retratos, nunca en una definición explícita. Aunque los retratos y los ejemplos derivados de un estudio inductivo de la Escritura carecen de precisión, son lo mejor que tenemos y, quizá, la mejor forma de entender la iglesia y su misión. Considere tres de ellos.

La iglesia como el pueblo de Dios

Algunas veces se presenta a la iglesia como el "pueblo de Dios". Este concepto de la iglesia tiene sus raíces en el Antiguo Testamento. Dios hizo un pacto con el pueblo de Israel, y ellos se convirtieron en el pueblo de Dios. A través del pueblo de Dios, la relación entre la humanidad y Dios —rota desde hacía mucho tiempo debido al pecado— pudo ser restaurada. La idea de "pueblo de Dios" es que algunas personas en la tierra reciben la responsabilidad de compartir la esperanza de Dios para la reconciliación y la redención con todas las demás personas. Esta imagen no significa que el pueblo de Dios es el pueblo favorito de Dios. En lugar de eso, quiere decir que tiene una responsabilidad especial de compartir la Palabra de Dios con el mundo.

A través del pacto con Abraham, Israel fue escogido para ser el pueblo de Dios (ver Gén. 12:1-3; Gén. 17:1-8). Por medio de guardar el pacto, Israel fue llamado a ser una bendición a todos los pueblos del mundo. Israel entendió las expectativas de Dios, pero tuvo problemas para mantenerlas, al igual que los cristianos han tenido dificultades para ser fieles a las enseñanzas de Cristo. A pesar de los problemas, Dios permaneció fiel a las promesas del pacto, y el pueblo de Dios del Antiguo Testamento fue el medio de la más profunda bendición de Dios para la humanidad: Jesucristo, nacido de padres judíos en una aldea judía. El mártir Esteban declaró: "¡Vosotros que habéis recibido la ley por disposición de los ángeles, y no la guardasteis!" (Hech. 7:53). Jesús fue absolutamente fiel a la ley, aun hasta la muerte, y a través de su fidelidad, la ley fue cumplida. E. Glenn Hinson lo explica de esta manera: "Entonces, basándose en la fidelidad de Jesús de Nazaret, declararon los primeros cristianos, Dios hizo un nuevo pacto en cumplimiento de lo predicho por Jeremías (Rom. 11:27), y por Joel (Hech. 2:16-22). Él no llamó a un nuevo pueblo, sino que hizo un nuevo pacto con su pueblo. Ellos ya no serían llamados más Israel 'por sangre' sino Israel 'por el espíritu' (Rom. 9:6ss)" [2].

Por lo tanto, los seguidores de Jesucristo —al igual que el Israel del Antiguo Testamento— vinieron a ser el pueblo de Dios: un pueblo cargado con la responsabilidad de compartir la Palabra que puede restaurar la relación rota entre la humanidad pecadora y un Dios justo y amoroso.

La iglesia como el cuerpo de Cristo

Otra imagen de la iglesia que se usa frecuentemente en las cartas de Pablo es la de "cuerpo de Cristo". Esta imagen o modelo retrata a Cristo como la cabeza, y a los creyentes individuales —relacionados con el cuerpo a través del redentor amor de Cristo— como las otras partes del cuerpo. Como miembros del cuerpo, diferentes personas reciben diferentes dones, diferentes habilidades y diferentes funciones. Juntos, los miembros llevan a cabo el trabajo del cuerpo bajo la dirección de Cristo quien es la cabeza. Aunque el cuerpo se caracteriza por la diversidad de funciones, está unificado en propósito y en misión. A través de la iglesia, como cuerpo de Cristo, Dios continúa el esfuerzo de encarnación, extendiendo la presencia física del amor y de la voluntad de Dios en medio de la vida humana.

La iglesia como la nueva humanidad

Algunas veces, la imagen de la iglesia como el cuerpo de Cristo es combinada con la imagen de la iglesia como la "nueva humanidad". Ambas imágenes se encuentran frecuentemente en los escritos de Pablo, y la "nueva humanidad" está especialmente presente en Efesios y en Gálatas. Dios ha dado vida a la nueva humanidad a través de la misión redentora de Jesucristo. La vieja humanidad consistía de personas que estaban muertas en sus delitos y pecados (ver Ef. 2:1). Pero Cristo las ha levantado, y les ha dado vida. "Porque somos hechura de Dios, creados en Cristo Jesús para hacer las buenas obras que Dios preparó de antemano para que anduviésemos en ellas" (Ef. 2:10).

Como la nueva humanidad, la iglesia es la evidencia de la continua actividad creadora de Dios. Consiste de gente que ha sido hecha de nuevo y ha sido dotada con la habilidad de hacer lo que la vieja humanidad no pudo lograr. Hinson distingue la nueva humanidad de la vieja humanidad en algunas formas. Mientras que la vieja humanidad se centra en sí misma, la nueva humanidad se centra en Dios. La vieja humanidad expresa odio tanto hacia Dios como hacia el resto de la humanidad, mientras que la nueva humanidad se caracteriza por la unidad y la reconciliación. Un alto sentido ético en la nueva humanidad reemplaza la inmoralidad o amoralidad de la vieja humanidad[3]. La nueva humanidad es nueva creación de Dios, capacitada para la justicia y el amor.

Las imágenes del pueblo de Dios, el pueblo de Cristo, y la nueva humanidad claramente emergen del Nuevo Testamento, pero se debe tener cuidado de no sobreinterpretar ninguna de estas imágenes. Por ejemplo, mientras que la iglesia es claramente el cuerpo de Cristo, no es la encarnación de la misma manera en que Cristo fue la encarnación del *Logos* (ver Juan 1:1-18). El cuerpo de Cristo (la iglesia) no hace siempre la voluntad de la cabeza divina, y sería inexacto que alguien pensara que cualquiera que fuera la acción que la iglesia hiciera sería la misma acción que el mismo Cristo haría si estuviera presente en persona.

Similarmente, la iglesia como la nueva humanidad es una imagen que debe ser tomada con precaución. Aunque Dios ha comenzado un acto de nueva creación en la nueva humanidad y ha equipado a la gente para amar y hacer justicia, las personas no siempre viven de acuerdo con las capacidades que Dios les ha dado. Sería desastroso pensar en algunos de los actos de la gente de la iglesia como dones dados por Dios. Algunas veces las acciones de la nueva humanidad son nada más que pecado expresado en su forma más siniestra: vestidura de piedad. De manera que cada uno de estos modelos de la iglesia tiene limitaciones, y cada uno debe ser evaluado teológicamente.

La iglesia como un "polo subjetivo"

Como una forma de afirmar estas advertencias, los teólogos encuentran maneras de hablar acerca de la iglesia que la distinguen de sus expresiones a veces pecaminosas del Dios que es infaliblemente bueno. Una de esas definiciones teológicas describe a la iglesia como el "polo subjetivo de la norma objetiva de Dios"[4]. No es una imagen muy concreta, pero su poder y su significado no son difíciles de aclarar. Sugiere que cualquier otra cosa que la iglesia pueda ser, siempre es el sujeto cuyo propósito es señalar el objeto: Dios. La norma clara y objetiva de Dios existe; pero existe en Dios, no en la iglesia. La iglesia trata de entender la norma de Dios, pero ese entendimiento siempre es subjetivo, una versión editorializada.

Por ejemplo, los miembros fieles de una iglesia buscan la guía de Dios en sus decisiones, y harán lo que ellos piensan que Dios los está guiando a hacer. Sin embargo, deben darse cuenta de que están haciendo lo que ellos piensan que Dios los está guiando a hacer. Debe haber ocasiones cuando malinterpreten la naturaleza del evangelio o la voluntad de Dios en sus vidas. Cuando esto pasa, la norma objetiva de Dios no se hace a través de la iglesia.

La iglesia es el cuerpo de Cristo; la iglesia es el pueblo de Dios; y la iglesia es la nueva humanidad. No obstante, no siempre funciona completamente como cuerpo; algunas veces los miembros van en contra del mandato de la cabeza. Nunca es enteramente todo para lo que la nueva humanidad fue creada; debido a que siempre hay constantes regresiones del comportamiento de la vieja humanidad. El pueblo de Dios continúa rompiendo y malinterpretando el evangelio porque no se entrega a la voluntad de Dios. La iglesia es el polo subjetivo de la norma objetiva de Dios. Aunque la iglesia raramente vive de acuerdo con lo que cada modelo sugiere, estos modelos reflejan lo que Dios tenía pensado cuando la iglesia comenzó a existir.

¿CUÁL ES EL PROPÓSITO DE LA IGLESIA?

La iglesia debe ser una comunidad de personas que estén, sincera y abrumadoramente, comprometidas a hacer lo que Dios anhela que sea realizado en la tierra. ¿Qué es lo que Dios desea? Una declaración resumida de la voluntad de Dios para la familia de la humanidad es: "Dios anhela que crezca el amor a Dios y el amor al prójimo"[5]. Si la iglesia logra este propósito, el resultado será más amor por Dios y más amor por la humanidad. Un mayor amor a Dios resultará en más oración, más devoción, más compromiso, un mayor sentido de piedad, y crecimiento en la vida espiritual. Un mayor amor al prójimo dará como resultado que el cuidar, dar, confrontar, reprender, buscar justicia y trabajar para que el bien común también crezca. El propósito de la iglesia es mantenerse ocupada en estas actividades que incrementan el amor a Dios y al prójimo. ¿Cuáles son esas actividades?

Las actividades que la iglesia usa para realizar su propósito

Primera, la iglesia reúne a la gente para la adoración a Dios. En esta reunión, el pueblo de Dios es llamado a renovar su entrega al Dios de su salvación. La iglesia se reúne para buscar la guía de Dios, oír la voz de Dios y responder al mandato de Dios como el cuerpo de Cristo. La iglesia se reúne para confesar aquellos pecados que han impedido que la gente cumpla el llamado de Dios y para buscar convertirse verdaderamente en la obra maestra de Dios. La adoración es vital. Es un propósito de la iglesia.

Segunda, la iglesia busca incrementar el amor a Dios y al prójimo al proclamar la Palabra de Dios a la gente que no conoce a Cristo. A través del evangelismo, la iglesia distribuye solícitamente las buenas nuevas de Jesucristo. El evangelismo es el proceso por el cual el pueblo de Dios da amor, esperanza y buenas noticias a la gente que no conoce a Dios.

Tercera, la iglesia también se involucra en el trabajo misionero.

Misiones es "lo que la iglesia hace para conseguir que se cumpla su misión en esas áreas de necesidad humana que colocan a la iglesia en el terreno de la confrontación directa con el mundo no cristiano"[6]. La misión consiste en llevar todo el evangelio de Jesucristo al mundo, incluyendo el llamado del evangelio a salvación, justicia social, sanidad física e integridad. La tarea de las misiones es ver que la respuesta del evangelio a cada condición humana se implemente en la intersección en la que la comunidad cristiana se encuentre con el resto de la familia humana.

Cuarta, la iglesia busca acrecentar el amor a Dios y al prójimo a través del compañerismo. La cristiandad, a diferencia de otras religiones del mundo, llama a los creyentes a la comunidad. En algunas otras religiones, la norma es la adoración solitaria. En contraposición, la cristiandad llama a la gente a una relación los unos con los otros en la que comparten sus cargas y sus gozos.

La iglesia coloca a los individuos en una comunidad donde ellos contribuyen al bien común y se dan ánimo, apoyo y disciplina el uno al otro. Los cristianos no pueden servir a Dios y permanecer separados el uno del otro. Jesús es enfático acerca de servir a Dios por medio de servir a otros (ver Mat. 25:41-46). La iglesia provee una comunidad en la cual las personas se encuentran, descubren el significado del amor y del cariño, y encuentran compañerismo.

Cada propósito o tarea de la iglesia es crucial; ninguno es superior al otro. Una iglesia que sólo evangeliza no cumple con el plan de Dios, al igual que la iglesia que solamente adora. La iglesia que se absorbe en adoración y evangelismo pero no toma seriamente la comunidad de compañerismo solamente está haciendo parte de lo que Dios pretende que haga. Cada tarea es necesaria para que la iglesia logre su propósito y reclame su identidad como el pueblo de Dios, la nueva humanidad y el cuerpo de Cristo.

El papel de refuerzo de la educación cristiana

Aunque no hay ninguna tarea superior a las demás, cada una brinda su contribución distintiva. La tarea distintiva de la educación es la de reforzar todas las otras. Antes de que la gente pueda adorar en forma madura, debe entender lo que es la adoración y cómo es que los creyentes la llevan a cabo. Antes de que las personas se involucren en misiones, deben entender la tarea y los métodos de las misiones. La gente tiende a involucrarse más en el evangelismo si su propia fe está creciendo; y la fe crece a medida que la gente se expone a las prácticas de la buena educación cristiana. A medida que las personas aprenden juntas, comparten ideas y cargas, y descubren nuevas perspectivas, crecen juntas. La educación, en el fondo, guía hacia el compañerismo y hacia la comunidad. La educación informa y refuerza todas las actividades con las que la iglesia logra su propósito.

Esta educación debe ser amplia, debe incluir el contenido de nuestra fe, los patrones de una conducta fiel y las emociones de una vida fiel. Las personas deben ser educadas en el contenido de la fe: el texto de la Escritura, la doctrina que interpreta esos textos, y las formas por las cuales ese texto se vuelve el auténtico vehículo de la Palabra y de la voluntad de Dios en el mundo.

La iglesia debe enseñar la ética cristiana que guiará la toma de decisiones y también el comportamiento personal y corporativo. Los cristianos deben ser enseñados acerca de lo que es correcto y lo que no lo es, tanto en el orden individual como social. El contenido de la fe es importante, pero los creyentes deben ser educados para vivir su fe en un discipulado significativo. Saber lo que es correcto es inútil a menos que uno sea enseñado también a hacer lo que es correcto. La Escritura está llena de historias de gente que sabía lo correcto pero falló al hacerlo.

Los cristianos también deben ser educados en las emociones que son parte de la fe. El Dios que nos ha amado y nos ha dado a su único y unigénito Hijo evoca amor y devoción. Amar bien es aprender no sólo a pensar acerca de la fe y a responder con acción, sino también cómo sentir devoción, compromiso y rendirse a la Fuente de vida y esperanza.

La iglesia es la nueva humanidad, el cuerpo de Cristo, el pueblo de Dios. Se reúne para adorar, tener compañerismo, hacer misiones, evangelizar y brindar educación. A través de estas tareas, el cuerpo de Cristo es animado, la voluntad de la divina cabeza es hecha, y el testimonio de una nueva humanidad es propagado.

LOS OBJETIVOS DE LA EDUCACIÓN CRISTIANA

La educación cristiana es una manera de llevar a cabo los propósitos de la iglesia; no es un propósito en sí mismo. La iglesia educa para poder lograr su misión, pero la misión de la iglesia no es la educación de sus miembros. Sin embargo, la tarea educacional debe ser entendida a la perfección. La educación es fundamentalmente importante para el trabajo de la iglesia, y debe ser conducida con entendimiento, integridad y claridad. Es apropiado, e inclusive crucial, hacerse la pregunta: ¿Qué debería tratar de lograr la educación cristiana en su servicio a la iglesia? En pocas palabras, ¿cuáles son los objetivos de la educación cristiana?

Para contestar esta pregunta, es necesario entender la naturaleza de un objetivo. Un objetivo provee un enfoque y sirve como un imán dentro de un emprendimiento continuado. Por ejemplo, el objetivo de un proyecto de construcción es, en último término, completar un edificio. El objetivo final puede tener muchos otros objetivos como parte del proyecto total. Por ejemplo, completar el fundamento de un edificio es crucial, pero completar el fundamento nunca puede ser sustituido por el objetivo final. Los objetivos funcionan como imanes, arrastrando un esfuerzo educacional hacia su último propósito.

Los objetivos en el ministerio de enseñanza de Jesús

La identificación de los objetivos de la educación cristiana comienza con un análisis de los objetivos expresados en el ministerio de enseñanza de Jesús. James Smart, en *The Teaching Ministry of the Church* (El ministerio de enseñanza de la iglesia), ha intentado hacer este análisis y concluye que la enseñanza de Jesús estuvo caracterizada por tres objetivos principales.

Primero, la enseñanza de Jesús proclamaba el evangelio de la venida del reino. Su enseñanza ocurría típicamente en el ambiente de grupos pequeños. Para Jesús, el evangelio no era solamente para las multitudes en la ladera del monte; también era para los pocos alrededor de la mesa que quisieran escuchar y buscaran entender. De hecho, la enseñanza fiel del evangelio requiere una clase de interacción que sólo se puede dar en el marco de un grupo pequeño.

Segundo, Jesús usó su enseñanza, particularmente la enseñanza a los discípulos, como un medio para instruirlos completamente en la naturaleza del evangelio "de manera que dejaran atrás su viejo e inadecuado entendimiento de Dios, de ellos mismos y de todas las cosas del mundo"[7].

Un tercer objetivo en la enseñanza de Jesús era que los discípulos fueran capaces, tanto en la mente como en el corazón, de continuar con el ministerio que Cristo había hecho en medio de ellos.

Los objetivos de la educación cristiana contemporánea

Estos tres objetivos evidentes en la enseñanza de Jesús proveen la base para determinar objetivos fieles para la práctica contemporánea de la educación cristiana. Randolph Crump Miller escribe: "La tarea principal [de la educación cristiana] es enseñar la verdad acerca de Dios, con todas las implicaciones que surgen de la naturaleza y actividad de Dios, de tal manera que el aprendiz acepte a Jesucristo como Señor y Salvador, se haga miembro del cuerpo de Cristo y viva de una manera cristiana"[8]. Esta declaración identifica tres objetivos en la educación cristiana que reflejan el resumen de Smart de los objetivos de la enseñanza de Jesús.

El primero es que las personas busquen llegar a una relación con Jesucristo. Hay un desacuerdo entre los educadores cristianos acerca de cómo lograr este objetivo. Por ejemplo, algunos han argumentado que el papel de la educación cristiana es ayudar a criar a los niños nacidos de padres cristianos en la fe de su familia. En esta postura, a los niños se les enseña el evangelio y crecen sin conocer nunca un momento en el que ellos no creyeran o aceptaran las buenas nuevas de Jesucristo.

Otros argumentan que las personas nunca pueden ser criadas en la fe cristiana. Finalmente, hacerse cristiano es la consecuencia de la conversión. John Westerhoff declara que: "La fe cristiana por su propia naturaleza demanda conversión. No podemos educar gradualmente a las personas, a través de la instrucción en las escuelas, a ser cristianos. Por supuesto, las personas necesitan ser y pueden ser educadas en una comunidad de fe y vida"[9].

En cierto punto, el individuo debe apropiarse de la fe que le ha sido enseñada. El lenguaje de la tradición bautista es probablemente correcto al decir que el individuo "acepta" a Cristo y "profesa su fe" en él. "Profesar" es el acto por el cual el individuo manifiesta la verdad que le ha sido enseñada. Westerhoff prosigue diciendo que: "La conversión, creo yo, se entiende mejor en este giro radical de 'fe dada' (a través de la crianza) a 'fe apropiada' "[10]. Uno de los objetivos de la educación cristiana es enseñarle a la gente acerca de su necesidad de un Salvador y cómo pueden hacer suya la fe de la comunidad de creyentes.

El segundo objetivo de la educación cristiana es ayudar a los convertidos a crecer en un discipulado maduro. Miller nos recuerda, en la imagen de la Escritura, que la meta es que "el alimento sólido es para los maduros..." (Heb. 5:14). "Nuestra meta es la carne fuerte, y debemos dejar atrás la leche"[11]. La imagen bíblica de "leche a alimento sólido" sugiere que la fe madura y se desarrolla. Los verdaderos creyentes están reaprendiendo constantemente su fe. Conceptos que antes fueron útiles (leche) deben ser suplementados por una nueva visión (alimentos sólidos). Aunque el adulto pueda estar todavía disfrutando la leche de la niñez, esta ya no suple todas las necesidades del alimento espiritual.

El creyente no necesariamente abandona su primer entendimiento del evangelio. En lugar de eso, esa primera comprensión se suplementa con un aprecio más maduro de la magnitud del Dios del universo y de la salvación que Dios ofrece a través de Jesucristo. La madurez en la fe requiere de una continua influencia de la educación.

Un tercer objetivo para la educación cristiana es el de equipar a los discípulos para la obra del ministerio. Ministerios competentes requieren personas que sean sensibles a los asuntos importantes, entrenados en habilidades apropiadas y motivados en su compromiso con Cristo.

Estos diferentes objetivos apuntan hacia una postura consistente del papel de la educación cristiana: que las personas lleguen a ser creyentes, maduren como creyentes y funcionen como creyentes. A medida que las personas aprenden estas lecciones, capacitan a la comunidad de fe —la iglesia— a convertirse en el cuerpo de Cristo eficaz, la nueva humanidad fiel y el pueblo de Dios redimido.

La educación, por supuesto, de ninguna manera reemplaza la necesaria presencia del Espíritu Santo. La educación por sí sola no puede convencer a nadie de pecado, preservarle a la hora de la tentación o consolarle en los tiempos de pérdida o duelo. El ministerio del Espíritu Santo —poder, valor, consuelo, presencia— nunca puede ser reemplazado por una experiencia educacional. Pero con la presencia activadora del Espíritu, la palabra y el trabajo de la fe toman vida a través del ministerio de la educación.

LA CLASE DE APRENDIZAJE QUE REQUIERE LA EDUCACIÓN CRISTIANA

Si los objetivos de la educación cristiana son que el pueblo afirme y madure en la fe que afirma tener, ¿qué clase de aprendizaje es el que requiere la educación cristiana?

El aprendizaje viene en variadas formas. Ciertos aprendizajes, por ejemplo, resultan en el conocimiento de datos, como aprender las capitales de los países o la ortografía de una palabra o las tablas de multiplicación. Esta clase de conocimiento no está sujeto a la opinión personal.

Otra clase de aprendizaje lleva al desarrollo de la comprensión. La comprensión difiere del conocimiento de los datos porque no trata con la información que puede ser catalogada en simples categorías de correcta o incorrecta.

Además, hay una clase de aprendizaje que desarrolla habilidades físicas, como aprender a conducir un auto o a patinar. Esta clase de aprendizaje es muy diferente a aprenderse el nombre de las capitales de los países; tiene más que ver con la expresión individual y con demostrar por medio de las habilidades que por explicaciones verbales. Finalmente, hay una clase de aprendizaje que resulta en emociones enseñadas, aprender a amar inteligentemente, a celebrar con gozo, a lamentarse en el duelo.

¿Cuáles de estas formas de aprender son cruciales para los creyentes cristianos? La respuesta a esta pregunta comienza explorando la naturaleza de la creencia.

Aprendiendo por la creencia

Creencia, como un término usado en el lenguaje religioso, frecuentemente refleja dos usos, y la distinción de esos dos usos es importante. El *Diccionario de la Real Academia Española* identifica una definición de creencia como: "Firme asentimiento y conformidad con algo". La segunda definición es esta: "Completo crédito que se presta a un hecho o noticia como seguros o ciertos"[12].

Muchas personas parecen ver la tarea de la educación cristiana como la de impartir las afirmaciones que pueden discernirse de la enseñanza de las Escrituras. Esta clase de aprendizaje claramente se relaciona con la segunda definición de creencia; sin embargo, no es la clase de aprendizaje que los objetivos de la educación cristiana, como se ha identificado en este capítulo, requieren.

El aprendizaje que ayuda a la persona a llegar a ser creyente, a madurar como creyente y a funcionar como tal no puede estar basado en la habilidad de recordar o estar de acuerdo con una lista de afirmaciones. Debe ser más. Cuando Juan dice: "El que cree en el Hijo tiene vida eterna" (Juan 3:36a), no quiere decir que la gente que puede darle crédito a un hecho acerca de Jesús será salva. ¡Esa es la clase de creencia que aun los demonios tienen (ver Stg. 2:19)!

La creencia de la que habla Juan es la creencia que sigue a la primera definición. Es el individuo asintiendo y confiando en Jesucristo. Más que contestar "verdadero" a una declaración acerca de Jesús, es una profunda confianza en la gracia salvadora de Dios a través de Jesucristo; es un compromiso, tanto racional como emocional, con Jesús como el Señor de la vida. La educación debe ir hacia "creer en", el estado de confianza que produce esperanza y compromiso en el sentido de verdad que produce rendirse al señorío de Cristo.

La educación que cultiva la creencia es un proceso complejo. Aprender lo que es verdadero o falso acerca de un hecho no requiere más que memorizar y recordar. Sin embargo, aprender cómo depositar un creciente grado de confianza en Jesucristo, aprender a amar a Dios más verdaderamente, y aprender a comportarse consistentemente en la vida cristiana son tareas difíciles de aprender. De hecho, esta clase de aprendizaje es posible solamente a través de la gracia de Dios.

Es crucial aproximarse a la educación cristiana con la constante conciencia de que la fe es el don de Dios. No es algo que se puede adquirir a través de la educación apropiada, el esfuerzo o la religión. Aunque la fe trae consigo cuidadosos esfuerzos educacionales, una persona no se convierte en un creyente por la educación. La creencia viene como un don de Dios, la clase de don que debe ser enseñado y nutrido hacia la madurez.

Las clases de aprendizaje que requiere la fe

Aprender a creer requiere de todas las clases de aprendizaje anotadas anteriormente en esta sección: aprender información, aprender a entender, aprender a sentir y aprender a actuar.

Aprender por fe incluye una dimensión cognoscitiva: la gente necesita saber el contenido de la fe cristiana y ser capaz de pensar en el significado de ese contenido. La Biblia provee muchas guías en relación con el contenido más importante para aprender (ver, por ejemplo, 1 Jn. 4; 1 Cor. 15:1-18). Los cristianos son una parte del esfuerzo a largo plazo de Dios para relacionarse con la familia humana con justicia y gracia. Mientras que la creencia debe ser más que la afirmación de creer algo, la fe se enseña a medida que el pueblo aprende la historia de los esfuerzos de Dios.

Aprender también debe incluir la enseñanza de las emociones: aprender cómo amar y confiar. Creo que Pascal está en lo correcto cuando menciona: "La mente tiene su orden mediante premisa y prueba; el corazón tiene otro. No podemos probar que debemos ser amados presentando en orden las causas del amor; eso sería muy tonto"[13]. Concluye: "El último paso que toma la razón es el reconocer que hay una infinidad de cosas que yacen mucho más allá. La razón es una pobre cosa, verdaderamente, si ella no logra saber eso"[14]. La educación que prepara el terreno para creer debe tocar el corazón, y también la cabeza.

La creencia requiere otra forma de aprendizaje: aprender a poner en práctica la fe de manera que sea consistente con el carácter de su contenido. La importancia de esta característica se ilustra en la parábola del Buen Samaritano (ver Luc. 10:29-37). El problema en la historia, como lo dice Jesús, es que los dos primeros transeúntes debieron haber parado para ayudar, pero no lo hicieron. La razón por la que debieron haber parado era porque ayudar era parte de su sistema de creencias. Es probable que el sacerdote y el levita hubieran sabido que tenían que ayudar a la persona herida, pero no actuaron de acuerdo con el contenido de su creencia. La epístola de Santiago nos exhorta a no ser sólo oidores: "Pero sed hacedores de la palabra..." (Stg. 1:22).

No es suficiente para los cristianos pensar sobre los preceptos de la fe; no es suficiente sentir la fe; y no es suficiente para el individuo solamente hacer las acciones de fe. La creencia que es madura refleja el aprendizaje de los pensamientos, los sentimientos y la conducta. Esta es la clase de aprendizaje que los objetivos de la educación cristiana requieren.

MAESTROS, LÍDERES Y ESTRUCTURAS PARA LA EDUCACIÓN CRISTIANA

La clase de aprendizaje que cultiva a los cristianos lleva a ciertas implicaciones para los líderes y maestros de los programas educativos y también para la estructura de esos programas.

La gente como prioridad

La gente es el recurso principal para la educación cristiana. El aprendizaje de la fe requiere una clase de enseñanza persona a persona. Sería totalmente imposible para las personas aprender a ser mejores cristianos en un contexto separado de un contacto cercano y constante con otra gente. Propuestas y datos se pueden aprender con máquinas que enseñan o cursos por correspondencia. Sin embargo, aprender a amar y cuidar o aprender a ser fiel y obediente es posible sólo a medida que la gente comparte junta la experiencia de fe. John Westerhoff afirma esta idea cuando menciona la declaración del laico bautista Benjamin Jacob que dice: "enseñar es guiar a otros a través del ejemplo por el camino hacia la madurez espiritual"[15].

La gente es lo principal en la tarea de la educación cristiana debido a que aprender por fe involucra no solamente la acumulación de ideas sino también destrezas y actitudes, sentimientos y maneras de vivir la fe. La mejor manera en que la gente aprende esto es mediante otra gente cuando sus vidas se tocan bajo el liderazgo del Espíritu de Dios.

La gente aprende mucho acerca del cristianismo cuando se encuentra con otros que están confrontando los gozos, las frustraciones, las ansiedades y las cargas de la vida diaria. Aunque la "religión de los famosos" es altamente valorada por algunos, es totalmente imposible aprender acerca de la vida llena de fe cuando lo más cerca que la gente puede estar de sus maestros es lo que se puede acercar a un televisor. La educación cristiana, al menos la que facilita el discipulado maduro, es una actividad de gente con gente.

Los verdaderos maestros

Los maestros son cruciales debido a que la fe se aprende persona a persona. Los verdaderos maestros, sin embargo, no están limitados a los individuos que realizan esa función formal del domingo o el maestro de la escuela de la iglesia. Maestros son todas las personas que luchan para vivir su fe.

John Westerhoff menciona que la función histórica de la Escuela Dominical "fue para darles a las personas una oportunidad de compartir su vida con otros fieles, para experimentar la fe en comunidad, aprender la historia cristiana, y para tomar parte en acciones cristianas. La Escuela Dominical no era el plan de estudios, ni las formas de enseñanza-aprendizaje, ni la organización; era gente en la comunidad"[16].

Cada persona que participa en la vida de la congregación se convierte en maestro de otras personas de la congregación. Los oficiales de la iglesia son maestros, los diáconos son maestros, quienes hablan a favor o en contra de asuntos en las reuniones de negocios son maestros, la gente que siempre asiste y la que no asiste son maestros. Los pecadores en la iglesia le enseñan a la gente acerca del pecado; y los creyentes fieles, generalmente sin saberlo, le enseñan a la gente las verdades más fundamentales de la fe cristiana.

Aquellos que sirven como maestros formales son una parte de un cuadro educativo más grande. Aunque deben aceptar responsabilidad por cierta tarea educacional, nunca deben verse a sí mismos como los únicos maestros de la iglesia.

Marco y estructuras educativas

Como todos en la congregación son maestros, la vida total de la

iglesia se vuelve el ambiente de enseñanza. Tres clases de acontecimientos forman el plan de estudios para la enseñanza de la iglesia:
(1) aquellos acontecimientos que son estructurados e intencionales;
(2) aquellos que son muy poco estructurados e inintencionales; y
(3) la enseñanza que hace la iglesia al evitar ciertos temas o actividades. Todos influencian la educación de las personas, pero cada
uno difiere en la clase de aprendizaje que produce.

Mucho de lo que expone este libro es acerca de la experiencia
educacional estructurada e intencionada. La estructura, en un programa de educación cristiana, garantiza comprensión al presentar el
contenido de la fe cristiana, como también un balance en la secuencia en que el contenido es presentado. La estructura debe ser sensible
al ambiente de la iglesia local y debe reflejar las necesidades de la
gente a la que se sirve con el programa.

En la mayoría de las estructuras administrativas se pueden seguir principios básicos, pero pocos modelos deben o pueden copiar-
se. Las estructuras variarán de acuerdo con el tamaño de la congregación y con su estilo general de ministerio. Las congregaciones
están formadas por personas con diferentes dones, y tienen variedad
de necesidades. Las estructuras de la educación cristiana deben ser
sensibles a esos dones y necesidades.

El aprendizaje también surge de acontecimientos no estructurados de la vida de la comunidad. Por ejemplo, algunos han aprendido
de un líder de la iglesia que fracasó en su vida moral e hirió a la
gente que había depositado su confianza en él. Otros aprendieron en
reuniones de negocios donde algunos diferían en sus opiniones y
apelaron al juego del poder, al engaño, y al alarde público de enojo
y disgusto. No todos los acontecimientos no estructurados son negativos, pero la mayoría de los acontecimientos negativos en la vida
congregacional nunca se planean ni se desea que ocurran. Estos
acontecimientos negativos, sin embargo, son profundamente educacionales.

Los aspectos más positivos de los planes de estudio no programados los proveen los cristianos que están dispuestos a perdonarse
el uno al otro y que por largo tiempo permanecen fieles a su compromiso de servir a Cristo y de trabajar con los demás. Roger Shinn

recuerda la valiosa enseñanza en su propia vida de acontecimientos no planeados cuando escribe acerca de sus experiencias como soldado en una guerra. "Lo que aprendí no fue precisamente lo que los maestros militares me enseñaron. Ni ellos ni yo planeamos esa educación. Pero se apoderó de mí"[17]. Un programa de educación cristiana debe ser sensible a las enseñanzas no planeadas. Debe aprender a aprovechar estas enseñanzas e incorporarlas en todo el ministerio de educación.

Finalmente, las congregaciones deben poner mucha atención a los asuntos que evitan, las partes de la Biblia que escogen no enseñar, los acontecimientos que escogen no dirigir. María Harris describe el impacto de las cosas que no se dicen y no se hacen: cosas que, por su ausencia, constituyen un plan de estudios "nulo"[18].

En la comunidad de fe, el plan de estudios nulo tiene una poderosa capacidad de enseñanza. Si la congregación nunca ayuda a los jóvenes a pensar acerca de la justicia social, o si nunca ayuda a los adultos a pensar sobre los asuntos críticos de su tiempo, la iglesia ha enseñado que esta forma de aprendizaje no vale la pena para que la iglesia invierta tiempo o energía. El resultado frecuente es que se trunca el evangelio; parte de él es podado, dejado sin explorar y, por lo tanto, no aprendido. Las congregaciones necesitan desarrollar las habilidades necesarias para diagnosticar los planes de estudio nulos y tomar las acciones necesarias para corregir el problema.

Requisitos para los maestros-líderes

Toda la gente enseña, ya sea que su influencia sea positiva o negativa. Algunas personas enseñan mediante las emociones e inspiraciones no estructuradas de la vida en la comunidad; otras enseñan en un ambiente estructurado. Aunque la congregación no tiene control sobre la comunidad más extensa de maestros, es posible seleccionar en relación con la gente que enseña en los ámbitos programados y planeados de la educación. Suponiendo que haya más personas que pueden enseñar que puestos disponibles (una suposición que no es siempre válida), ¿cuáles son los criterios para seleccionar a los maestros potenciales? Yo enfatizaría dos cualidades sin las cuales a nadie se le debería confiar la vida de fe de otros.

Primera, el maestro debe ser una persona de fe auténtica. Debido a que muchos acontecimientos no estructurados de la enseñanza estarán en las manos de aquellos que no son los cristianos que deberían ser, los acontecimientos estructurados de la enseñanza deben tener cuidado de usar a personas que toman seriamente su propia vida de fe. Si los maestros van a dirigir a otros hacia un discipulado más maduro, entonces ellos deben ser personas que busquen madurar ellos mismos.

La cualidad no es tanto que los maestros sean muy maduros en su fe sino que tengan una medida de madurez y estén creciendo en ella. Arthur Adams, al discutir sobre las cualidades de los líderes de la iglesia, argumenta sobre la necesidad de la fe: "El requisito importante es que la convicción sea tan poderosa como para dar a la vida su impulso principal"[19].

El maestro no debe, sin embargo, enseñar con el deseo de influenciar a todos a que crean como él cree. Tal posición es contraria tanto a la enseñanza de la Escritura (delante de Dios todos somos sacerdotes) como a la afirmación de que el Espíritu Santo puede trabajar en forma única en medio de diferentes personas. Sin embargo, el maestro debe ser una persona de convicciones, dispuesta a expresar esas convicciones y ponerlas a disposición de los estudiantes.

Segunda, aquellos que enseñan en los programas intencionales de instrucción deberían ser personas que amen y estén dispuestas a desarrollar habilidades para compartir ese amor. La educación cristiana ayuda a los individuos a entender cómo deben amar al Señor con toda su mente, todo su corazón y toda su alma, y amar a su prójimo como a sí mismos (ver Mat. 22:34-40). La gente aprende a amar experimentando amor.

Aquellos que temen que el amor esté sobreenfatizado en el ministerio de enseñanza de la iglesia probablemente se ofenderían por el ministerio de Jesús. Cuando se le pidió a Jesús que redujera la ley a su dimensión más importante, él afirmó la necesidad de amar a Dios y a los seres humanos. Uno simplemente no puede enseñar el evangelio de Jesucristo sin haber experimentado de primera mano amor y cuidado. Mucho tiempo después de que los estudiantes hayan olvidado el punto de la lección de la Escuela Dominical, deben recordar claramente al maestro que se ha intereasado en ellos, que se ha gozado y entristecido con ellos, y que los ha animado y reprendido.

Cuando individuos caracterizados por la fe y el amor le enseñan a una persona, el evangelio se encarna una vez más. Los cristianos aprenden acerca de la fe de gente de fe, exactamente como se aprende una sinfonía por oírla, no meramente estudiando la partitura. La educación con un maestro que no tiene ni fe ni amor puede proveer la oportunidad de explorar el contenido de la fe, pero nunca puede proveer la experiencia de ella.

Estos criterios son muy importantes, al punto de que si en la congregación sólo hay una persona que posee estas cualidades, entonces la única educación cristiana estructurada que la iglesia puede brindar es una clase con esa persona como su maestro. La educación por fe es muy importante como para que le sea dejada a aquellas personas que no tienen ni fe ni amor.

Por supuesto, hay otras cualidades que deben buscarse a la hora de escoger personas para ser los maestros formales. Pero hay un espacio muy grande en importancia entre estas dos cualidades y cualquier otra. La Escritura nos habla de aquellas personas cuyo don es la enseñanza, y una persona con ese don debe ser parte del programa de enseñanza de la iglesia.

Enseñar es una habilidad, y las habilidades requieren entrenamiento y desarrollo. Se debe seleccionar a maestros que estén dispuestos a desarrollar esas habilidades. La enseñanza es un trabajo difícil, especialmente si se hace como una expresión de fe y de amor. Aquellos que estén dispuestos a trabajar deben ser reclutados para este trabajo. Cualquier invitación para trabajar, sin embargo, introducida por la declaración: "este trabajo no le tomará mucho tiempo" es más una invitación para llenar una vacante que una invitación para enseñar el Evangelio de Cristo.

Estas son solamente algunas de las cualidades adicionales que pueden tener aquellos que deben servir como maestros en el programa educativo formal. Pero la afirmación teológica es que las cualidades de fe y amor deben ser preeminentes. Las habilidades que constituyen otras cualidades ayudan a que el mensaje de fe sea presentado con más precisión y claridad. Eso hace que el mensaje sea más accesible a las personas que buscan aprender. Sin embargo, habilidades sin fe ni amor son de poco valor.

EDUCACIÓN POR FE

La educación por fe requiere maestros calificados, aunque hay que reconocer que cada uno en la congregación es un maestro. La educación por fe requiere una clase especial de aprendizaje: la clase de aprendizaje que cultiva la conducta y los sentimientos además de las ideas. La educación por fe requiere un claro sentido de propósito y objetivos. La educación por fe es una función de la iglesia que la ayuda a ser la iglesia. Hace que el viaje sobre el tren del evangelio sea rico y completo.

CAPÍTULO TRES

EL TESTIMONIO CRISTIANO

Bruce P. Powers

¿Qué estamos tratando de hacerle a la gente? Considere esto como una posible respuesta: El propósito del ministerio educativo es desarrollar entre las personas la comprensión de, el compromiso a, y la habilidad de practicar las enseñanzas cristianas. Otra forma de contestar es describir a la educación cristiana como el esfuerzo continuo de creyentes que buscan comprender, practicar y propagar la revelación de Dios.

Esta declaración del primer capítulo ilustra el fundamento para la dimensión educativa del ministerio. Antes de tratar en el resto del libro los asuntos prácticos del liderazgo y la administración, es importante clarificar la meta para la educación en la iglesia. Sin aclarar los fundamentos bíblicos, teológicos y filosóficos para el ministerio, las técnicas y los métodos pueden llegar a aislarse de la visión que los dio a luz. Tal como se ilustró en el ciclo de la vida (cap. 1), una iglesia puede alejarse de su razón de existir para volverse un club campestre religioso. La mejor forma de mantener a una congregación enfocada en sus responsabilidades educativas es mantenerse haciendo la pregunta: ¿Qué es lo que usted está tratando de hacerle a la gente? Este capítulo da una respuesta.

La fe cristiana finalmente debe ser juzgada por estándares generalmente sostenidos por aquellos que profesan ser discípulos de Jesucristo. Estos estándares, en el mejor de los casos, son interpretaciones fieles del mensaje proclamado por Jesús y encarnado en las creencias y prácticas de la iglesia. Sin embargo, como hemos visto, la fe toma muchas formas, una de las cuales es practicar la tradición de fe de uno. Por lo consiguiente, sería difícil decir que hay una versión recetada de creencias y prácticas. Así que debemos confiar en fundamentos bíblicos y teológicos para mantenernos en el camino a través de las generaciones. Lo que queremos transmitir es la fe en Jesucristo, la confianza en la Escritura y nuestra mejor interpretación de cómo hemos experimentado a Dios. Este mensaje —lo que sabemos, creemos y hacemos— se vuelve la fuerza dominante cuando buscamos influenciar a los jóvenes y a aquellos cuyas creencias y prácticas son diferentes.

COMPARTIENDO NUESTRA FE

Compartimos la fe con otros a través de dos diferentes medios: *intervención directa* y *ejemplo*. Intervención directa es una acción tomada por una persona que trata de influenciar a otra. Por ejemplo, un padre hace una intervención directa cuando le dice a su hijo cómo comportarse o cuando lo inscribe en una escuela bíblica. La iniciativa está en la persona que busca dar o desarrollar en otros el conocimiento, las actitudes o habilidades que considera importantes.

Maestros, predicadores y evangelistas son ejemplos importantes de personas que frecuentemente buscan por medios directos influenciar las vidas de otros. Las acciones son generalmente directas —como la conferencia, los sermones o los testimonios— y frecuentemente se llevan a cabo en un encuentro planeado, como una clase bíblica, un servicio de adoración o cuando se visita el hogar de alguien.

La respuesta a las intervenciones directas varía. Considere estas tres situaciones:

1. Una joven bien vestida toca a la puerta de su casa. Ella le dice que está haciendo una encuesta en el vecindario para encontrar personas a las que les gustaría ser parte de un grupo religioso desconocido para usted. Ella dice: "Si le es conveniente, me gustaría regresar, mostrarle algunos materiales y hablarle sobre mis creencias". ¿Cómo respondería usted?

2. Jaime, un vivaz niño de 12 años, está disfrutando en un día de campo de la iglesia. Él y algunos amigos se están burlando de un niño más pequeño que, obviamente, está molesto por los

comentarios hirientes. Como usted sólo conoce a Jaime, camina hacia él y le dice que ese comportamiento puede herir los sentimientos y no es apropiado. ¿Cómo piensa usted que reaccionará Jaime?

3. En una clase de estudio bíblico, el maestro escribe un bosquejo en el pizarrón. Los miembros de la clase han estado estudiando pasajes en Gálatas y ahora se enfocan en el contexto histórico. El maestro se vuelve y llama la atención hacia un capítulo y versículo específicos que cada persona encuentra y lee. ¿Cómo responde esta gente a la influencia directa?

La respuesta a las intervenciones directas varía dependiendo del interés, la apertura, la necesidad y el grado de entusiasmo o recelo de uno. ¿Cuáles de estos están presentes en cada uno de los casos antes mencionados?

En las primeras dos situaciones, el recelo y la apertura pueden estar involucrados; en el tercer caso, la confianza y el interés podrían ser prominentes. Esto ilustra un principio básico de la comunicación: *una persona debe estar abierta y dispuesta a ser influenciada*. De otra manera hay una fuerte determinación a resistir la intervención directa.

Ejercer influencia sobre otros por medio del ejemplo es una forma *indirecta* de obtener cambio y crecimiento. Aunque las acciones pueden ser intencionales, representan más una expresión de las creencias que uno tiene y no están necesariamente dirigidas hacia otros. La parábola del fariseo y el publicano mientras oraban (ver Luc. 18:9-14) es una buena ilustración. Ambos escogieron orar, pero uno lo hizo para impresionar y el otro lo hizo para confesar. ¿Cuál lo impresiona a usted?

La influencia indirecta por medio del ejemplo, o del modelaje, es posible porque la mente humana siempre trata de descubrir discrepancias. Es decir, en cualquier momento en que haya una diferencia entre lo que sé y lo que quisiera saber, entre cómo me siento y cómo quisiera sentirme o entre lo que puedo hacer y lo que me gustaría hacer, yo reconozco una necesidad. Cuando veo cómo otros llenan esas necesidades, me vuelvo muy impresionable y me abro a ser influenciado.

Por lo tanto, la influencia por medio del ejemplo es poderosa debido al alto nivel de motivación causado en el receptor. Una vez que uno escoge abrirse a la influencia de otros, el potencial para crecer y para aprender a través de medios directos aumenta proporcionalmente.

La influencia en otros, entonces, debe usarse en una combinación de medios directos e indirectos. Debemos mostrar en cada acción la fe que tenemos y, en el momento apropiado, usar el testimonio directo y la enseñanza para ayudar a otros a tratar con los asuntos de fe.

Este es un asunto crucial para los maestros, líderes eclesiásticos, padres y otros que tienen responsabilidad de ayudar a las personas en su desarrollo espiritual. Por lo tanto, los autores de este libro le dan atención primordial a los fundamentos bíblicos y animan a todos los líderes en el área educativa a hacer lo mismo.

EVALUANDO NUESTRA INFLUENCIA

¿Cuánto éxito estamos teniendo al transmitir nuestra fe? Desde el punto de vista bíblico, generalmente hay dos dimensiones para evaluar: cómo responden los individuos y cómo responde la iglesia.

Respuesta individual

Nuestros esfuerzos para alcanzar y enseñarle a la gente están basados en dos objetivos: (1) que los individuos acepten a Jesucristo como su Señor y Salvador, y (2) que los creyentes obedezcan los mandamientos de Cristo. En Juan 14:6, 7, Jesús describe la responsabilidad individual como la esencia de la fe y la práctica. Por lo tanto, una forma para evaluar nuestra eficacia es mirar cómo están respondiendo *individualmente* aquellos que están bajo nuestra influencia.

Hay dos peguntas que deben hacerse: *¿Están las personas expresando su fe en Jesucristo? ¿Están ellos viviendo en consistencia con las enseñanzas de Jesús?* El grado en el que usted responda positivamente a *ambas* preguntas ilustra su o mi efectividad al influenciar individuos.

Respuesta de la iglesia

Los individuos que han respondido al llamado de Dios en Cristo deben enfocar otra dimensión de la vida cristiana: que aquellos que profesan a Jesús como Señor se unan en un cuerpo, la iglesia, para cumplir la voluntad de Dios. El Nuevo Testamento no dice nada acerca del enfoque al cristianismo en el estilo del Llanero Solitario. El lugar donde el evangelio es predicado y el perdido viene a Jesús, es siempre en el seno de la vida y el ministerio de la iglesia.

Los individuos generalmente profesan a Cristo como Salvador después de escuchar el mensaje del evangelio y llegar a conocerse con los creyentes. Es en este ambiente en el que nos relacionamos con otros y en el que ellos vienen a conocernos. Somos salvos y venimos a entender la "iglesia" en esta relación con los creyentes, y llegamos a ser parte de la iglesia de manera que podemos compartir personalmente en su vida y su trabajo.

Pero, ¿cuál es la vida y el trabajo de la iglesia? Es igual al llamado de Dios a todos los cristianos: ser su pueblo y continuar el ministerio terrenal de Jesús. La iglesia debe ser el medio a través del cual el propósito eterno de Dios es declarado.

Podemos evaluar nuestro trabajo en esta área determinando la medida en que aquellos bajo nuestra influencia llegan a involucrarse en la vida y el trabajo de la congregación local.

¿Cuáles son los resultados?

Nuestra influencia, por lo tanto, no puede ser evaluada en forma separada de los resultados tangibles: la medida en que los individuos responden a Dios y la medida en que se involucran en una iglesia. Naturalmente, a todos nos gustaría interpretar el significado específico dado al tipo y a la calidad de los resultados tangibles. Pero el hecho sigue siendo que, cuando buscamos influenciar la fe de otros, *hay* una respuesta. Y esa respuesta debe ser juzgada por criterios tales como los descritos anteriormente.

Ahora, vuelve la pregunta: *¿Cuánto éxito estamos teniendo al transmitir nuestra fe?*

REDISEÑANDO NUESTRO TESTIMONIO

¿Cómo evalúa usted su influencia como testigo cristiano? Si su respuesta es como la mía, hay algunas cosas en las que hemos sido eficaces; pero, también, hay áreas deficientes o áreas que no han sido consideradas previamente.

La cosa importante es reconocer las discrepancias que existen entre la fe que *queremos* transmitir y la que *estamos* transmitiendo. Idealmente, son iguales; si no lo son, los puntos de diferencia representan las áreas en las cuales necesitamos rediseñar nuestro testimonio.

La experiencia de Pablo

Considere la vida de Pablo. En sus primeros años como adulto el enfoque de su experiencia religiosa estaba en la *forma* de adoración y creencia. Había poco espacio para la creencia personal y el compromiso individual aparte de seguir las reglas de la religión.

Después de su experiencia en el camino a Damasco, sin embargo, comenzó una reorientación que cambió, en una forma maravillosa, no sólo su vida sino también el crecimiento de la iglesia.

En muchas formas, Pablo puede ser visto como un ejemplo ideal de madurez y testimonio cristiano. Él es alguien que respondió en forma total al llamamiento de Jesús al discipulado.

Pero cuando Pablo consideró su propio ser interior y la vida de sus seguidores, no vio discípulos ideales. Él vio personas que necesitaban crecer, aprender, experimentar y madurar. Y estaba convencido de que a través del poder de Dios ellos podían continuar hacia la meta de llegar a ser como su Señor.

Efesios 4:15, 16 y Filipenses 3:12-16 nos dan una percepción del punto de vista de Pablo sobre un discípulo maduro, o en crecimiento. Uno debe hablar la verdad en amor, crecer para estar en Cristo y parecerse a él, y trabajar eficazmente con otros creyentes. El resultado, de acuerdo con Pablo, es el crecimiento del cuerpo y un espíritu de amor.

El pasaje de Filipenses sugiere que los discípulos no son perfectos ni están completamente desarrollados simplemente porque hayan decidido seguir a Cristo. Los cristianos deben buscar un continuo crecimiento. Aun aquellos que son más maduros deben continuar creciendo hacia el supremo llamamiento de Dios en Cristo Jesús. La idea que resalta en este pasaje es que el crecimiento cristiano no es opcional. Para las personas que deciden aceptar a Jesús como Salvador, no hay duda de que también deben hacerlo Señor de sus vidas. Esto requiere crecer hacia la semejanza de Cristo.

Pablo pasó por una dramática reorientación en su fe y, por lo tanto, en su testimonio. Este cambio fue tan dramático que sus antiguos compañeros lo querían matar (Hch. 9:23-25), y los discípulos no creían que él fuera uno de ellos (v. 26).

¿Un cambio radical en la perspectiva de fe? Sí. Pero no diferente al proceso de crecimiento que usted y yo encontramos. Cada uno de nosotros tiene un marco de referencia. Cuando ocurre una nueva perspectiva que no calza fácilmente dentro de esta forma de conocimiento, hay una *discrepancia*. Nos volvemos inquietos hasta que decidimos cómo resolver las diferencias. Estas discrepancias son el punto crucial en la vida: oportunidades para renovarnos a la luz de nuevos descubrimientos.

La respuesta

¿Qué es lo qué estamos tratando de hacerle a la gente? Probablemente usted pueda adivinar la respuesta. Todas las formas presentadas son bíblicas, pero la respuesta más simple es: nuestra tarea es: (1) llevar a la gente a Jesucristo, y (2) ayudarla a crecer a su imagen. Como se describe en Efesios 4:11-13, la tarea de los líderes de la iglesia es equipar, o preparar, al pueblo de Dios para la obra del servicio cristiano.

Alcanzar, enseñar y desarrollar son las palabras clave para lo que estamos tratando de hacer. El propósito de la educación cristiana, por lo tanto, es hacer discípulos y guiarlos a vivir y servir bajo el señorío de Cristo (v. 15).

LA RESPUESTA

¿Qué estamos tratando de hacerle
a la gente?

Nuestro trabajo es

(1) *llevar la gente a Jesucristo, y*
(2) *ayudarla a crecer a su imagen.*

El *propósito* de
la educación cristiana es
hacer discípulos y guiarlos
a vivir y servir bajo el
señorío de Cristo.

PRINCIPIOS Y PROCEDIMIENTOS ADMINISTRATIVOS

¡Nosotros, que somos muchos, somos un solo cuerpo en Cristo con muchos dones diferentes para servir al Señor!
Romanos 12:5, 6 (traducción del autor)

CAPÍTULO CUATRO

CÓMO PLANIFICAR Y EVALUAR

Bob I. Johnson

Carlos oyó que sonaba el teléfono pero decidió no contestarlo por temor a perder el hilo de sus pensamientos. La iglesia Trinidad, donde servía como ministro de educación cristiana, estaba iniciando un esfuerzo intensivo de revisión de sus actividades pasadas y planificación de las futuras. Estaba pensando acerca de la primera reunión del comité programada para esa tarde. Él y los otros líderes de la iglesia habían conversado sobre cuál enfoque debían tomar. Carlos sabía que un énfasis predominante en el campo de los negocios es que las unidades individuales planifiquen y evalúen su trabajo en forma independiente de las otras unidades. La visión total de la empresa es la que las une.

Carlos reflexionaba si las diferentes unidades de la iglesia podrían manejar esta clase de responsabilidad y, al mismo tiempo, producir planes factibles que toda la congregación apoyara. Pensaba en algunas ventajas. Una de las ventajas podría ser que la inercia de algunas unidades no sería de gran impedimento para otras unidades trabajadoras y comprometidas. Otra ventaja sería que aquellos que se opusieran al cambio no tendrían veto sobre todos los ministerios propuestos, fueran nuevos o revisados. Y, Carlos razonó, las personas en una unidad podrían tener más participación en los planes y ejecución del ministerio si ellos supieran que sus ideas contaban.

Él quería que el ministerio de educación cristiana fuera el mejor. El teléfono sonó de nuevo. Era Mónica, su esposa, recordándole la necesidad de cenar más temprano ya que la reunión iba a ser a la noche.

La *planificación* es algo tanto antiguo como nuevo. Es tanto espiritual como científico. Planificar es tan antiguo como el propósito de

Dios para el universo, y tan nuevo como lo último en teoría y principios para la planificación efectiva. Planificar es espiritual; esto significa que es compatible con la naturaleza de Dios. Palabra de fiar es que Dios creó todas las cosas en Cristo y desde la eternidad siguió cuidadosos planes para redimir a los caídos. Además, la naturaleza espiritual de planificar requiere que cada faceta sea un objeto de oración buscando la guía espiritual.

La planificación es también científica (pero no una ciencia exacta), ya que los teóricos y los practicantes aplican diferentes disciplinas para aproximarse a lo planeado. La verdad, dondequiera que se encuentre, puede ser incorporada dentro de la búsqueda de mejores formas para servir a Dios. Por ejemplo, un poco de las ciencias humanas, como la psicología y la sociología, realzan las habilidades para planificar, al proveer una comprensión del desarrollo humano y del comportamiento grupal.

La evaluación puede evocar una variedad de respuestas, muchas de las cuales dependen del que responde, del evaluador o de lo que está siendo evaluado. Decir que una iglesia no evalúa equivale a decir que la iglesia no enseña o no predica. En realidad la iglesia vive con la evaluación. Al igual que la predicación y la enseñanza, una parte de la evaluación es buena, una parte es mala, y otra está adornada con una abundancia de mediocridad.

El término *desarrollo* se usará en este capítulo en relación con la planificación y con la evaluación. La planificación y la evaluación se llevan a cabo para enfocarse en desarrollar espiritualmente a la iglesia como un todo *y* a los individuos involucrados. Así identificados, la planificación y la evaluación forman una sociedad compatible con el potencial de liberar a la iglesia de la inercia espiritual. Tal planificación y evaluación no están aislados ni fuera de armonía con una comprensión concreta de la naturaleza y la función de la iglesia, o de un crecimiento personal saludable.

Sin embargo, no parece propio de la iglesia o de un individuo ignorar estas herramientas y acercarse a la tarea más importante del mundo con una actitud indiferente. La frase: "Si Dios quiere que algo se haga, él hará que se haga" suena notablemente desentonada dentro de la melodía producida cuando lo mejor de Dios y lo mejor de la gente se conjugan intencionalmente para producir una obra maestra de comunidad y ministerio.

La intención de este capítulo, por lo tanto, es proveer tanto un fundamento filosófico como una ayuda práctica para planificar y evaluar el ministerio de la educación cristiana de la iglesia. Este fundamento es tan importante para el planificador de la iglesia como son los fundamentos musicales para el músico que practica. Cuando uno entiende lo básico, ella o él está mejor equipado con una amplia perspectiva desde la cual tomar buenas decisiones e improvisar. La ayuda práctica sirve como guía básica de cómo hacer las cosas y como incentivo para desarrollar otros métodos innovadores para realizar el ministerio educativo de la iglesia.

PLANIFICACIÓN DEL DESARROLLO

Mucho de la planificación de la iglesia se dedica a solucionar problemas. Frecuentemente se consume mucho tiempo y energía simplemente reaccionando ante un problema persistente o ante una crisis inesperada. En el mejor de los casos, planificar capacita a la iglesia a actuar como la presencia servidora de Dios en el mundo, y no meramente como un apagador de incendios. Planificar ayuda a la iglesia a enfocar su energía en el futuro en lugar de en las escaramuzas (o, Dios no lo permita, las riñas) del pasado.

El término *desarrollo* está diseñado para implicar crecimiento espiritual y madurez en la iglesia, tanto colectiva como individualmente. Esta idea presupone que el ministerio educativo y toda la iglesia deben y pueden mejorar en áreas importantes.

Como líder educativo de la iglesia, usted puede sacarle ventaja a un plan como el que sigue a continuación:

1. *Un plan efectivo desarrolla una producción de buenas decisiones y buenos fabricantes de decisiones.* Una pregunta crucial en cualquier iglesia es: ¿cómo se toman las decisiones? De algún modo Dios escogió confiarle a la iglesia que bregara en oración y fe para que siguiera la dirección del Espíritu Santo y decidiera su rumbo. El tomar decisiones es una constante de la vida. Potencialmente, el tomar buenas decisiones en la iglesia ayudará a que los indi-

viduos sean buenos fabricantes de decisiones en cualquier lugar. La iglesia debe modelar la mente de Cristo en la tarea de tomar decisiones como una parte de la buena mayordomía.

2. *Un plan efectivo consistentemente desarrolla el mejor uso de recursos no humanos.* Cada iglesia tiene sus propias limitaciones en recursos como dinero, espacio y tiempo; por lo tanto, una atención seria a su uso es una parte de la mayordomía cristiana y del proceso de planificación.

3. *Un plan efectivo desarrolla el uso de recursos humanos.* Probablemente, cada iglesia tiene las personas que necesita para proveer el personal para su ministerio educativo. La planificación ayuda a relacionar a las personas, de acuerdo con sus dones y llamado, con los ministerios dentro de la iglesia.

4. *La planificación efectiva desarrolla una comprensión de la interrelación de todas las áreas de la vida de la iglesia.* La iglesia está compuesta de partes, y el todo es mayor que la suma de todas las partes. Esta sinergia (acción de dos o más causas cuyo efecto es superior a la suma de los efectos individuales) demanda que la naturaleza de pacto de nuestra existencia se respete como básica. Somos guardas de nuestros hermanos y hermanas.

5. *La planificación efectiva desarrolla una base lógica para la existencia y el ministerio de la iglesia.* El ministerio educativo es el medio principal para que la iglesia gane a los perdidos y ayude a madurar a los creyentes. Esta es la razón de su existencia y el propósito de su ministerio.

6. *La planificación efectiva desarrolla las cualidades individuales.* Los líderes del ministerio educativo muestran astucia al recordar que están en la empresa de la gente. Aunque los líderes pueden tener sus propias metas, los individuos también tienen direcctivas para ellos mismos establecidas por lo que creen que es la dirección de Dios. Estas dos metas no tienen que ser opuestas. Una buena planificación enfatiza la madurez individual *y* alcanza las metas organizacionales sin que ninguna actúe irrespetuosamente sobre la otra.

Propósito y descripción

Al igual que casi cualquier empresa, la planificación, especialmente la que es a largo plazo, sufre debido a algunos malentendidos. Para clarificar las ideas acerca de la planificación, considere algunas cosas que no es:

1. *La planificación no es predecir ni controlar el futuro.* La única cosa que los cristianos pueden predecir con certeza es la victoria final de Dios y de su pueblo. ¿Pudo alguien haber predicho hace 10 años los encabezados del periódico de ayer?

2. *La planificación no es tratar con decisiones futuras.* En cambio, tiene que ver con el futuro de las decisiones presentes. Las decisiones existen solamente en el presente. La tarea del planificador es determinar qué hacer hoy para estar listo para las oportunidades de mañana. "¿Cuán bien se mantendrán las decisiones de hoy, por cuánto tiempo, y en cuál grado de efectividad?", es una pregunta válida para los planificadores educativos en las iglesias.

3. *La planificación no es un intento de eliminar el riesgo.* En lugar de eso, al saber que los riesgos son inevitables, el planificador quiere tomar los riesgos correctos. Realmente, un buen plan provee la capacidad de tomar mayores riesgos, un hecho que no está fuera de la vista de la fe cristiana. Verdaderamente, una planificación de gran alcance inherentemente requiere decisiones riesgosas.

Definición

Brevemente indicado, la planificación es mayormente un proceso que involucra decisión y ejecución. Es el proceso de formular y contestar preguntas, tales como:

— ¿Cuál es nuestro propósito para existir?
— ¿Hacia dónde vamos?
— ¿Cuáles son los medios para llegar allí?
— ¿Quién es responsable de qué?

El desarrollo de la planificación dentro del ministerio educativo de la iglesia consiste de (1) buscar comprender las oportunidades disponibles, los obstáculos que hay que superar, el potencial de las personas que se involucren, los recursos disponibles; y (2) tomar decisiones que alinean estos factores junto con la voluntad de Dios para llevar a cabo el propósito de la organización en forma efectiva.

Tres implicaciones de nuestra definición

Esta definición posee ciertas implicaciones para el planificador educativo.

1. *Esta planificación permite las expresiones de fe.* El cristianismo, aunque rechaza el fatalismo, enseña que el pueblo de Dios puede tener un impacto vital sobre el futuro. La planificación demanda el elemento de la esperanza, y la esperanza florece mejor con el alimento de la fe. Jesús criticó a aquellos que estaban tan preocupados por el futuro que llenaban el hoy con injustificada preocupación por el mañana. Él criticó a aquellos que comenzaron proyectos sin planificar el costo o sin planificar por adelantado (ver Mat. 25:1-13; Luc. 14:28-32).

2. *La planificación se identifica con el cambio.* Aunque ciertas verdades teológicas permanecen constantes, el cambio es evidente en cada área de la existencia cristiana. El discípulo de Cristo debe ir cambiando más y más a la imagen de Cristo. Las comunidades y los problemas cambian; la estructura familiar cambia; aun el ministerio y las oportunidades de entrenamiento cambian. *La planificación* es un medio por el cual descubrimos juntos los cambios requeridos por nuestro Señor y por los cuales tenemos una parte en hacer que la iglesia sea más efectiva a través del cambio anticipado.

3. *La planificación ayuda a que la iglesia mantenga conciencia del propósito.* Algunas veces las metas o los intereses individuales pueden muy fácilmente tomar prioridad sobre el propósito central de la iglesia. La planificación en la que participan muchos miembros para aclarar y mantener este propósito principal ayuda a evitar el egoísmo y ayuda a la madurez de la iglesia.

La planificación como se discute aquí es inclusiva; cubre toda la planificación: operacional (continua), anual (año fiscal) y a largo plazo (muchos años). Por supuesto, estos diferentes niveles de planificación están interrelacionados. Los planes a largo plazo están en secuencia y asignados a los planes anuales, que luego serán divididos en trimestrales, mensuales y semanales a través de la planificación operacional. La meta de cada grupo que planifica debe ser la consistencia entre los niveles de planificación. Algunas veces, sin embargo, situaciones del momento podrían revelar la necesidad de revisar las metas desarrolladas en la planificación a largo plazo. El proceso de planificación siempre debe mantener una flexibilidad que permita una revisión razonable de las metas en todos los niveles.

Elementos de la planificación

En una iglesia, la planificación efectiva también requiere de los siguientes elementos clave:

Propósito. ¿Cuál es la visión principal que guía al grupo de planificación? El propósito debe ser visto como el objetivo permanente de la iglesia de actuar como el pueblo de Dios.

Suposiciones. Estas son las realidades tal como las ha previsto el grupo que toma las decisiones. ¿Con qué se puede contar que tenga un impacto notable en los planes hechos?

Resultados esperados. Estas son las cosas que se consideran como probables que ocurran como resultado de la implementación de los planes.

Alternativas. Debido a que se pueden hacer malas, o no las mejores decisiones, deben planificarse y tener disponibles otras avenidas de acción.

La decisión en sí misma. Finalmente, el proceso de planificación requiere una decisión. Se toma la decisión, se aprueba y se comunica. Ya que ninguna decisión se mantiene en aislamiento, cada una afecta a otros y es actuada por otros.

Etapa de impacto. Una decisión permanece en el campo de las buenas intenciones a menos que se lleve a cabo. Luego de que se implementa afecta la vida de la iglesia a diferentes niveles.

Resultados. ¿Qué ha pasado debido a la planificación? ¿Son los resultados buenos, malos o están por determinarse? En este momento es apropiada la evaluación, y luego se necesita más planificación.

PRINCIPIOS DE LA PLANIFICACIÓN

1. *Identifique las fuerzas que se oponen a la planificación.* Probablemente,

una de las más universales es el temor a los planes de cambio. Todos los planes ambiciosos están diseñados para producir nuevos patrones de pensamiento y de acción. La verdad es que la gente se resiste a los planes de cambio, aunque después los apoyen.

Otra fuerza que se opone a la planificación es la aversión al riesgo. La gente se sumerge en la rutina de la iglesia al punto que no ven la necesidad para la planificación. Esta fuerza trabaja en contra de la planificación debido a que en el futuro se les requerirá un nuevo, y tal vez más demandante, compromiso.

La protección de los intereses personales es otra fuerza que trabaja en contra de la planificación. Alguna gente siente que si el plan cambia puede disminuir su influencia, o quitar su espacio o herir a su grupo. Algunos podrían sentir que su proyecto preferido podría dejarse de lado por dar prioridad a otros en el proceso de planificación.

2. *Anime a tantas personas como sea posible a participar.* No toda la gente puede participar en cada decisión que se tome. Sin embargo, si a los miembros les preocupa el ministerio de la iglesia, a ellos les gusta sentirse parte de la planificación y del proceso de la toma de decisiones.

Un grupo de planificación debe tratar de involucrar y de consultar a tanta gente que se vaya a ver afectada con el plan como sea posible. La participación disminuye la resistencia e incrementa el compromiso. La gente se siente más movida a mostrar mayor interés en planes que ha ayudado a formular. La gente responde más allá de lo esperado cuando se le da oportunidad de participar en la planificación. Vea el formulario de la figura 1.4 que le puede ser útil para involucrar a un amplio número de personas.

3. *Mire hacia adelante en busca del destino final que desea.* Decida dónde quiere que su organización o proyecto esté cuando llegue allá. Saber esto ayudará en determinar cómo hacer el viaje. Este principio se aplica a todos los niveles de planificación, ya sea que esté diseñada para formular un plan de tres años de estudio bíblico o para preparar las clases de la siguiente semana.

4. *Busque las fortalezas y el potencial en vez de las debilidades y los problemas.* Hacer una lista de los problemas puede ser muy deprimente. Poner énfasis en el potencial puede darle una vida y una autoestima nuevas al grupo de la planificación y, finalmente, a la iglesia. Una iglesia puede tener dificultades para mantener por largo tiempo un grupo universitario de estudio bíblico que tiene pocos prospectos, y fallar al no ver como un ministerio potencial a los cientos de otros adultos jóvenes que viven en el área.

Figura 4.1

LISTA DE LAS PRIORIDADES DEL SOÑADOR DE LA IGLESIA

Escriba las potencialidades y las posibilidades que tiene nuestra iglesia. No le ponga límites a su sueño por la carencia de recursos tales como finanzas suficientes o liderazgo adecuado.

Creo que nuestra iglesia tiene una oportunidad de incrementar el ministerio con estos grupos de personas o necesidades:

1.

2.

3.

4.

5.

6.

Me interesa que nuestra iglesia le dé prioridad al (a los) número (s)

_____.

Me interesa participar activamente en el (los) número(s) _____

5. *Evite sobrecargar la planificación.* Una rápida mirada al puesto de revistas nos hace retroceder asustados por el número de periódicos dedicados a temas tales como la condición física. La persona que quiere hacer un poco de ejercicio puede frustrarse por la abundancia de información sobre el tema. Esa misma actitud puede paralizar la planificación de la educación cristiana. Hay disponible una abundancia de materiales, seminarios y consulta sobre planificación y temas relacionados. Al tomar ventaja de estos recursos, no obstante, uno no debe frustrarse por la falta de conocimiento. La planificación debe ser premeditada, simple, dirigida por el Espíritu. Si se empieza con lo que se conoce, se pueden usar los recursos para realzar el punto de partida.

6. *Mire más allá de los planes individuales.* Sería ingenuo decir que la planificación en grupo es completamente objetiva. El esfuerzo de la planificación probablemente nació debido a que al menos una persona pensó que era necesario el cambio. Las dificultades comienzan cuando las ideas de las personas permanecen escondidas. Por lo consiguiente, los líderes de la planificación deben dar tiempo al inicio del proceso para descubrir lo que están pensando los participantes.

Una forma de hacer esto es hacer que las personas compartan información con el grupo, tal como quién los ha influenciado más como cristianos; qué los motivó a tomar el puesto actual en la iglesia; cuál es su mayor temor en relación con el(los) proyecto(s) que está bajo consideración; y cuál es la mayor esperanza que tienen para la experiencia.

Ir más allá de estos sentimientos iniciales ayudará al grupo a ver que su tarea no es simplemente adoptar las ideas de una persona, sino buscar colectivamente los mejores planes posibles.

7. *Mantener la flexibilidad.* Es importante recordar que está lidiando en gran parte con voluntarios que no pueden ser forzados a tomar decisiones. Además, surgirán necesidades que no fueron tomadas en cuenta en la primer la planificación. Puede surgir nueva información. Estos y otros factores proveen evidencia que requiere que los planeadores sean flexibles.

8. *Evalúe la planificación desde la perspectiva del proceso y del resultado.* Los medios usados y las proyecciones desarrolladas tienen una influencia significativa en los participantes, las organizaciones que ellos representan y el sistema administrativo de apoyo afectado. Por consiguiente, es imperativo evaluar el alcance y la calidad del trabajo hecho. Esta información ayudará a la implementación de los planes y mejorará los futuros esfuerzos de planificación. (Más adelante, en este capítulo, se discutirá información acerca de la evaluación y los procedimientos sugeridos).

INDICACIONES PARA LA IGLESIA LOCAL

El concilio o gabinete de la iglesia

En la mayoría de las iglesias, el concilio de la iglesia mantiene las responsabilidades clave de la planificación. Sus miembros incluyen al pastor como su presidente, miembros del personal de la iglesia, directores de programas de organizaciones, un representante de los diáconos, y aquellos que presiden comités como mayordomía y misiones. Otros grupos representativos pueden añadirse temporal o permanentemente de acuerdo con la necesidad.

Básicamente, el concilio de la iglesia debe servir como foro para los líderes de la iglesia en la planificación, coordinación y evaluación del trabajo total de la iglesia. La iglesia depende de las diferentes organizaciones para llevar a cabo los planes de acuerdo con las tareas asignadas. Como presidente del concilio de la iglesia, el pastor puede dirigir el desarrollo de un programa consolidado que le dé la mejor atención a las prioridades de la iglesia. (Se dará información adicional en relación al concilio de la iglesia en el capítulo 7, "Administrando las organizaciones educativas de la iglesia").

La principal función del concilio o gabinete de la iglesia, por lo tanto, es ayudar a la iglesia a decidir su curso, y coordinar y evaluar su trabajo. La figura 4.2 ilustra una hoja de planificación que puede ser usada por el concilio de la iglesia y por otros grupos de planificación.

Grupos de planificación de programas

Cada organización educativa puede tener un grupo responsable de la planificación de su trabajo, dependiendo por supuesto del tamaño de la iglesia. Por ejemplo, el director del ministerio de enseñanza bíblica sirve como presidente del grupo de planificación de esa organización. Se debe tener mucho cuidado al monitorear las actividades del concilio de planificación para que tenga consistencia con todo el objetivo de la iglesia.

Planificación de la clase de líderes

La clase de líderes debe reunirse tanto como sea necesario para planificar para el estudio, el alcance y ministerio. Se deben incluir asuntos como la evaluación de la efectividad de la clase para cumplir su propósito, planificación de actividades que vayan más allá de los estudios bíblicos y planificación para alcanzar la proyección y otras necesidades ministeriales.

EVALUACIÓN DEL DESARROLLO

"Pero estas personas dan voluntariamente su tiempo y esfuerzo", pensó Carlos. "¿Qué van a pensar si anunciamos algún tipo de evaluación formal para el ministerio de educación cristiana?".

Verdaderamente, el aspecto de voluntariado ha de considerarse seriamente cuando los líderes de la iglesia planteen evaluar el ministerio educativo de la iglesia.

Figura 4.2

HOJA DE PLANIFICACIÓN

Título del proyecto _____

Objetivo(s) finales de la iglesia con los que se relaciona este proyecto:

_____

_____

_____

_____

_____

Objetivo o meta del proyecto: _____

Posible(s) necesidad(es) que deben llenarse: _____

_____

Lista prioritaria de necesidades:

1 _____

2 _____

3 _____

4 _____

5 _____

6 _____

7 _____

Procedimientos para encontrar y alcanzar el objetivo

_____   _____

_____   _____

_____   _____

_____   _____

ASIGNACIÓN DE RESPONSABILIDADES

Persona asignada	Acción que debe tomarse	Fecha asignada	Fecha en que debe finalizarse	Recursos que se necesitan	Costo estimado

La incertidumbre para evaluar formalmente puede nacer de la inquietud causada porque a aquellos que sirven no se les paga con dinero y que no deben rendir cuentas de la misma manera que quienes sí reciben paga. Sin embargo, tal incertidumbre, podría estar condicionada por ideas anticuadas e inadecuadas sobre la evaluación.

Cualquiera de nosotros puede recordar la vergüenza de haber contestado incorrectamente una pregunta hecha por un maestro. Y si otro estudiante contestó fácilmente la misma pregunta, pudo haber hecho que nos sintiéramos peor. Experiencias así son difíciles de olvidar, y condicionan la manera en que pensamos sobre las evaluaciones. Es miope descartar la evaluación por este concepto o sugerir que podría ser inapropiada en el trabajo cristiano. Lejos de ser ofensiva o inapropiada, una evaluación hecha correctamente puede ser el favor más grande que la iglesia le haga a sus obreros voluntarios. (Y también al personal remunerado, pero es otro tema).

En el mejor de los casos, no es considerado pedirle a una persona que tome una responsabilidad en la iglesia sin establecer lo que la iglesia espera de esa persona, proveyéndole recursos para llevar a cabo su tarea, y estableciendo algunos medios de evaluación para ayudarle a contestar la pregunta sincera de los obreros: "¿Cómo lo estoy haciendo?". Un principio básico al trabajar con adultos es que ellos necesitan verificar su progreso.

"Evaluar" de acuerdo con el *Diccionario de la Real Academia Española* significa: "Estimar, apreciar, calcular el valor de algo". ¿Qué significa esta definición para el ministerio de educación cristiana?

Es presuntuoso suponer que la iglesia puede ser el juez del trabajo de un miembro en relación a los estándares de Dios o los efectos de la actividad, todavía sin revelar, conocidos sólo por Dios. En cambio, la evaluación está dirigida a la actuación del obrero en actividades específicas diseñadas para lograr los propósitos y las metas establecidas por la iglesia; metas con las cuales los miembros han hecho un compromiso.

Idealmente, la evaluación hace a la persona consciente de la calidad y clase de su trabajo y provee de guía para mejorar. El resultado más importante de la evaluación es lo que le pasa a la persona involucrada. La iglesia está en la empresa de ayudar a sanar y madurar a las personas; por lo tanto, la evaluación debe contribuir a este proceso.

Considere estos beneficios de la evaluación:

1. La evaluación es un proceso humano que involucra una valoración de fortalezas o debilidades en el desempeño de los seres humanos.
2. La evaluación es la única manera de comprobar si se han logrado los objetivos y las metas del programa de educación.
3. La evaluación es un proceso que tiene la capacidad de promover una actitud de mejoramiento personal.
4. La evaluación requiere la participación de gente interesada en mejorar sus actitudes y habilidades para el ministerio.
5. La evaluación es un proceso que capacita a los líderes/maestros y a los alumnos a descifrar cuánto éxito tiene cada uno en el proceso de enseñanza-aprendizaje.
6. La evaluación provee un medio por el cual la necesidad por, y el uso de las instalaciones, materiales y suministros son vistos en relación con todo el ministerio de educación.

El propósito de la evaluación

Generalmente a la gente le preocupa muchísimo una empresa en la cual haya invertido una porción significativa de su energía y recursos. Debido a esta preocupación, ellos muestran un profundo interés en que lo que perciben es vital para esa empresa. El gobierno nacional es un ejemplo; la iglesia es otro. Los ciudadanos, a consecuencia del interés, evalúan constantemente tales instituciones. La evaluación no siempre lleva las marcas de imparcialidad o guía a las conclusiones apropiadas y al cambio necesario. Sin embargo, ocurre.

Ya que la evaluación ocurre en forma constante, resulta provechoso que los líderes entiendan las siguientes dos facetas:

Primera, la evaluación tiene que ver con el proceso de planificación. Los criterios de la evaluación deben establecerse antes de la formulación final de los planes; y si se hace esto, quienes planifican pueden proceder sabiendo los estándares bajo los cuales el trabajo debe evaluarse. Si los resultados son ineficaces, las personas responsables pueden buscar mejorar.

Segunda, la evaluación tiene que ver con el progreso del alumno. Todos los factores que ya se han discutido acerca de la evaluación existen para el bien de los alumnos involucrados en el ministerio educativo de la iglesia. El alumno debe tener alguna indicación de lo que sabe o no sabe, de lo que hace o no hace bien. Apropiadamente hecha, esta clase de evaluación ayuda al alumno a descubrir áreas en las que necesita crecer y se motiva para hacer algo al respecto.

Para aclarar más ampliamente el propósito de la evaluación, considere lo siguiente:

1. La evaluación debe servir para proveer un panorama completo del ministerio educativo.
2. La evaluación debe medir si el programa coincide con la filosofía educativa de la iglesia.
3. La evaluación debe proveer una oportunidad para un esfuerzo conjunto de cada uno de los involucrados.
4. La evaluación debe servir continuamente a la iglesia como una parte permanente del proceso de planificación e implementación.
5. La evaluación debe destacar la calidad y el crecimiento.
6. La evaluación debe proveer una mirada seria a los maestros/líderes, alumnos y al proceso de aprendizaje.
7. La evaluación debe identificar las personas capacitadas y brindar esta información durante el proceso general del planificación para incluirlas cuando se considere ampliar los ministerios.
8. La evaluación debe identificar los problemas y enfocarse claramente en ellos con miras a la solución apropiada.
9. La evaluación debe ayudar a clarificar los buenos objetivos y señalar las debilidades en los pobres.
10. La evaluación debe proveer una información exacta y relevante para aquellos encargados de la responsabilidad de mejorar el ministerio educativo de la iglesia.

Criterios para la evaluación

Los criterios para la evaluación deben determinarse al principio del proceso antes de que los planes sean ejecutados y se nombre a las personas para las diferentes responsabilidades. He aquí algunos criterios que ayudarán a valorar el programa educativo de la iglesia:

Primero, la declaración (también, objetivo o propósito) de misión de la iglesia debe proveer una pauta completa para ayudar a descubrir si el ministerio educativo está contribuyendo al cumplimiento del propósito de la iglesia. Este criterio debe usarse en el proceso formal o simplemente en la evaluación normal y continua de diversos programas y actividades.

Luego, y surgiendo de la misión de la iglesia, un objetivo educativo provee un criterio. Una declaración puede decir algo como lo que sigue: Ayudar a las personas a conocer a Dios revelado en Jesucristo, hacer un compromiso personal de fe, llegar a ser parte de la iglesia como discípulos maduros, ser parte de la misión mundial de la iglesia y vivir en el poder del Espíritu Santo.

Adicionalmente, las descripciones de trabajo o acuerdos de trabajo (ver la figura 4.3) que han sido desarrollados, aprobados y revisados con quienes van a trabajar proveen una base para la evaluación. Ya que todas las buenas evaluaciones buscan el desarrollo de las personas involucradas, una descripción de trabajo se vuelve un recurso vital. El desempeño puede medirse, y las áreas que necesitan mejorarse se hacen evidentes, cuando existen indicaciones claras.

Por otra parte, los criterios cuidadosamente formulados y probados que han sido desarrollados por especialistas de educación cristiana (generalmente conectados con su denominación o editorial religiosa) proveen normas para evaluar la organización y el desempeño de trabajos específicos. Por supuesto, tales criterios pueden revisarse y hacerse más específicos para la situación particular de una iglesia.

Otra fuente de criterios puede encontrarse en las metas de los propios obreros, desarrolladas para que sean consistentes con las metas u objetivos educativos de la iglesia. Por ejemplo, un maestro puede establecer la meta personal de hacer muchos contactos con los miembros de la clase cada semana, o de leer algunos libros relacionados con las responsabilidades del maestro.

La Biblia sirve como la norma autoritativa para todo lo que hace la iglesia. Los criterios encontrados en ella son apropiados, por lo tanto, para el ministerio educativo de la iglesia. Una aplicación de estas se encuentra en Colosenses 3:17: "Y todo lo que hacéis, sea de palabra o de hecho, hacedlo todo en el nombre del Señor Jesús".

El criterio final recomendado para ser usado en la evaluación del ministerio educativo de la iglesia nace de la enseñanza bíblica: enseñar sobre el sacerdocio de todos los creyentes. Hay cinco pasajes en dos libros del Nuevo Testamento que se refieren directamente a esta creencia básica: 1 Pedro 2:5, 9; Apocalipsis 1:5b, 6, 9b, 10; y 20:6. Esta doctrina que se ha usado por largo tiempo para apoyar el acceso libre e igual de todos los creyentes, también significa que cada cristiano es un ministro y tiene un ministerio que desempeñar. Primera de Pedro 2:9 declara: "Pero vosotros sois linaje escogido, real sacerdocio, nación santa, pueblo adquirido, para que anunciéis [*para que proclamen los actos poderosos de Dios*] las virtudes de aquel que os ha llamado de las tinieblas a su luz admirable" (énfasis añadido). Un aspecto muy importante de la evaluación es hacer preguntas sobre la forma en la que la gente está viviendo estas enseñanzas.

¿Quiénes son los evaluadores?

La evaluación más efectiva ocurre cuando ésta involucra la participación de personas que son "accionistas" de la empresa. Para estar seguro, la responsabilidad de guiar y coordinar el proceso de evaluación pertenece a aquellos individuos y grupos que tienen la responsabilidad principal del ministerio de educación religiosa de la iglesia. En alguna parte de todo el proceso, sin embargo, debe haber un lugar para que otros que también están involucrados digan lo que sienten acerca del ministerio. Dentro de ese grupo se incluyen personas como maestros, líderes, alumnos, algunos líderes comunitarios, y padres de los niños y jóvenes.

No obstante, se debe ejercer precaución en este punto. Si se presiona demasiado fuerte patra hacer una evaluación formal se puede causar más confusión que beneficios. Ser astuto como la serpiente e inofensivo como una paloma es una buena advertencia al desarrollar un criterio para una evaluación útil. Se debe hacer un esfuerzo para incluir a todos los que sea posible y para lograr que practiquen la autoevaluación bajo el liderazgo del Espíritu Santo. Se debe animar a la gente a hacerse preguntas como: ¿cómo lo estoy haciendo?, y también a medir la eficacia de la organización con los criterios previamente aceptados.

Los maestros deben estudiar y evaluar su papel de líderes del aprendizaje. La guía y los incentivos para la clase o para los miembros del grupo harán que éstos revisen su desempeño y crecimiento. Se les debe ofrecer criterios sugeridos por medio de los cuales ellos puedan medir esos aspectos. Todos pueden asumir responsabilidad para mejorar junto con su líder. Sobre todo, los planificadores deben ser receptivos a recibir evaluación de otros y practicarla ellos mismos. Esto provee un buen modelo. Todos necesitan evaluación.

Figura 4.3

PACTO DE LOS OBREROS DE LA ESCUELA DOMINICAL

Creyendo que el privilegio de guiar a la gente en el camino de la vida cristiana merece lo mejor de mí, me comprometo, como obrero en el ministerio de la enseñanza bíblica de mi iglesia, a:

- Mantener mi conducta de acuerdo a los principios del Nuevo Testamento, y buscar la ayuda del Espíritu Santo, para ser fiel y eficiente en mi responsabilidad (Ef. 4:1).
- Ser puntual y fiel en la asistencia; y, en caso de una ausencia inevitable, avisar con toda la anterioridad posible (1 Cor. 4:2).
- Prepararme exhaustivamente cada semana para la lección y para las otras responsabilidades (2 Ti. 2:15).
- Usar la Biblia con mi grupo, y ayudarlo a entenderla y amarla (Sal. 119:16).
- Contribuir, proporcional y alegremente, al presupuesto de mi iglesia (1 Cor. 16:2; 2 Cor. 9:7).
- Asistir a la reuniones regulares de planificación (Luc. 14:29, 30).
- Visitar frecuentemente a los prospectos y hacer un esfuerzo especial para contactar a los ausentes cada semana (Hech. 2:46).
- Estudiar uno o más libros de entrenamiento cada año (Prov. 15:28a).
- Cooperar de todo corazón en los planes y las actividades de la iglesia (1 Cor. 3:9).
- Ser leal al programa de la iglesia, empeñándome para asistir a todos los cultos de adoración (Heb. 10:25).
- Esforzarme por dar testimonio (Prov. 11:30).
- Buscar descubrir y llenar las necesidades de aquellos con los que yo tenga contacto, especialmente hermanos miembros de la igle-

sia y prospectos para mi iglesia (Gál. 6:2).

- Orar regularmente por la iglesia, el ministerio de la enseñanza bíblica, los obreros, y por los alumnos y los hogares de donde provienen (1 Tes. 5:17).
- Aplicar las enseñanzas de Cristo en asuntos morales y sociales de mi vida diaria (Stg. 1:22).

Con la ayuda de Dios, haré lo mejor para guardar este pacto.

Además, la gente deberá volverse más objetiva en sus evaluaciones a través de la práctica regular y al incluirse a sí mismos en el proceso. Deben aprender a juzgar por criterios y no por sus propios prejuicios hacia la gente y los programas. Recuerde, Jesús no nos prohíbe juzgar: él simplemente dijo que debemos evaluar con los mismos criterios con los que queremos que otros nos juzguen. Obtener una participación más amplia significa que habrá más gente involucrada que se siente responsable, un genuino beneficio para la iglesia.

Áreas que deben ser evaluadas

Varias áreas importantes deben incluirse en un esfuerzo balanceado para evaluar el ministerio educativo de la iglesia. Debe reconocerse que estas áreas no pueden ser compartimentadas nítidamente ni están aisladas unas de otras. Están unidas inseparablemente como parte de un organismo vivo y activo llamado iglesia. Considere las siguientes áreas para evaluar:

El currículo. Al hablar exclusivamente del término "currículo", uno se está refiriendo a todo lo que ocurra en la iglesia que tenga relación con el aprendizaje. Esta es una idea importante a considerar. Sin embargo, cuando se menciona la palabra "currículo" la mayoría de la gente piensa en los materiales impresos, grabados, computarizados o proyectados que se usan. Esta última manera de pensar es la que está en consideración aquí. Aunque hay a la disposición currículos y materiales de varias editoriales, la iglesia necesita seleccionar de acuerdo a su propia situación. En el proceso de selección, las características de un buen currículo se convierten en una consideración fundamental.

Las características que deben buscarse en un currículo son:

1. Bien fundado bíblica y teológicamente.
2. Relevante a la situación del alumno.

3. Contiene material completo y esencial para un crecimiento integral.

4. Balanceado en énfasis.

5. Secuenciado para asegurar el mejor orden de aprendizaje.

6. Flexible para encajar una variedad de situaciones y necesidades.

7. Bien relacionado con otras partes del plan total de enseñanza de la iglesia.

Maestros/líderes. Lo que les pase a los individuos involucrados es un factor importantísimo en la evaluación. La evaluación a los maestros y a otros obreros, por lo tanto, debe ser hecha con tacto y con la cooperación de los involucrados.

Es esencial que el evaluador siga los principios de ayudar a los individuos en el uso más provechoso y rápido de sus dones, habilidades y actitudes. No es la responsabilidad del evaluador juzgar o recomendar despidos; más bien, es la de animar, guiar y ayudar a cada miembro de la iglesia en un ministerio dado por Dios. La responsabilidad incluye el estudio de las personalidades con sus dones y luego de eso buscar dónde colocarlos de manera que puedan funcionar más efectivamente para Dios. Una persona puede cambiar de una responsabilidad a otra; sin embargo, de acuerdo con los principios bíblicos, nadie en el programa de Dios está restringido a un papel de oyente pasivo.

Es de conocimiento común que no todos deben ser maestros o líderes (los líderes son maestros también a través de la forma como guían). Pablo enfrentó este problema cuando escribió en 1 Timoteo 1:7: "Queriendo ser maestros de la ley, sin entender ni lo que hablan ni lo que afirman con tanta seguridad".

Una misión importante del líder o ministro de educación es ayudar a las personas que no deben ser maestros ni líderes a evitar la dolorosa experiencia de verse colocados en un trabajo inapropiado. Antes de tomar una decisión, es necesario hacer ciertas preguntas en relación con los prospectos:

- ¿Manifiestan características similares a las de Cristo?
- ¿Entienden las metas de la educación cristiana, y, si no, están dispuestos a aprender y a aplicarlas?

- ¿Pueden aprender a usar métodos apropiados de enseñanza y liderazgo?
- ¿Participarán en la extensión?
- ¿Son perezosos?
- ¿Conocen la Biblia adecuadamente?
- ¿Pueden trabajar con otros?
- ¿Están dispuestos a usar los materiales del currículo apropiadamente?

Una vez que la persona tome un lugar de servicio como maestro o como líder, la autoevaluación es probablemente el medio más efectivo para detectar las áreas fuertes y las débiles, y planificar para mejorar. Para que ocurra una evaluación, los obreros necesitan una guía o criterio. La guía debe ser un pacto de los obreros (como la ilustrada en la figura 4.3) que la iglesia haya aprobado y con el cual la gente involucrada haya estado de acuerdo.

Otro enfoque podría ser que la persona con cargo más cercano a la supervisión visite al obrero (preferiblemente en su hogar) y le pregunte algo como: "¿Cómo estás o cómo te sientes?", cuando dialoguen sobre la descripción de trabajo o pacto. De este intercambio deben salir formas de mejorar e inclusive la decisión de que esa persona podría beneficiarse de un cambio de responsabilidades.

A un maestro del ministerio de enseñanza bíblica le podría ser útil una lista de comprobación como la que se sugiere en la figura 4.4 para que la use regularmente. A medida que las personas se vuelven más concientes del tipo de preguntas que son apropiadas para la evaluación, se sentirán más cómodos con hacerlas regularmente.

La observación es otro método de evaluación, aunque puede convertirse en un asunto muy sensible. La persona que está siendo observada debe estar al tanto de tal procedimiento y debe estar de acuerdo en ello. Los resultados deben compartirse y valorarse cuidadosamente con el obrero.

He aquí cuatro principios a seguir cuando se usa la observación: (1) el obrero debe ser capaz de respetar al observador como una persona capaz y atenta; (2) el obrero debe participar del proceso voluntariamente; (3) la observación debe ser planificada y llevada a cabo con la menor perturbación posible; y (4) se debe efectuar una conferencia después de la observación a manera de evaluación mutua.

Algunos líderes tienen responsabilidades de supervisores. Si usted es uno de ellos, puede usar estas preguntas para hacerse una autoevaluación:

- ¿Me interesan aquellos que sirven bajo mi liderazgo?
- ¿Delego responsabilidad a mis obreros?
- ¿Les pido opinión a los otros y la respeto?
- ¿Promuevo la lealtad a toda la iglesia?
- ¿Elogio en forma merecida y específica?
- ¿Incluyo a todos los obreros en la planificación y la evaluación?
- ¿Trato con problemas en vez de con personalidades?
- ¿Tengo un sistema de verificación para asegurar que las asignaciones se hayan completado exitosamente?
- ¿Consulto con anterioridad con aquellos que creo que se van a ver afectados por una acción?
- ¿Me ocupo de que un nuevo obrero tenga la orientación apropiada?
- ¿Me aseguro de estar a la altura de los criterios de mi puesto?

La experiencia del alumno. Los alumnos deben beneficiarse con el incremento del conocimiento y comprensión de la Biblia, el compañerismo y la aceptación, y las oportunidades para participar en las actividades ministeriales. Los líderes necesitan escuchar, de manera que puedan saber qué es lo que están aprendiendo los alumnos y cómo están aplicando el aprendizaje. También se puede medir la calidad de la enseñanza.

Hay algunas señales observables para aquellos que buscan entender la experiencia de los alumnos: asistencia, atención y comentarios en clase, crecimiento en el entendimiento y el carácter cristiano, y entusiasmo por alcanzar nuevas personas.

Las pruebas deben usarse para ayudar a verificar el conocimiento y la comprensión del alumno. Tales pruebas pueden ser redacciones (que generalmente comienzan con palabras como discuta, explique o comente), objetivas (respuesta corta, basada en recordar y completar), interés y actitud (reacciones a una serie de declaraciones). Algunas pruebas están incluidas en el currículo y otras están disponibles en editoriales religiosas.

Otra forma efectiva de determinar el aprendizaje es entrevistar individualmente a miembros de la clase o a grupos fuera del contexto de las sesiones. Las preguntas deben ser más abiertas e informales que las preguntas de una prueba escrita. Este tipo de evaluación muestra una medida del conocimiento de la Biblia y sugiere hasta qué grado los alumnos toman en serio la experiencia del aprendizaje.

Figura 4.4

VERIFICACIÓN DE LA ENSEÑANZA BÍBLICA

Califíquese usted como maestro(a) encerrando en un círculo el número que piensa que es el más exacto. Sume el total de los números encerrados en el círculo. Un puntaje de 85 o más alto sería un puntaje excelente, y uno de 40 ó menos sería pobre. En medio, variaría de razonable (41-60) a bueno (61-84).

PREPARACIÓN

Examino los temas de las lecciones con anterioridad.	Siempre 5 4 3 2 1 Nunca
Comienzo la preparación de la lección más de una semana antes.	Siempre 5 4 3 2 1 Nunca
La Biblia es el centro de la preparación de mi lección.	Siempre 5 4 3 2 1 Nunca
Tengo un plan sistemático para estudiar la lección.	Siempre 5 4 3 2 1 Nunca
Cuando me preparo, tengo en mente las necesidades específicas de todos mis alumnos.	Siempre 5 4 3 2 1 Nunca
Escribo o tengo en mente un objetivo específico para cada lección.	Siempre 5 4 3 2 1 Nunca
Busco constantemente mejorar mi enseñanza por medio de la lectura de material apropiado, la asistencia a las reuniones de los obreros y a cursos de entrenamiento.	Siempre 5 4 3 2 1 Nunca
Oro regularmente por mi responsabilidad.	Siempre 5 4 3 2 1 Nunca

Presentación

Soy capaz de estimular interés desde el principio.	Siempre 5 4 3 2 1 Nunca
Busco leer los pasajes bíblicos en forma significativa.	Siempre 5 4 3 2 1 Nunca
Todos mis alumnos participan en la discusión de la lección.	Siempre 5 4 3 2 1 Nunca

Uso una variedad balanceada
de técnicas de enseñanza.   Siempre 5 4 3 2 1 Nunca

Soy capaz de seguir el tema
principal hacia una conclusión
deseable sin desviarlo demasiado.   Siempre 5 4 3 2 1 Nunca

Programo el tiempo de la
presentación para dar un énfasis
apropiado a la verdad central.   Siempre 5 4 3 2 1 Nunca

Mis alumnos y yo llegamos a
conclusiones útiles al final de
cada lección.   Siempre 5 4 3 2 1 Nunca

Evaluación

Mis alumnos son estimulados
a tener más estudios bíblicos.   Siempre 5 4 3 2 1 Nunca

Mi enseñanza ayuda a cambiar
los criterios morales y sociales.   Siempre 5 4 3 2 1 Nunca

Mi enseñanza ayuda a alcanzar
a los incrédulos.   Siempre 5 4 3 2 1 Nunca

Mi enseñanza ayuda a que los
alumnos sean más fieles en su
WF   Siempre 5 4 3 2 1 Nunca

Mi enseñanza me ayuda a ser
(un) mejor cristiano(a).   Siempre 5 4 3 2 1 Nunca

Instalaciones y equipo. En la educación cristiana el lugar es importante. Las características físicas de ese lugar contribuyen significativamente a la experiencia del aprendizaje. Aunque muchos edificios en los que funcionan los programas de educación cristiana no proveen una disposición ideal para clases o grupos, la evaluación debe basarse sobre criterios probados por el tiempo. Generalmente, las oficinas de la denominación o las editoriales pueden proveer tal ayuda.

Los obreros de la iglesia necesitan estar concientes de cómo el ambiente físico afecta el aprendizaje. Cada vez que un obrero entra al salón de clase donde enseña o dirige debe observar las características físicas con ojos de extraño. Cosas tales como áreas con basura y poco atractivas, excedente de materiales fuera de lugar, y un arreglo inapropiado del espacio pueden ser corregidas con poco o ningún dinero. Problemas de iluminación, calefacción, asientos y equipo audiovisual requieren un costo variable para corregirlo.

Organización. La organización es la estructura de personas y de otros recursos para lograr una tarea asignada. Debido a que la organización contribuye a la eficacia de un programa o ministerio, también debe ser evaluada por lo menos una vez al año. Esta generalmente la hace el concilio de la organización, usando preguntas como las siguientes:

- ¿Hay clases, departamentos y otras unidades adecuadas?
- ¿Tenemos el suficiente número de líderes o de personal de apoyo?
- ¿Es la coordinación apropiada para cada nivel de trabajo?
- ¿Dónde podemos comenzar nuevas unidades?
- ¿Estamos haciendo buen uso de todos los recursos (tiempo de los participantes, líderes voluntarios, instalaciones, personal ministerial y servicios de apoyo administrativo)?

Para más información en organización, ver el capítulo 5, "Cómo organizar y coordinar".

Uso de la información de la evaluación

El desarrollo de una evaluación eficaz siempre mantiene el papel de un siervo, nunca el de un tirano. Para que algo sirva, debe ser usado. El no usar los resultados de la evaluación es un mal servicio a la gente con la que trabaja y, si se hace a propósito, es deshonesto. La misma gente que ayudó en la planificación y la conducción de la evaluación debe ser incluida para sacar conclusiones y ayudar a escoger los pasos a tomar. De esa manera, la evaluación sirve a la gente más afectada por ella.

El proceso de usar la evaluación debe incluir estos elementos:
(1) inspección cuidadosa de la información para determinar su validez,
(2) determinar las razones para los éxitos o fracasos anteriores, y
(3) la retroalimentación de la información en el proceso para las futuras planificaciones ministeriales.

Cuando Carlos y Mónica compartían los alimentos, conversaron sobre sus pensamientos. Cuanto más hablaban, más se daban cuenta de la fabulosa tarea de planificación y evaluación del ministerio de la iglesia. Este capítulo es para todos aquellos, como estos dos, que quieran hacer el mejor trabajo posible.

CÓMO ORGANIZAR Y COORDINAR

Bob I. Johnson

El hermano Miguel se sentía bien y más fresco que nunca antes. Esa semana afuera para meditar, estudiar y descansar le proveyó un gratificante rejuvenecimiento a una mente y un cuerpo cansados. Este era un tiempo emocionante para la iglesia ya que celebraban 100 años de ministerio y el décimo aniversario del liderazgo del pastor. Por lo tanto, en este domingo el hermano Miguel predicó sobre edificar sobre la tradición de la iglesia para el nuevo siglo y el nuevo milenio. El mensaje se centró en el ministerio positivo de la iglesia y en la necesidad de soñar para el futuro. Le advirtió a la congregación acerca del peligro de adherirse al pasado y temerle al futuro.

Ana se había graduado recientemente del seminario y se había unido al personal de la iglesia como ministra asociada de educación cristiana. Cuando ese domingo se sentó con la congregación y escuchó el sermón, sus pensamientos se llenaron de un deseo de dirigir el ministerio de educación cristiana en forma efectiva y con un claro propósito. Recordó que en una clase del seminario sobre liderazgo se había enfatizado el poder de una visión clara de lo que Dios quería que fuera e hiciera la iglesia. Por lo tanto, todo lo que el pastor decía sonaba bien. Pero Ana sabía que esa visión necesitaba ser transformada en una estructura tangible y viable para el ministerio.

Entre otras cosas, una estructura así significa buena organización y coordinación. Ella sentía que seguir haciendo las cosas como de costumbre no capacitaría a la iglesia para enfrentar un nuevo siglo y un nuevo milenio. Así que comenzó a formar una imagen mental de un posible cuadro futuro de la iglesia y cómo se vería esa estructura, especialmente en relación a sus responsabilidades. Una cosa era cier-

81

ta: el cambio sería inevitable; no en cuanto al propósito eterno de Dios para la iglesia, pero en cuanto a la expresión de ese propósito y cómo se relaciona con la época.

La visión de un cuadro futuro, sin embargo, debe ser apropiada por muchos y no solamente estar confinada a los líderes. Tiene que volverse una magnífica obsesión que cautive profundamente, por lo menos, a un núcleo significativo de miembros de la iglesia. Sí, Ana, esto inevitablemente involucra una buena estructura. Quiere decir, entre otras cosas, una buena organización y coordinación, el tema de este capítulo.

PRINCIPIOS Y PROCEDIMIENTOS PARA ORGANIZAR

¿Por qué nos organizamos? La respuesta es simple. Organizar provee la estructura a través de la cual un grupo de personas comprometidas e involucradas en una empresa común hacen su trabajo. La forma más sencilla involucra a dos personas que se comunican y trabajan hacia un propósito común.

Sabemos que la organización se desarrolló poco después de que la iglesia primitiva fuera establecida; y es un factor constante y esencial en un ministerio exitoso. Es el medio por el cual la iglesia se expresa a sí misma como una extensión viva, dinámica y servidora del Señor Jesucristo.

Algunas veces las iglesias establecen organizaciones sin decidir apropiadamente cuál es el trabajo para hacer. Esto prácticamente asegura que la organización se volverá el fin en lugar de los medios. Comenzar con la organización en vez de con el propósito puede involucrar a los miembros en formas que sean menos valiosas que aquellas que tratan con el trabajo esencial de la iglesia.

Uno de los desafíos que deben conquistar los líderes de la iglesia que desean proveer organización al trabajo esencial de la iglesia es el apego de muchos de los miembros a la manera como siempre se han hecho las cosas. Por ejemplo, cuando Ana meditaba en el futuro no podía dejar de pensar en algunas de las clases de estudio bíblico (como la de Dorcas, Amistad y Baraca), con largas historias y salones asignados que los miembros de la clase habían decorado. Los mismos respetadísimos maestros habían enseñado estas clases durante muchos años. Pero, ¿qué de las clases cuyos maestros sólo pueden servir algunas semanas o meses?

Sus pensamientos giraban alrededor de los cambios asombrosos en la sociedad y en los ministerios de la iglesia de los que había leído mientras estudiaba en el seminario. Había aprendido que una iglesia tan antigua como ésta probablemente no va a crecer a menos que se desarrollen estructuras ministeriales que alcancen a nuevas personas, especialmente a la nueva generación. Además, los hechos muestran que las iglesias con altas expectativas de sus miembros generalmente crecen, mientras otras declinan.

Pero, ¿cómo reorganiza usted una iglesia para que alcance el máximo compromiso con el discipulado cristiano cuando el poco compromiso ha sido la cultura básica de la iglesia? ¿Cómo se puede hacer esto sin usurpar el lugar del Espíritu Santo? En otras palabras, ¿qué se puede hacer en el futuro de manera que la iglesia sea lo que Dios quiere que sea?

La naturaleza de la iglesia

En el corazón de la existencia de la iglesia está la necesidad de conocer el propósito que Dios tenía para su existencia. Esto demanda la pregunta: "¿Cuál es la naturaleza de la presencia de Dios en el mundo?". Cuando brota la respuesta, la iglesia creyente encuentra maneras de unirse a Dios en el trabajo. La organización se forma alrededor del propósito y responde al liderazgo de Dios.

Los estudiantes serios de la Biblia saben que las actividades de Dios se enfocan en la creación y la redención. Por lo tanto, para empezar, uno debe comenzar pensando en organizarse para expresar el ministerio en una forma creativa y redentora. También, uno debe pensar en formas para dirigir la iglesia a descubrir el alto llamamiento en Cristo como compañeros en la creación y la redención.

Cada vez más hay un esfuerzo de las iglesias para acercarse a la estructura organizacional desde el punto de vista sugerido anteriormente. ¿Cuáles son las tareas de la iglesia? ¿Qué planea hacer la iglesia acerca de la asignación dada por Dios? Las respuestas a tales preguntas hacen que la necesidad de organización crezca desde el suelo. Esto hace a la organización un medio hacia el fin, no un fin en sí misma. También debe reducir la competencia y realzar la cooperación y la coordinación.

La terminología usada para describir aspectos importantes de las organizaciones ha variado tanto en la literatura profesional como en la práctica. Para ganar una perspectiva inicial para este estudio de organización, es útil entender algunos temas relacionados.

Organizar es el proceso por el cual la estructura de una organización es creada y mantenida. Este proceso incluye la determinación de actividades específicas necesarias para lograr los objetivos de la organización, la agrupación de esas actividades de acuerdo con algunos patrones aceptables, y la asignación de esas actividades agrupadas a una persona responsable. El organizar (con otras actividades como la planificación, la motivación, la comunicación y la evaluación) es considerado una parte de las responsabilidades de los miembros del personal de la iglesia y de los líderes laicos elegidos.

Organización se refiere a la estructura determinada a ser el mejor marco de trabajo para que la iglesia lleve a cabo su ministerio. Por supuesto, el énfasis de este libro está en el ministerio educativo de la iglesia. Como parte vital de un todo, mucha gente piensa inmediatamente acerca del ministerio educativo cuando piensa acerca de la organización de la iglesia. La investigación académica acerca de la organización a menudo se describe como el estudio de la teoría organizacional o la teoría de la organización.

Modelos organizativos de iglesias

En la historia reciente han prevalecido tres clases principales de estructuras organizativas. Estas tres se encuentran en iglesias y también en empresas, gobierno y otras instituciones.

Modelo ejecutivo. La estructura ejecutiva o mecanizada se representa generalmente en gráficas que están agrupadas por el título de la función del trabajo encerradas en casillas. Algunas están unidas por líneas continuas para mostrar una relación ejecutiva entre las funciones y algunas están unidas por líneas de puntos para indicar solamente la relación de la comunicación. Las primeras son "líneas de autoridad"; las otras, "líneas de comunicación".

Este modelo organizacional puede ser visto con un sistema de gente en una estructura de funciones *laborales*, en las cuales la gente cambia, pero las funciones permanecen iguales. Por lo tanto, la gente debe calzar en la funciones en lugar de las funciones en la gente.

Las organizaciones de este tipo están estructuradas bajo un sistema jerárquico de funciones específicas. Cada función tiene cuidadosamente definidos sus derechos, tareas y requisitos técnicos. Hay muy poca o ninguna superposición entre los varios puestos o componentes. Por consiguiente, la información debe ser dirigida hacia arriba en la escala jerárquica, donde los funcionarios ejecutivos tienen el mejor conocimiento de las necesidades de la empresa y envían instrucciones acordes a esas necesidades a los niveles más bajos.

Las comunicaciones por lo tanto son mayormente verticales; esto es, entre el supervisor y el supervisado. El trabajo se hace de acuerdo con las instrucciones preparadas por la cabeza de la jerarquía.

Algunas iglesias practican este estilo con un pastor dirigente y fuerte que sirve como director ejecutivo. Muy frecuentemente, donde esto parece efectivo, ese pastor ha servido en la iglesia por largo tiempo y se ha ganado la confianza de los miembros. Los pastores u otros miembros que tratan por sí mismos de llevar a cabo este sistema casi siempre no resultan líderes efectivos y rara vez duran en el cargo por largo tiempo.

Es probable que no más de uno en diez ministerios pueda ser eficaz usando este enfoque. Aquellos que tuvieron éxito tienen la costumbre de escuchar a la gente clave antes de llevar hacia adelante algún plan o pronunciamiento. Además, son lo suficientemente benevolentes como para no atropellar a mucha gente que pueda presentarse en su camino hacia el progreso.

Modelo de las relaciones humanas. La segunda estructura organizacional puede designarse bajo el término *relaciones humanas*. Los teóricos de las relaciones humanas afirman que la tarea clave del liderazgo y la administración es crear grupos fuertemente comprometidos con el logro de los objetivos de la organización. Los incentivos individuales son reemplazados por los incentivos grupales para ayudar a los obreros a obtener el sentido de unidad. El trabajo en equipo y la participación en la toma de decisiones son de esperarse en todos los niveles.

Los defensores de la estructura de relaciones humanas afirman que las organizaciones no debieran representarse como un conjunto de relaciones entre las funciones de *trabajo* sino como relaciones entre *grupos* entrelazados e independientes. Esto le da más fuerza al trabajo y, por lo tanto, provee más energía para el logro de los objetivos de la organización. Una debilidad potencial, sin embargo, es que los líderes pueden llegar a enfocarse tanto en formar buenas relaciones humanas entre los diferentes grupos entrelazados que las principales tareas se desatienden.

Cuando la iglesia usa la estructura de las relaciones humanas, esta es benévola, permisiva y amistosa; todos están animados a participar. De esta manera, puede que los miembros vean a la iglesia como un grupo social, justo como otros grupos de la sociedad. Su mayor preocupación está en ella misma, y su objetivo es ampliar sus nexos sociales. Un ejemplo pueden ser los grupos de estudio bíblico cuyo propósito principal es el "compañerismo", tener abundantes actividades con poca o ninguna referencia al corazón del evangelio y su llamado a servir.

Modelo orgánico. El tercer enfoque organizacional es la estructura orgánica. Este grupo de administradores y eruditos ha observado que las estructuras ejecutiva y la de relaciones humanas son incapaces de lograr tanto los objetivos organizacionales como el logro personal que cada uno busca. Ellos sostienen que el propósito organizacional y la participación personal significativa pueden encontrarse solamente en la estructura orgánica.

En la estructura orgánica, el conocimiento no está restringido a la cúpula de la jerarquía; sino que se comparte con cada miembro de la organización que lo necesite para el cumplimiento de su propia tarea. Para que el trabajo sea efectivo, debe coordinarse con los otros miembros del grupo. Esto requiere que la comunicación se vuelva menos un asunto de pasar instrucciones desde arriba y más un asunto de compartir información y consulta mutua entre los miembros de la organización. La comunicación es tanto vertical como horizontal.

Los defensores del enfoque orgánico dicen que la gente no funciona en pequeñas cajas, como en la estructura ejecutiva, sino más bien deben relacionar continuamente lo que ellos están haciendo con lo que hacen otros en la organización. La organización no es estática, pero es un estado de continua interaccíon con el ambiente en el cual existe.

Para entender algo de sus intenciones y planteamientos, contraste el enfoque orgánico (o sistema) con la teoría ejecutiva (mecánica) y la de las relaciones humanas. El planteamiento ejecutivo se enfoca en el logro de las metas de la organización, mientras que la organización de las relaciones humanas se enfoca en conseguir las metas de su gente. El enfoque orgánico, sin embargo, sostiene como importantes el crecimiento y el logro de las metas de la organización; pero además sostiene que el crecimiento y el logro de las propias metas de las personas dentro de la organización son igualmente importantes.

Los líderes de la iglesia y la organización

Estas tres descripciones caracterizan brevemente los principales enfoques en cuanto a la organización. Pero se debe decir más de la organización cuando se presenten las necesidades actuales y futuras. Un patrón de organización de una iglesia y sus formas de ministerio se volverán menos efectivos e inclusive obsoletos en un cierto momento en el futuro. Solamente sobrevivirán la fe, la esperanza y el amor. La manera en que hacemos las cosas cambiará. Por lo tanto, dentro del armazón de cualquier organización debe existir el elemento de flexibilidad y la aceptación del hecho de que el cambio no es la excepción sino la regla.

Algunos han hablado acerca de la *desorganización* necesaria. Sugerencias perturbadoras como: "si no está roto, rómpalo", se escuchan por ahí. Estos elementos tan radicales surgen de la necesidad de enfrentar un ambiente rápido y cambiante con todos sus nuevos desafíos. Las iglesias confrontan desafíos similares a los de las empresas u otras instituciones.

Para las iglesias, el principal desafío es qué cambiar y qué mantener tal cual está, o semejante a lo que se está haciendo. ¿A quién se le ocurriría pensar que el estudio bíblico de la Escuela Dominical o el tiempo de adoración deban cambiar? Tales cambios están sucediendo en lugares donde la organización es flexible y existe la necesidad de oportunidades adicionales de estudio y de adoración. Una iglesia puede ampliar su programa para incluir un estudio bíblico y culto de adoración los sábados en la noche. O, una iglesia puede tener una "Escuela Dominical" para solteros los jueves en la noche, ya que muchos de ellos salen de las grandes ciudades durante el fin de semana.

El punto es este: la organización (u organizaciones) debe ser flexible(s), sensible(s) y siempre subordinada(s) al ministerio dado por Dios a la iglesia. Por supuesto, podemos continuar preguntándonos cuánto más cambio puede tolerar una iglesia local. Además, debemos preguntar qué cambiar y cuándo hacer los cambios.

Obreros voluntarios y la organización

Por otra parte, se debe considerar a los líderes y los obreros voluntarios en una iglesia. ¿Cuáles son sus características y cómo se relacionan con estos estudios organizacionales?

A los voluntarios, por supuesto, no se les paga en forma monetaria, pero tienen su recompensa de otras maneras. Generalmente sirven por un tiempo corto. En iglesias que no requieren un alto compromiso, los voluntarios pueden ver la iglesia como otra de las organizaciones voluntarias.

Los líderes están limitados a usar el poder persuasivo en vez de la posición u otras clases de poder. Por regla general, los voluntarios no están especializados para una tarea específica; ni están altamente entrenados en su trabajo en la organización de la iglesia. En el lado positivo, están interesados en lograr las metas de la iglesia como ellos las entienden. Su motivación viene de un deseo personal de servir en vez de ganar dinero.

Existe evidencia hoy de que la gente responderá positivamente a las organizaciones que requieren un gran compromiso de los voluntarios. Uno tiene solamente que considerar el ministerio de la música, el cual tiene ciertos criterios para aquellos que desean cantar en el coro durante los cultos de adoración. Los miembros entienden y esperan permanecer bajo esos criterios. Esto es cierto aun en iglesias donde otras organizaciones no tienen altas expectativas de su participantes.

Razones para la organización

Cuando surgen sentimientos negativos acerca de la organización, probablemente provienen por la confusa, mala e inefectiva organización de una buena organización. Cuando la organización es correcta, su existencia casi pasa desapercibida. Los beneficios, sin embargo, los disfrutan todos.

En un ministerio de enseñanza bíblica efectiva, las personas que son bendecidas por este no le van a cantar alabanzas a "la organización". Se referirán a maestros u otras personas que se han dedicado en el nombre de Cristo a llenar sus necesidades. O dirán que la iglesia tiene una excelente Escuela Dominical.

Pero la gente que ha puesto la organización a funcionar, la ha humanizado y la ha guiado a ser sensible al movimiento del Espíritu Santo sabe que tal desarrollo requiere un esfuerzo sustancial. Sin embargo, ellos están contentos de que el esfuerzo sea invisible para el observador y que no llame la atención.

Algunos beneficios que se deben observar de una buena organización son:

1. Una buena organización establece responsabilidad y clarifica funciones.
2. Una buena organización canaliza la necesidad de autoridad para que el trabajo sea hecho.
3. Una buena organización permite una distribución apropiada del trabajo.
4. Una buena organización establece cómo las partes de un todo se relacionan unas con otras.
5. Una buena organización promueve un concepto de equipo basado en responsabilidades compartidas.
6. Una buena organización vive y respira flexibilidad para llevar a cabo su ministerio.

Principios de la organización

Saber cómo organizar es un tema de suma importancia para un líder que diseña un ministerio educativo. Aquí hay siete principios de organización del ministerio educativo.

Principio # 1: Permita que el trabajo que se va a hacer provea una estructura completa. El propósito de organizar, además del tiempo y de los recursos disponibles para llevarlo a cabo, son los factores básicos que indican la manera cómo organizar.

La determinación de estos factores se puede hacer en una reunión del concilio en un ambiente de retiro. Un plan para un retiro de esta clase es juntar al personal pagado y a los líderes laicos para que participen en una sesión de escuchar durante la cual el personal escucha a los líderes voluntarios.

En las siguientes semanas los miembros del personal planean con base en lo que escucharon. Luego de haber seleccionado, por ejemplo, la necesidad de un entrenamiento para los maestros, el siguiente paso es encontrar el mejor vehículo organizacional para llevar a cabo la tarea.

Principio # 2: Junte funciones de trabajo que compartan intereses comunes. El trabajo que es similar debe combinarse. De nuevo, la necesidad de entrenamiento para los maestros es un ejemplo. Otro interés debe ser el entrenamiento de los líderes. En vez de que cada organización conduzca su propio entrenamiento, una unidad central podría ser la responsable.

Otro ejemplo proviene de un ministerio en el cual muchas iglesias se han visto involucradas: consuelo en tiempos de desastre. Un ministerio de esta clase debe proveerse en forma organizacional a través de una unidad en lugar de a través de clases o programas separados.

Principio # 3: Impulse las decisiones en la organización con la misma lentitud con que la información adecuada esté disponible para tomarlas. Esto se hace para promover un máximo crecimiento y participación de cada líder y obrero. Además, esto deja a los ministros tan libres como es posible para su principal responsabilidad: enfocarse a enunciar la visión que Dios le ha dado a la iglesia. Entonces, a diferentes niveles, otros tienen sus tareas y la autoridad para llevarlas a cabo.

A medida que usted anima a los obreros a tomar decisiones apropiadas para su nivel de responsabilidad, debe recordar que los líderes siempre tendrán que estar disponibles para consultas. Se debe ser cuidadoso, sin embargo, que la gente no "delegue hacia arriba" ciertas obligaciones para evitar tomar decisiones importantes y difíciles propias de su nivel. Esta es la iglesia de ellos también.

Principio # 4: Evite la sobreorganización. Si usted ha analizado el trabajo que se necesita hacer y los otros factores involucrados, tendrá una idea razonable del número y la clase de personas que se requieren para hacer el trabajo. Sin embargo, la organización debe mantenerse al mínimo.

Cada componente adicional y cada estrato de organización añaden dificultad a la comunicación e incrementan el tiempo de trabajo dedicado a la coordinación, a las relaciones y al intercambio de información. Todos estos factores impiden el logro, disminuyen la eficacia y reducen la probabilidad de que todos se sientan una sociedad en el trabajo y en el logro de las tareas.

Ya que el propósito de la organización es establecer un fácil fluir del trabajo y ayudar a concluirlo, la estructura formal debe mantenerse al mínimo.

Principio # 5: Haga de la buena comunicación una prioridad. Una organización consiste de un sistema de partes interrelacionadas. Cuando estas partes trabajan bien juntas, generalmente la organización funciona en forma efectiva. La comunicación es esencial para lograr el máximo de eficacia.

Una buena comunicación en una organización voluntaria comienza y termina con un líder que escucha. Un líder de esta clase se pone a sí mismo en el lugar de los obreros y trata de anticipar cómo se sienten y piensan ellos. Un líder así encuentra el mejor método de comunicación, como reuniones de personal y boletines (ver también la sección de coordinación en este capítulo). La buena comunicación está dirigida a crear un sentido de comunicación y pertenencia.

Principio # 6: Busquen entender los grupos informales que no están incluidos en la gráfica organizacional de la iglesia. Toda organización tiene grupos informales. Estos grupos evolucionan despacio, casi desapercibidamente, hasta que se convierten en una parte de la estructura influyente, aunque todavía informal. Algunas veces se les llama "gabinetes de cocina" debido a que sus decisiones son hechas en una base informal. Ya que sus miembros son muy unidos y generalmente amigos, estos grupos a menudo discuten asuntos y respuestas que finalmente pueden llevar un gran peso. El término "pandilla o camarilla" a menudo se aplica a este tipo de grupos extraoficiales.

Debido a que este tipo de grupos puede idear planes de acción y tomar a otros desprevenidos, es una buena práctica identificar, entender y buscar mantener relaciones laborales con los involucrados.

No se puede prevenir la formación de grupos informales, pero ¿debe desanimárseles? No siempre. Camarillas y grupos informales no son siempre nocivos para el bienestar de la iglesia y a menudo pueden realizar el compañerismo.

Considere una iglesia que está localizada en una comunidad cuya población es muy cambiante, lo que también se refleja en la membresía de la iglesia. En esta situación, las camarillas y los grupos informales pueden formar un núcleo de liderazgo y así proveer una fuente de estabilidad y fortaleza a una iglesia en medio de una membresía inestable. Sin esos grupos, las iglesias en comunidades cambiantes o con un alto grado de inestabilidad de los miembros del personal pueden encontrarse privadas de liderazgo capacitado.

Este principio también se relaciona con la cantidad de influencia informal ejercida en la organización formal. La influencia informal puede ser presencia física, control económico, conocimiento, desempeño, personalidad y fortaleza ideológica. Un líder conciente reconoce las poderosas estructuras informales que afectan a la organización.

Principio # 7: Vea a las personas dentro de la organización como aquellos por los que Cristo murió y como personas capaces de hacer la voluntad de Dios en sus vidas. Ellos han recibido el don de Dios en Cristo Jesús y ahora están tratando de expresar su compromiso con él a través de los dones del Espíritu. Decida cómo va a tratar a estas personas que se han ofrecido a trabajar dentro de la organización. La actitud y la comprensión del líder hacia la gente afectarán directamente el enfoque de la organización.

Una organización es gente

Hace algunas décadas Douglas McGregor popularizó el planteamiento de la "Teoría X" y la "Teoría Y" en cuanto a cómo relacionarse con la gente en una organización. El planteamiento de la Teoría X significa que el líder ve a las personas como que les disgusta el trabajo, son perezosas e irresponsables. Necesitan ser controladas estrictamente porque no son dignas de confianza.

En contraste, la Teoría Y asume que la gente disfruta natural-mente su trabajo, que demuestra gran lealtad hacia la organización en la cual cree, y que cada persona posee cierto grado de dones de creatividad e imaginación. Si la gente parece pasiva a las necesi-dades de la organización, es debido a que la organización les falló en lugar de ser lo opuesto.

Si las teorías X y Y parecen extremas, tal vez hay otra forma de ver la situación. Considere una situación de trabajo secular en su relación con la prosperidad del trabajo. Reconocemos que ciertos empleados no quieren que su trabajo prospere. Algunos prefieren el trabajo fácil. Algunos se sienten molestos cuando se les desafía de-masiado. Otros prefieren una situación más amistosa y no les inte-resa mucho el tipo de trabajo.

Considere el ejemplo de la iglesia. Algunos han servido muchos años llevando el registro de la Escuela Dominical o de una clase y están perfectamente contentos. No quieren cambiar de puesto ni "ser promovidos".

Hay preguntas teológicamente válidas que se hacen los líderes de organizaciones cristianas. Por ejemplo, ¿cómo vemos a la huma-nidad y la respuesta de esta al compromiso cristiano? ¿Qué papel juega la guerra entre la vieja naturaleza y la nueva en el ministerio voluntario de la persona en la organización? Debido a que no hay mucha recompensa para los voluntarios sino la satisfacción del logro, ¿cómo se los puede motivar? (ver el capítulo 6 sobre "Cómo proveer de personal y motivar"). El líder de los voluntarios necesi-tará escoger una forma de dirigir que les permita una gran partici-pación y satisfacción a los voluntarios.

Los voluntarios deben participar en ayudar a planificar, escoger los materiales del currículo y evaluar. Esta participación los ayudará a tener una visión amplia de la organización y de sus propósitos. Además, les permite proveer ideas a las áreas fuertes y débiles de la organización. Participar en estas maneras hará que amplíen su vi-sión y compromiso con el ministerio de la organización. Un mayor compromiso los haría más abiertos a la necesidad de cambio y prevendría que dijeran: "Nunca antes lo hicimos así". (¿Debería esto llamarse las "últimas siete palabras de la iglesia?").

Indicaciones para la organización

Las siguientes acciones serán útiles para diseñar una nueva organización o para rediseñar organizaciones existentes:

Principio # 1: Evalúe la situación existente. ¿Cuál es el plan actual de organización? ¿Qué ha declarado la iglesia en sus documentos oficiales como su constitución y sus estatutos? ¿Cuáles planes, si los hay, de largo alcance tiene la iglesia en cuanto al ministerio educativo? ¿Cuáles son las verdaderas necesidades para el ministerio?

Las iglesias difieren en tamaño y, por lo tanto, tienen diferentes necesidades organizacionales. La iglesia con poca membresía, por ejemplo, no es meramente una versión a baja escala de una iglesia con mayor membresía. La verdadera iglesia pequeña es una unidad, o una célula única, en la cual cada uno se identifica y relaciona con todos los demás.

En las iglesias grandes esta interrelación es imposible. Sin embargo, las iglesias grandes deben estar organizadas de manera que haya suficientes unidades pequeñas para que cada quien encuentre un lugar donde pertenecer, amar y ser amado, y expresar un ministerio.

Principio # 2: Considere el futuro en relación al presente y al pasado. ¿Cuáles son las oportunidades para la iglesia y cuál estructura se necesita para llenar esos desafíos? ¿Qué problemas existieron en el pasado que necesitan ser corregidos?

Usar a las personas apropiadas ayudará a determinar las respuestas para tales preguntas. Puede hacer una lista de las respuestas para usarla en futuras evaluaciones.

Principio # 3: Formule un plan para llenar las necesidades de la organización. Esto comienza armando la estructura que parezca ser la mejor. Se debe dejar suficiente espacio en la mente y en el papel para hacer cambios. ¿Se deben hacer cambios en el procedimiento? ¿Qué dicen la constitución y los estatutos de la iglesia? ¿Necesitan revisarse?

¿Cuándo debe ponerse el plan en acción? ¿Cuáles son los tropiezos a lo largo del camino? ¿Qué se puede hacer para superar la inercia? ¿Cuánto dinero se necesita?

Principio # 4: Prepare un reporte para información y acción. Dependiendo de dónde recaiga la responsabilidad para el desarrollo del plan, el grupo coordinador o concilio debe revisar y aprobar tales planes para los cambios organizacionales y luego llevarlos a la iglesia para su respectiva aprobación (o de la manera que la iglesia estipule que el proceso tome lugar).

Principio # 5: Implemente los planes aprobados en un programa de tiempo eficaz. El tiempo es un factor importante. Moverse muy rápido o muy despacio ha probado ser perjudicial. Este asunto debe ser discutido con los miembros del personal pagado y con los líderes voluntarios del ministerio educativo.

Manteniendo al día la organización

Montar la organización es una actividad, pero mantenerla actualizada es bastante diferente e igualmente importante. Es esencial hacer esfuerzos continuos para mantenerla. He aquí algunas formas de monitorear la situación y mantener viva la organización:

1. *Vea que las personas, tanto miembros como visitantes, sean atendidas apropiadamente por la organización existente.* ¿Son los salones de reunión acogedores y atractivos? ¿Podrán los extraños y los visitantes por primera vez decir cuándo se llevan a cabo las reuniones y a dónde deben ir para participar de las actividades? ¿Están los ujieres bien colocados, o hay un centro de bienvenida para los visitantes que llegan?

2. *Estudie la organización a través del año.* ¿Cuáles necesidades han aflorado desde el inicio del año eclesiástico? ¿Cuál es la proporción de maestros por alumnos en las clases, grupos y departamentos? La adición de obreros y la creación de nuevas unidades son necesarias para mantener una buena proporción que estimule el crecimiento y una efectiva enseñanza-aprendizaje.

3. *Inspeccione las listas de alumnos y las de los miembros en perspectiva.* ¿Tienen las clases y otras unidades un tamaño apropiado para poder crecer además de estudiar? ¿Se necesitan nuevas unidades?

4. *Identifique recursos sin explorar en la organización.* Estos recursos son la gente a través de la cual Dios está, o podría estar, obrando. Probablemente usted encontrará una gran brecha entre lo que esta gente está haciendo y su potencial para el ministerio.

Combinar este potencial con la ejecución es la fuente del verdadero gozo en su liderazgo. Usted puede desarrollar un banco de datos en la computadora o en cualquier otro sistema de archivo, que le permita combinar los dones y las habilidades de la gente con las necesidades de la organización. Ninguna organización llega a crecer hasta que se enfoca, se dedica y se disciplina. Una central de datos con la información necesaria es un buen comienzo para una mayordomía efectiva de dones.

5. *Evalúe regularmente y sueñe de nuevo la visión de la organización.* Esto comienza con el líder o los líderes pero involucra a todos los participantes. Se deben programar evaluaciones regulares para considerar cuánto está ayudando la organización al cumplimiento de la misión de la iglesia. Se deben considerar maneras de mejorar, pero esto no significa que se deban hacer cambios solamente por cambiar.

6. *Evalúe su función como líder.* Pregúntese: ¿Soy una persona de una autenticidad espiritual al nivel más profundo? ¿Me llevo bien con la gente? ¿Soy conciente de las diferencias tanto culturales como del trasfondo de la gente? ¿Soy asequible a razones y estoy dispuesto(a) a escuchar tanto a Dios como a la gente? ¿Soy flexible cuando es necesaria la flexibilidad? ¿Me ajusto a condiciones nuevas? ¿Trato con hechos y no con estereotipos?

7. *Aprenda a anticipar.* Prever permite cambios internos en la organización en respuesta a los cambios en la sociedad. Un líder exitoso practica concientemente la técnica de la previsión. Esta técnica requiere tener un panorama amplio y poseer una buena respuesta a tiempo.

Relacionándose con la tradición

Una iglesia, al igual que otras organizaciones, se desarrolla dentro de una tradición que es un sistema evolutivo de suposiciones, hábitos, comportamiento y actitudes. Líderes del pasado formaron esta tradición cuando trataban con situaciones dentro y fuera de la organización.

A medida que una situación cambia, los nuevos líderes deben reforzar, reinterpretar o buscar cambiar las tradiciones. Los nuevos líderes no se pueden dar el lujo de olvidar el efecto que la historia de los grupos tiene en los miembros.

Antes de que pase mucho tiempo, un cuerpo formado por personas desarrolla impulso. Los cambios repentinos atraen desastres. Parar y luego comenzar en una nueva dirección toma más tiempo y energía que construir sobre partes de tradición que están alineadas con los mandatos bíblicos o con respuestas a nuevas necesidades.

Por lo tanto, una organización eclesiástica que se ha vuelto egocéntrica puede despertar a sus obligaciones evangelizadoras cuando la gente recuerde vívidamente el ardor misionero de sus fundadores y primeros miembros. Una organización que se ha estado alimentando a sí misma y ha descuidado su comunidad debe comenzar a mostrar más de la compasión de su Señor luego de haber recordado las prioridades que tenía y cómo fueron llevadas adelante por los primeros obreros fieles.

Un primer paso importante que debe tomar un nuevo miembro del personal es estudiar los documentos de la iglesia, su historia y sus tradiciones orales y escritas.

COORDINANDO LOS PRINCIPIOS Y LOS PROCEDIMIENTOS

Usted se pregunta cómo puede pasar esto. Pero de alguna manera realmente pasa. Dos diferentes grupos en la iglesia han planificado actividades que requieren el salón de actividades en la misma fecha. Ninguno revisó el calendario, y ambos se dieron cuenta del conflicto después de haber invertido tiempo y energía en los preparativos. Ambos grupos tenían buenas intenciones, pero la falta de coordinación causó los problemas.

Este simple ejemplo señala que el ministerio educativo de la iglesia tiene necesidades específicas de coordinación, planes integrados y procedimientos. Debido a que la iglesia depende mayormente de personal voluntario que se ven uno al otro muy poco tiempo cada semana, la coordinación se vuelve absolutamente necesaria e inclusive más difícil que en una situación en la que la gente está junta en una semana regular de trabajo.

Cuando una persona, debido a la frustración, exclama: "¡Necesitamos organizarnos mejor aquí!"; lo que está queriendo decir es: "necesitamos coordinación". Cuando la gente sabe qué es lo que se espera de ellos y cómo relacionarse con otros, entonces comienza la coordinación. Sin embargo, el prerrequisito para una buena coordinación es una buena organización.

La organización, como se describe a principios del capítulo, es un proceso en marcha todo el tiempo en cualquier sistema social, e incluye a la iglesia. Involucra, entre otras cosas, desarrollar una visión en la mente de la gente de cómo deben vivir, servir y adorar juntos. También incluye mantener una atmósfera de compromiso continuo con la visión.

La coordinación, por lo tanto, complementa el proceso de la organización y puede ser definida como el medio de juntar todas las partes de una empresa hacia una relación que logre armoniosamente las metas organizacionales.

Un buen liderazgo eclesiástico requiere un planificación exhaustivo y coordinado. La iglesia funciona mejor como organización cuando todas las partes se juntan bajo este liderazgo para formar un todo con una misión conjunta. Además, la iglesia como el cuerpo de Cristo funciona mejor como un todo unificado, coordinado y dirigido; esto es posible por la diversidad de dones y de gente, así como por el liderazgo del Espíritu Santo.

Principios de una buena coordinación

Principio # 1: Para una buena coordinación es necesario un acuerdo básico sobre el propósito de la organización. La comprensión del propósito debe ser algo que se logre al principio del proceso de las relaciones organizacionales de manera que todos los miembros del equipo puedan trabajar juntos. Tal comprensión debe comenzar con la determinación de la iglesia de formular su propósito final, y luego llegar a la madurez cuando ese propósito se filtre e influya el propósito de cada organización.

Principio # 2: La planificación es esencial para tener una buena coordinación. Al acuerdo sobre el propósito le sigue una planificación cuidadosa. Al unir el propósito de la iglesia con una planificación exhaustiva, un líder puede presentar a todos una estrategia general. Se pueden hacer planes detallados con un mínimo de superposición. Recuerde, a menudo no se detecta una falta de coordinación hasta que surge una crisis.

Principio # 3: Una buena coordinación debe a incluir todos los grupos involucrados. En algunas ocasiones, ciertos grupos particulares exaltan su propia importancia en relación con el todo. Algunos grupos pueden volverse egoístas y sentir que todo debe girar alrededor de ellos. Un grupo o líder puede sentir que una sala o un equipo es exclusivamente de su propiedad cuando en realidad pertenece a todo el cuerpo, la iglesia, y hay que compartirlo con otros.

La coordinación que involucra a todos los grupos o unidades ayuda a mantener la perspectiva y recordarle a la gente que hay una tarea común para toda la iglesia.

Principio # 4: Los esfuerzos específicos para comunicarse con los participantes son parte de una buena coordinación. La comunicación es esencial para lograr una coordinación efectiva de actividades dado que el logro de los objetivos grupales depende de la división de las responsabilidades entre los miembros. La buena comunicación aclara las opciones y abre el camino para elecciones sabias hechas por los grupos o por los individuos. Además, clarifica la relación de las acciones con el resultado deseado y aumenta la motivación. También facilita la coordinación cuando todos están al tanto de la acción de los otros.

Lineamientos para comunicarse

Lineamiento # 1: Use diferentes medios. El concilio de la iglesia (u otro grupo asignado para esta responsabilidad) es el cuerpo administrativo para la planificación y coordinación del trabajo de la iglesia. El pastor, quien preside el concilio, dirige este grupo de líderes clave que representan los programas de la iglesia en el mantenimiento del orden y la pertinencia en todas las fases de la vida de la iglesia.

Este grupo debe reunirse mensualmente o con suficiente frecuencia para funcionar apropiadamente y llevar a cabo sus tareas. Se debe animar a los miembros a prepararse apropiadamente para las sesiones de manera que pueda lograrse la coordinación efectiva.

El comité de programas y el personal pagado planifican la dirección del (de los) programa(s); coordinan los esfuerzos, e informan al concilio de la iglesia para la coordinación general. Los directores de las principales unidades en el programa se convierten en miembros del comité de programas y sirven mientras están en su respectiva responsabilidad. Vea la figura 5.1 donde se da una sugerencia de agenda para tal grupo.

Hoja de planificación del concilio de la Escuela Dominical
Figura 5.1

Preparación para la reunión	Persona responsable	Fecha para ser completado
I. Prepare una agenda.	Director de la Escuela Dominical	
II. Envíe por correo una copia de la agenda a todos los miembros del concilio una semana antes de la reunión.		
Sugerencias para la agenda del concilio de la Escuela Dominical		
I. Estímulo Tal vez el pastor puede hablar brevemente.	Pastor u otro líder respetado	
II. Información Discuta "cómo" lograr que se haga el trabajo.	Directores de departamento o de divisiones	
III. Evaluación Discuta los eventos y las actividades que se han llevado a cabo. Considere cómo pueden mejorar o si deben hacerse de nuevo.		
IV. Comunicación Este período puede usarse para un informe de la marcha de las actividades actuales.		
V. Preparación Este período es un tiempo para hacer horarios, planificar y asignar responsabilidades para futuros proyectos.		
VI. Después de la reunión Prepare un resumen de la reunión y envíeselo por correo a los miembros ausentes del concilio.		

La coordinación de la división por edades se logra a través de la autocoordinación, las conferencias sobre las distintas edades, o de los coordinadores de división por edades (o directores). La complejidad de la organización determinará qué forma usar.

En la autocoordinación, los líderes de la organización de un grupo de edades coordinan voluntariamente su trabajo, y el uso del espacio, del equipo y de los materiales.

Las conferencias de coordinación por edades sirven para consejería, asesoría y coordinación de grupos. Los miembros son líderes de las unidades de una edad en particular (coros, grupos de misión, unidades de enseñanza bíblica y unidades de discipulado).

Los coordinadores de la división por edades aconsejan a los maestros/líderes y coordinan el trabajo de las unidades dentro de ese grupo de edades.

En el calendario de la iglesia se incluye la lista con el horario de las actividades regulares de la iglesia durante el año. Se les distribuye a todos los oficiales, obreros, empleados y miembros de la iglesia. La distribución justifica el costo involucrado, y ayuda a promover una mayor efectividad del programa.

Una visión de largo alcance proveerá una planificación de estilo profesional para el calendario anual de la iglesia; también motivará a los líderes y a otros a planificar sus programas personales poniendo a la iglesia primero y no al último. Se debe establecer un proceso definido para crear y enmendar el calendario, preferiblemente a través del concilio de la iglesia.

En la librería de su denominación o por medio de los distribuidores de la literatura de su iglesia, hallará guías de planificación y materiales para la coordinación del programa de las organizaciones.

Reportes escritos pondrán al día el calendario de la iglesia. Indudablemente, habrá actividades planificadas que no han sido incluidas en el calendario anual de la iglesia. Un informe sometido a los líderes organizacionales y/o al concilio de la iglesia describiendo las actividades proyectadas dará suficiente oportunidad para coordinar estas con las actividades ya incluidas en el calendario de la iglesia. Si hubiera cualquier conflicto, las actividades previamente programadas en el calendario anual de la iglesia tienen prioridad.

La gráfica organizacional muestra las relaciones entre las personas en puestos de liderazgo. Debe distribuirse una gráfica de esta naturaleza a todos los oficiales y obreros para ayudarlos a visualizar la organización.

Si la iglesia les distribuye un manual a los nuevos miembros, se debe incluir una gráfica de la organización; con esto se les provee de un excelente medio para su orientación como miembro de la iglesia. Esta gráfica se vuelve un instrumento coordinador donde cada persona sabe a quién debe buscar para que le ayude, en lugar de ir de oficina en oficina buscando a la persona con el conocimiento y la autoridad concerniente al asunto de su interés. Vea en la figura 5.2 una lista que ayuda a detectar las áreas fuertes y las débiles.

Muchas iglesias preparan un manual administrativo para la comunicación y la coordinación. Este documento debe estar disponible para todo aquel que esté en un puesto de liderazgo. Las responsabilidades deben ser definidas claramente, los procedimientos para posibles eventualidades explicados, y otros asuntos de naturaleza esencial incluidos. Los manuales, que algunas iglesias editan anualmente, a menudo incluyen los nombres, direcciones y números de teléfono de los oficiales y líderes, actividades importantes y fechas, constitución y estatutos, y programas establecidos y proyectos para el año. Algunos manuales son exhaustivos, mientras que otros están diseñados específicamente para un programa o grupo ministerial.

Las reuniones de los obreros, tanto semanales como mensuales, son absolutamente necesarias si las actividades se han de mantener coordinadas. Ejemplos incluyen las reuniones de los obreros de la Escuela Dominical y las de los líderes de la música.

La idea o lema dominante es un instrumento de coordinación que puede ser útil para lograr un sentido de unidad. Esta idea debe estar directamente realcionada con la misión suprema de la iglesia y se la debe enfatizar constantemente mediante material impreso, folletos y otros medios de comunicación.

Las membresías ex oficio se extienden generalmente a personas de los niveles superiores de la organización con el propósito de obtener información para la coordinación del programa general. Se les pueden dar privilegios ex oficio al pastor, a los pastores asociados, al ministro de educación o a otros. Esto les permite a ellos ser miembros de comités escogidos con derecho a voto, de acuerdo con la determinación del grupo, o por la constitución o por los estatutos, pero sin responsabilidad para el liderazgo.

Figura 5.2
Lista para revisar la coordinación

1. ¿Ha encontrado en su organización:		
(1) áreas de responsabilidad sin asignar (Describa)	Sí	No
(2) áreas de responsabilidad superpuestas inadvertidamente? (Describa)	Sí	No
(3) dificultades metodológicas entre las tareas? (Describa)	Sí	No
(4) líneas de comunicación poco definidas? (Describa)	Sí	No
(5) Otro (Describa)	Sí	No
2. En sus contactos personales con otras iglesias, ¿ha encontrado...		
(1) ...áreas de responsabilidad sin asignar? (Describa)	Sí	No
(2) ...áreas de responsabilidad superpuestas inadvertidamente? (Describa)	Sí	No
(3) ...dificultades metodológicas entre las tareas? (Describa)	Sí	No
(4) ...líneas de comunicación poco definidas? (Describa)	Sí	No
(5) Otro (Describa)	Sí	No
3. Respecto a su relación con otras personas:		
(1) ¿Es clara la relación entre su tarea y las metas de toda la organización?		
(2) ¿Es alguna de sus responsabilidades poco clara?		
(3) Si usted alcanza todos los resultados planeados, ¿hará la organización la máxima contribución a todo el propósito de la iglesia?		
(4) Si la persona a quien usted busca para el liderazgo ejecuta el trabajo planificado, ¿recibirá usted ayuda apropiada de él o de ella?		
(5) ¿Es adecuado el canal de comunicación?		

El boletín de la iglesia es quizá el medio más común para coordinar las actividades de la iglesia. Este se distribuye entre todos los asistentes al culto dominical y contiene las actividades para la semana que se inicia. La desventaja de este método como medio de coordinación es que la mayoría de la gente planifica sus negocios, educación, vida social y actividades recreativas de uno a tres meses por adelantado.

Las iglesias que preparan su boletín con anuncios de eventos importantes un mes por adelantado les están dando a los miembros de la iglesia un gran servicio, pero aun esta notificación mensual no puede reemplazar el método más eficiente de distribuir el calendario anual de la iglesia a todos los miembros.

Algunas iglesias además del boletín publican un periódico con anuncios de eventos de importancia. El problema que la mayoría de las iglesias encuentra al publicar un periódico, aparte del problema financiero, es tener que encontrar el talento periodístico necesario que tenga el tiempo y la dedicación suficientes para producirlo regularmente. Si se ha de comenzar a publicar un periódico, debe haber una seguridad razonable de que hay personas que puedan hacer de él una herramienta significativa.

Uno de los métodos disponibles más importantes de coordinación para el administrador es delegar responsabilidades en una persona. Esto le permite a esa persona clarificar y esperar buen desempeño de responsabilidades asignadas a otros. Tanto la persona que delega como el que recibe la responsabilidad deben estar de acuerdo en la percepción que el otro tenga de lo que se espera.

Las conferencias informales son otra manera en que los líderes consideran los asuntos de coordinación. En esta técnica las personas responsables se reúnen en un ambiente totalmente informal (tomando un café, por ejemplo). A través de estas conferencias, muchos obstáculos de coordinación pueden reducirse al mínimo o eliminarse antes de que planteen serios problemas.

A menudo se pasa por alto la adjudicación del presupuesto como una técnica de coordinación. Sin embargo, esta técnica puede ser de valor si las actividades de un grupo están basadas en el presupuesto de la iglesia.

Una iglesia debe enfatizar un presupuesto orientado al ministerio; esto es, deben determinarse los ministerios que la iglesia va a estar haciendo y darle prioridad a presupuestar para esos ministerios. La coordinación se vuelve crucial en un proceso de esta clase. ¿Y qué si, aparentemente, no hay suficiente dinero? ¿Qué debe recortarse, consolidarse, reconsiderarse o tener prioridad?

El buzón de la iglesia es un correo interno que puede ser efectivo y mucho más barato que el servicio regular de correos. Para que este método sea más efectivo, los miembros deben tener conciencia de su uso y de su importancia. Además, la calidad y rapidez de la información comunicada de esta manera son sumamente vitales.

Lineamiento # 2: Trate los cambios positiva y sabiamente. La necesidad de coordinación se vuelve más aguda cuando se trata con cambios. Ya sea al tratar con algo tan pequeño como reasignar los lugares de reunión para dos grupos o con algo tan grande como planificar el cambio demográfico de la sociedad y encontrar las maneras de alcanzar a la gente durante las próximas décadas, el cambio no puede ser ignorado.

Todo cambio involucra la toma de riesgos. Verdaderamente, la planificación para un cambio es una toma de decisión riesgosa. Abundan las barreras naturales para el riesgo. Dentro de la iglesia, la tradición tiene un gran poder que se resiste a los cambios. Lógicamente, la iglesia quiere permanecer inmutablemente fiel a sus dos mil años de tradición. También, la gente prefiere cuidar lo que tiene en lugar de arriesgarse a tomar una nueva dirección. Las personas necesitan estabilidad, y la prefieren a las innovaciones.

Para hacer cambios en una organización, un líder debe (1) tener el poder de tomar decisiones y anunciarlas como normas oficiales (¡son pocos los que tienen ese poder!), o (2) conseguir un grupo de personas que lo apoyen y que estén dispuestas a comprometerse con los cambios buscados. El segundo planteamiento requiere una estrategia e innovación que se extiende más allá de la rutina regular. Involucra una interrupción de las actividades normales y una redirección de los recursos de la organización que puedan resultar en nuevos enfoques para el ministerio.

Para iniciar y llevar a cabo un cambio innovador, la gente necesita poder para sacar a la organización del piloto automático. El cambio también requiere suficiente poder para movilizar gente y recursos para lograr que se haga algo nuevo.

Se le debe permitir a la gente tener suficiente tiempo para pensar y reflexionar sobre los cambios esperados. Si es posible, se puede retener algo de lo viejo con lo nuevo para hacer que lo nuevo sea más aceptable. Es vital tener paciencia con la gente que reacciona negativamente mientras el líder presiona positivamente para el cambio.

También es muy importante el ambiente después del cambio. Un líder debe buscar que el cambio se mantenga eficiente, y detectar cualquier pérdida de apoyo y de malentendido de parte de aquellos que están involucrados. Debe esforzarse para evaluar y animar, admitir errores, solicitar y escuchar sugerencias, y ayudar a contestar las preguntas de la gente, al mismo tiempo que mantiene una actitud positiva y de oración.

Lineamiento # 3: Introduzca las nuevas ideas con efectividad. Las ideas son la sustancia de la que nacen los cambios. ¿Cómo nacen las nuevas ideas y cómo se vuelven parte del proceso de coordinación? Vea la figura 5.3; en ella encontrará un diagrama de un proceso sugerido.

En cualquier empresa cristiana, Dios da muchos dones; como los dones de autoridad, comprensión, percepción y conocimiento. Aunque algunas personas son más creativas, todas tienen alguna habilidad para crear. Los líderes de educación cristiana pueden llegar a ser más creativos en una atmósfera que les provea oportunidades sin inhibición para soñar e inspirarse. La libre especulación y la reacción disciplinada son importantes porque hay una fuerza persistente que trabaja en contra de la creatividad. Los humanos a veces queremos algo nuevo y simultáneamente tratamos de protegernos aun de nuestras propias nuevas ideas.

La búsqueda y la investigación son otras fuentes de nuevas ideas. Por lo tanto, es importante leer lo que otros han escrito, como también investigar sobre el ministerio educativo.

Las nuevas ideas deben ser tratadas con personas de confianza capaces de dar un punto de vista objetivo. Tal persona debe señalar los escollos no considerados previamente o hacer una simple sugerencia la cual no sólo proveerá afirmación sino que quizá mejore la

Figura 5.3

idea original. Un grupo de reflexión cuyos miembros estén comprometidos a no dejarse influenciar puede estar dispuesto a darles sus opiniones honestas.

Lineamiento # 4: Aproveche el conflicto para algo bueno. El conflicto no es totalmente malo. Es malo si nace de una enfermedad espiritual o psicológica de los participantes. El conflicto es maligno si hiere a las personas sin abrir posibilidades para su redención o si impide a la iglesia, la cual es el cuerpo de Cristo, de llevar adelante su misión.

Aunque la Biblia nos asegura que Dios puede hacer que lo furioso de la humanidad lo adore, el concepto familiar del universo que permea la revelación cristiana enfatiza la bendición de pacificar. Es la responsabilidad del líder cristiano unirse a la oración pidiendo que todos seamos uno (ver Juan 17:21) y hacer todo lo posible para lograr este propósito. Pablo, al escribirles a los corintios, lamenta el daño que las divisiones y las disputas les han infringido a los individuos y al cuerpo de Cristo (ver 1 Cor. 1:10-17).

Los conflictos son inevitables cuando se busca la coordinación de los programas y los ministerios de la iglesia. Pero, como se ha dicho antes, este conflicto no es del todo malo. Realmente, la mayoría de los conflictos son buenos. El desacuerdo que resulte en una confrontación abierta puede ser creativo y aun consistente con el compromiso cristiano. Conflictos de esa naturaleza pueden causar que ambos bandos reexaminen las ideas y los procedimientos. Puede resultar en un nuevo ministerio que le dé gloria a Dios y beneficie a la gente.

El conflicto que surja cuando se busca la coordinación debe manejarse seria y objetivamente. Uno no puede evitar los choques de personalidades en la iglesia, pero como regla, uno debe tratar con el problema pero no con la personalidad. Por lo menos, debe hacerse esto primero.

Cuando se está enfrentando la innovación, el cambio, las nuevas ideas, y/o el conflicto, es mejor tener a la mano recursos obtenidos antes de que se los necesite. Por eso es que vamos a la escuela, asistimos a seminarios y experimentamos otras clases de aprendizaje para nuestro trabajo. Si un líder quiere que la innovación y el cambio sucedan de forma más tranquila en una organización, debe entrenar gente que trate con estos con anticipación. Si el conflicto ha de activar y servir al propósito de la organización, entonces la gente necesita aprender a manejar el conflicto antes de que éste aparezca.

UNA PALABRA MÁS

¡Usted necesita aliados! Es muy satisfactorio y efectivo enrolar a otros cuando se quiere mejorar y fortalecer la organización. La fortaleza se encuentra en la diversidad.

Pero Ana sabía eso. Ella escuchó el sermón y pensó en su próximo paso.

Pensó en Esteban y en Nancy, quienes habían mostrado una sensibilidad especial y un compromiso hacia el futuro de la iglesia. Quizá ellos podrían servir como los próximos aliados para discutir maneras de mejorar la organización y la coordinación del ministerio educativo de la iglesia. Ellos eran bastante nuevos en la iglesia pero ya estaban sirviendo en el programa de enseñanza bíblica y parecían ser personas progresistas. Ellos podrían unirse a otros líderes voluntarios que fueran miembros por más tiempo para formar un grupo que busque ideas para el futuro.

Después de meditar sobre la idea y de discutirla con otros miembros del personal, ella y su esposo Daniel invitaron al grupo a su casa para considerar las opiniones de todos acerca de un ministerio efectivo. El grupo entendió la naturaleza extraoficial de la reunión. Sin embargo, disfrutaron imaginando cómo sería la iglesia en el nuevo siglo.

CAPÍTULO SEIS

CÓMO OBTENER PERSONAL Y MOTIVAR

Jerry M. Stubblefield

Obtener personal y motivar son tareas con las cuales los ministros tratan casi a diario. A menudo, las nuevas oportunidades para el ministerio y las misiones se presentan ellas mismas. A medida que se presentan, surgen las preguntas: ¿Es esta una tarea ya asignada a una organización o a un comité? ¿Necesitamos reclutar a alguien para que haga esto? ¿Se sentirá la gente satisfecha y emocionada haciendo esto? Tanto el encontrar personal como motivar son necesidades críticas que se encuentran constantemente en cada iglesia.

La búsqueda de líderes entre los obreros voluntarios es diferente que con los obreros que reciben pago. Los obreros voluntarios son reclutados en forma diferente y sus factores emocionales son distintos a los de las personas que reciben paga. Esto es verdad ya sea al tratar de reclutar o de motivar. El enfoque en este capítulo es el de trabajar con *voluntarios*.

Un ministerio exitoso en una iglesia depende de la búsqueda y el desarrollo de muchos líderes que prestan sus servicios gratuitamente. Muchas organizaciones voluntarias, incluyendo a las iglesias, se quejan de que la gente no se ofrece o que no hay suficientes obreros dispuestos a ocuparse en una actividad particular. Mi experiencia, sin embargo, es que la gente se ofrecerá si el acercamiento y el planteamiento se hacen debidamente y si el trabajo es desafiante, satisfactorio y tiene necesidades genuinas.

Este capítulo ofrece ideas prácticas y pautas que los ministros pueden usar para encontrar personal para las organizaciones educativas y para motivar a los obreros voluntarios. Cada ministro está involucrado en la provisión de personal y en la motivación, ya sea que sirva como pastor principal o como uno entre varios ministros en una iglesia grande.

Un buen líder obrero nace de una conciencia de lo que la gente está haciendo para ayudar a la iglesia a lograr su propósito. Todas las actividades deben contribuir a realzar los objetivos y las metas de la iglesia. La carencia de planes establecidos y claramente definidos invita a la desconfianza que finalmente conduce a una moral baja entre los obreros voluntarios. El resultado es que la iglesia pierde mucha o toda su efectividad potencial para alcanzar y desarrollar a la gente en su misión y ministerio. De esto es que se trata el ministerio educativo.

El éxito y la efectividad de una iglesia local se determinan mayormente por su habilidad para desarrollar y motivar a su personal, ya sea este pagado o voluntario o una combinación de los dos. Aun la iglesia más pequeña tiene personal: el pastor y unos cuantos voluntarios. Cada ministro debe tener un conocimiento minucioso de las organizaciones educativas de la iglesia y del proceso educativo que se usa dentro de cada grupo de edad en la organización. Esto es verdad ya sea que la persona sea el único ministro en la iglesia o sea el pastor principal dentro de un grupo de ministros de la iglesia. El pastor es el supervisor de las organizaciones educativas ya sea que trabaje con líderes voluntarios o con otros ministros profesionalmente entrenados.

El pastor que no hace esto, pronto descubrirá que tanto la moral de los líderes laicos está decayendo como que los ministros educativos sienten que el pastor principal no entiende o aprecia lo que ellos están haciendo. Los ministros sabios aprenden cuando están en la escuela todo lo que pueden acerca de los programas educativos y continúan aprendiendo sobre educación cristiana a través de todo su ministerio. Entonces, podrán supervisar a los voluntarios o a otros miembros del personal con más conocimiento y eficacia.

Si una iglesia ha de tener un programa educativo efectivo, tendrá necesariamente que depender mucho de los obreros voluntarios. Esto también es verdad con sus programas de misión y ministerio. Por ejemplo, los obreros voluntarios pueden servir en estas áreas: actividades de enseñanza bíblica, entrenamiento de discipulado, organizaciones de educación misionera, coros, comités, diáconos, concilios, grupos de visitación, ministerios internos, actividades de la juventud y proyectos de misión. La lista es interminable. Una iglesia no puede pagar personal para que haga todos los ministerios necesarios para llevar adelante su misión.

Algunas iglesias tienen maestros pagados en sus programas de educación cristiana; sin embargo, estos programas están limitados principalmente a clases para niños y jóvenes. Muchos fueron educadores profesionales o son estudiantes que se están entrenando para sus carreras educativas. Las iglesias que usan este sistema generalmente se enfocan en la calidad de la instrucción en el salón de clase, con maestros que tienen muy poco o ningún contacto fuera del aula.

Una educación cristiana efectiva requiere no solamente que sus líderes compartan lo que han experimentado sino también su relación con Jesucristo. La instrucción de calidad debe ocurrir mayormente en el salón de clase, pero también involucra maestros que interactúen con los alumnos fuera del tiempo de clase.

¿Podría su iglesia funcionar sin la dedicación del cuerpo de voluntarios que trabaja en cada faceta de su programa educativo? ¿Qué pasaría sin los voluntarios en la enseñanza bíblica, el entrenamiento para el discipulado, la educación misionera, el ministerio de la juventud, grupos de solteros o de personas mayores, educación de la vida familiar, coros y actividades recreativas?

Esta discusión no pretende depreciar o minimizar el papel que juegan los miembros del personal que reciben paga. Pero reconoce la impracticabilidad y la imposibilidad de una iglesia para emplear suficiente gente que ministre efectivamente a las personas con las que tiene contacto y por las que es responsable.

Yo serví cinco años como ministro de educación en una iglesia que tenía dos mil personas inscritas en su programa de enseñanza bíblica. Aun teniendo otros dos ministros de educación cristiana, era imposible para nosotros tres ministrar apropiadamente a tanta gente. Trabajamos equipando, entrenando y capacitando a más de 200 voluntarios elegidos por la iglesia para trabajar directamente con aquellos que se habían inscrito en el programa de enseñanza de la Biblia. Además, muchas clases y departamentos tenían otros voluntarios que ayudaban a aquellos elegidos por la iglesia. Los tres miembros del personal tuvimos contacto personal con mucha gente, pero no en la magnitud ni la intensidad que tuvieron los 200 voluntarios.

Los voluntarios son cruciales en el ministerio diario y en el funcionamiento de la iglesia local. Si la iglesia ha de tener voluntarios, deben ser contactados para formar parte del personal de las organizaciones educativas de la iglesia. Esas personas deben ser dirigidas internamente por el Espíritu Santo para poder realizar las tareas al máximo de sus habilidades.

CÓMO OBTENER PERSONAL

La búsqueda de personal para las organizaciones educativas de la iglesia es la responsabilidad de los designados por la iglesia para esta tarea o del comité de educación cristiana en consulta con los ministros de la iglesia. La responsabilidad para decidir los grupos necesarios y los patrones de organización, sin embargo, recae en cada organización educativa o unidad, no en el comité. Antes de empezar el proceso de búsqueda de personal, cada organización debe presentar por escrito el patrón organizacional y los voluntarios que se necesitan. La tarea del comité es descubrir y hacer una lista de los líderes potenciales que requirieron las organizaciones educativas, no decidir los patrones organizacionales ni las necesidades.

Principios para la búsqueda de personal

Hay seis principios que realzan este proceso de búsqueda de personal.

Principio # 1: Prepare un buen archivo de líderes potenciales para la iglesia. Varios meses antes de empezar el trabajo, el comité debe ver que la iglesia tenga un registro de los miembros. Este registro debe mostrar áreas de interés y puestos actuales o previos que estos miembros han tenido.

Muchas iglesias usan las computadoras para compilar esta información y crear un perfil de la membresía. Este perfil maestro de membresía muestra quienes están o estarían interesados en tareas y puestos específicos en los cuales la persona haya servido anteriormente. La información se obtiene del banco de información de la iglesia.

En las iglesias donde no haya computadora, las tarjetas están diseñadas para seguir el mismo procedimiento que hace la computadora pero a mano. El costo es razonable. No importa si se usa una computadora o un sistema de tarjetas; montar el banco de información toma tiempo pero es una buena inversión. Este trabajo lo puede hacer la secretaria o algunos voluntarios. Una vez que se haya volcado la información, es fácil mantener al día los archivos de manera que estén actualizados.

Ningún sistema puede ser más efectivo que la información que contiene de los miembros; por lo tanto estos expedientes deben estar al día. Es necesario archivar los nuevos compromisos de servicio y se debe llenar una tarjeta para cada miembro que se una a la iglesia. Frecuentemente la iglesia puede llenar muchas de las necesidades de personal con aquellos que han servido antes en funciones semejantes. Puede encontrar que hay gente ya entrenada para las áreas de liderazgo que usted está buscando. Con un poco de entrenamiento, estas personas podrían estar listas para funcionar rápidamente.

Principio # 2: Anime a los obreros de la iglesia para que sugieran líderes potenciales. Los ministros y el comité tienen un conocimiento limitado de los dones espirituales de la gente y del potencial de liderazgo. Ellos no pueden conocer a los miembros en forma personal e íntima. Una reserva excelente de líderes potenciales de la iglesia se puede formar con personas que son conocidas por los actuales líderes de la iglesia. Se les debe pedir a los líderes de la iglesia que presenten nombres de personas que ellos piensen que están listas para asumir lugares de liderazgo o de líderes potenciales de la iglesia. Se puede animar a estos líderes potenciales de la iglesia a participar en las actividades de entrenamiento de la iglesia.

Es importante que los líderes ofrezcan oportunidades de servicio a sus grupos. Ellos no sólo deben hablar acerca de estas posibilidades, sino también afirmar a aquellos que se ofrecen. El mayor elogio que se le puede hacer a un maestro de la iglesia no es el tamaño de su clase, sino el número de personas de esa clase involucradas en puestos de liderazgo dentro de la iglesia.

Principio # 3: Describa las oportunidades de servicio cristiano. Pedir obreros voluntarios en un culto de adoración es generalmente en vano. Estas apelaciones a menudo intentan poner culpa sobre la gente. Las apelaciones públicas en busca de voluntarios son invitaciones para que alguien solucione una crisis o emergencia. Tales necesidades raramente se presentan como un reto sino como una medida de solución transitoria.

Debe ser una característica de la vida de la iglesia hablar acerca de las oportunidades para el servicio cristiano y las recompensas o bendiciones que son inherentes a la tarea. También debe enfatizarse la oportunidad de crecer espiritualmente mientras se ministra a otros a través del servicio cristiano. Además, las oportunidades de servicio deben ser promovidas y descritas mucho antes de que se inicien.

Recientemente visité tres iglesias. Cada ministro hizo un llamamiento "anual" para servir en las organizaciones de la iglesia. Cada uno enfatizó la idea de "los deberes espirituales de los miembros " (lo que sea que esto signifique); desde luego para hacer más fácil el trabajo del comité de nominaciones. No se hizo mención del crecimiento cristiano, o de las oportunidades de influenciar o enriquecer vidas, o de que se debía orar acerca de lo que Dios quería que usted hiciera en la iglesia.

Una vez que se identifica una necesidad, se la debe comunicar a la iglesia. Se les debe pedir a los miembros que oren para que Dios llame a alguien para llenar esa necesidad. Cuando yo servía en una iglesia, me di cuenta de que no estábamos alcanzando a los recién casados, principalmente debido a que no había una clase de estudio bíblico para ellos. Compartí esta preocupación con los diáconos, pero nadie respondió inmediatamente. Dos meses después, una pareja vino a mí y me dijo: "Hemos estado orando por un lugar para servir y queremos enseñarles a los recién casados". Él era un diácono, y ambos tenían las habilidades vitales para trabajar con ese grupo. Años después, ellos continúan enseñando esa clase. Dios los ha usado eficazmente para alcanzar y enseñar a jóvenes adultos.

Principio # 4: Desarrolle por escrito las descripciones del trabajo (puesto). Para ayudar a buscar y entrenar, se deben desarrollar descripciones de trabajo para todos los puestos principales. Muchas iglesias distribuyen documentos preparados para elegir líderes; estos documentos están escritos en términos amplios y generales. Toma tiempo, creatividad y energía hacer esto, pero cada iglesia debería adoptar o desarrollar sus propias descripciones de trabajo para todos los puestos que han de ser elegidos.

La descripción de trabajo debería contener la siguiente información:

1. título del puesto;
2. breve descripción del trabajo a hacer;
3. habilidades específicas o esenciales para una realización efectiva;
4. recursos disponibles (materiales de currículo, libros apropiados para la edad, ayudas adicionales, etc.);
5. compromiso de tiempo (reuniones regulares, oportunidades de entrenamiento, entrenamiento interno, etc.);
6. duración del servicio;
7. objetivos y metas de la organización educativa (lo que usted quiere realizar y cómo planea hacerlo).

Vea la figura 6.1 para tener un ejemplo de la descripción de trabajo de un maestro de Escuela Dominical, y la figura 6.2 para tener un ejemplo de una hoja de trabajo.

Principio # 5: Enfatice el servicio que se va a prestar, no el puesto o el título. La gente llena muchos puestos en la iglesia. Se necesitan diferentes habilidades para que la gente lleve adelante sus asignaciones. Cuando la gente cumple sus responsabilidades individuales en forma competente, ayuda a la iglesia a llevar a cabo sus desafíos ministeriales y su misión. Cada tarea es importante. Por lo tanto, enfatice el servicio prestado por cada persona, y no tanto el puesto o su título.

Principio # 6: Descubra los dones o habilidades individuales. Es un desperdicio trágico de los dones espirituales y los talentos humanos cuando más del 80% de los puestos de liderazgo de la iglesia están ocupados por el 20% de la membresía.

Figura 6.1
EJEMPLO DE DESCRIPCIÓN DE TRABAJO

MAESTRO DE ADULTOS DE LA ESCUELA DOMINICAL
Tareas que debe realizar:

1. Entender y usar los principios de la enseñanza y el aprendizaje efectivos.

2. Prepararse para cada estudio semanal de la Biblia con su clase.
3. Aceptar la responsabilidad personal en actividades para obtener personal y para testimonio.
4. Compartir y animar a la clase a participar en actividades del ministerio.
5. Estar informado del papel de la clase en el trabajo de la iglesia.
6. Dirigir todo el trabajo de la clase.
7. Ayudar a los líderes en la tarea de ministrar a los miembros y a los miembros en perspectiva.
8. Planificar regularmente con otros miembros de la clase actividades para alcanzar y ministrar a otros.

Habilidades esenciales:
1. Habilidad para conversar eficazmente
2. Pericia para planificar y ejecutar los planes.
3. Liderazgo: poder desafiar a otros a seguir su ejemplo.
4. Deseo de ser un estudiante sincero y dedicado.
5. Deseo de ser un alumno que aprende de la Biblia, del Espíritu Santo y de los miembros de la clase.
6. Habilidad de ser un visitador personal.

Recursos disponibles:
1. El Expositor Bíblico: Programa Diálogo y Acción
2. La Biblia Libro por Libro
3. El Expositor Bíblico: Enseñanza bíblica para todos

Compromiso de tiempo:
1. Estar en su sala de clase cada domingo, 15 minutos antes de que empiece la Escuela Dominical.
2. Asistir a las reuniones de planificación para los maestros.
3. Participar en el programa de alcance de la iglesia.
4. Asistir a las sesiones de entrenamiento de la Escuela Dominical.

Duración del servicio:
El acordado por la iglesia.

Objetivos de la organización:
1. Alcanzar a las personas para el estudio de la Biblia.
2. Enseñar la Biblia.
3. Dar testimonio de Cristo a las personas y llevarlas a ser miembros de la iglesia.
4. Ministrar a los miembros y no miembros de la Escuela Dominical.

5. Guiar a los miembros a la alabanza.

6. Interpretar y apoyar el trabajo de la iglesia y de la denominación.

Metas de la organización:
Cada iglesia y cada clase deben establecer sus propias metas. He aquí algunas sugerencias:

1. Cada visitante a la clase debe ser contactado dentro de 6 días.
2. Incrementar la matrícula de la clase en un 10%.
3. Incrementar la asistencia promedio de la clase en un 10%.
4. Conseguir que el 50% de los miembros de la clase lleven su Biblia y estudien la lección.
5. Cada maestro guía por lo menos a una persona a Cristo cada año.
6. Ministrar a los miembros y a los no miembros cuando se presente la necesidad.

Figura 6.2

HOJA DE DESCRIPCIÓN DE TRABAJO

Puesto o título:
Tareas que deben realizarse:
Habilidades esenciales:
Recursos disponibles:
Compromiso de tiempo:
Duración del servicio (por cuánto tiempo es elegido):
Objetivos de la organización:
Metas de la organización:

Esta situación crea dos problemas principales: (1) aquellos que son elegidos tienen más de una responsabilidad grande; por lo tanto, no pueden hacer bien ninguna tarea debido a las limitaciones de tiempo y de energía, y (2) a mucha gente capacitada y entrenada dentro de la congregación nunca se le pedirá que haga algo. A través de un entrenamiento adecuado y oportunidades de servicio se pueden desarrollar las habilidades de muchos miembros.

Dios le ha dado a cada cristiano un don o una habilidad que puede ser usado en el servicio cristiano; no obstante, no todos son concientes de sus capacidades. Los sermones y los estudios bíblicos pueden usarse para ayudar a los miembros a reconocer sus dones. Otra forma es realizar una encuesta de dones espirituales o un ejercicio de simulación. (Estos recursos están disponibles en la mayoría de las librerías cristianas). Los educadores cristianos anhelan equipar y capacitar a *todo* el pueblo de Dios para que usen sus dones en el ministerio, no solamente a unos pocos.

CARACTERÍSTICAS ESENCIALES DE LOS LÍDERES DE LA IGLESIA

Muchas iglesias han elaborado una lista de requisitos para los líderes; en algunas de ellas hay tantos puntos en la lista que es imposible que alguien llene todos los requisitos. Recientemente trabajé con una iglesia que tenía tantos requisitos para los líderes que ni aun Jesucristo hubiera sido aceptado. En lugar de describir una larga lista de características, permítame sugerir seis requisitos esenciales. Una iglesia podría tomar estos, modificarlos y ampliarlos como se necesite, y adoptarlos como guías:

Característica # 1: Un líder de la iglesia debe ser cristiano. Suena trillado decir que un líder de la iglesia debe ser cristiano. Todos los líderes de la iglesia deben tener una experiencia personal con Jesucristo. Mucha gente en nuestras iglesias ha equiparado el conocer *acerca de Jesús* con conocer *a Jesús.* Cualquiera que no conozca personalmente a Jesús como su Salvador y Señor va a encontrar difícil, si no imposible, guiar a otros a seguir a Cristo en su diario vivir.

Característica # 2: Un líder de la iglesia debe ser miembro de una iglesia local. Todas las personas que ocupen un puesto de liderazgo en una iglesia deben ser miembros de esa iglesia. Cualquier persona que no esté dispuesta a unirse no debe ser elegida para un puesto de liderazgo. Los que no son miembros generalmente son menos sensibles a todas las necesidades de la iglesia que aquellos que se comprometen a sí mismos completamente. Uno que no es miembro puede hacer cosas en formas que podrían destruir la moral o estar en directa violación a los objetivos y metas de la iglesia. Los que no son miembros son más difíciles de supervisar que los que sí lo son.

Una iglesia sólo debe elegir a aquellas personas que han mostrado su compromiso con Cristo y con su iglesia. Los nuevos miembros de la iglesia deben involucrarse en diversas actividades antes de que se les considere para puestos de liderazgo. No se puede establecer arbitrariamente un límite de tiempo, pero debe ser un tiempo prudencial para poder observar el carácter cristiano, el compromiso y el potencial de liderazgo antes de que un miembro nuevo comience a servir.

Característica # 3: Un líder de la iglesia debe amar a la gente. La tarea de la iglesia involucra trabajar con gente. Idealmente, un cristiano debe amar a la gente. Prácticamente, sin embargo, hay mucha gente que no está orientada hacia las personas sino que se dirigen al logro de las metas o a levantar una organización exitosa.

La tarea de una iglesia exitosa involucra trabajo de equipo. Uno debe saber cómo interactuar con otros. Un líder debe tener un aprecio agudo por el valor y la dignidad de otros.

Característica # 4: Un líder de la iglesia debe ser una persona de aptitudes o habilidades. Los líderes de la iglesia deben poseer las habilidades para el trabajo que se les ha pedido que dirijan. Habilidad, interés y el deseo de hacer una contribución a la iglesia y a la vida de las personas son cualidades deseables.

Los líderes actuales pueden proveer información acerca de las habilidades e intereses de un obrero en perspectiva. Si se recluta a una persona para un trabajo sabiendo que probablemente no tendrá éxito, se amenazan el futuro crecimiento y la utilidad de esa persona. Además, puede impedir que otros realicen esa actividad y, por lo tanto, afectar el crecimiento de la iglesia.

Característica # 5: Un líder de la iglesia debe ser una persona que haya mostrado confiabilidad y responsabilidad. Los líderes de la iglesia se seleccionan de entre los miembros que han mostrado ser fieles, responsables y confiables en cuanto a la vida y al trabajo de la iglesia. La iglesia debe esperar que sus líderes estén involucrados activamente en las experiencias de adoración, los programas de enseñanza bíblica, el entrenamiento en el discipulado y que contribuyan financieramente a la iglesia. Un pastor una vez dijo que: "El peso de la iglesia debe ser puesto en los hombros de aquellos que la sostengan".

Característica # 6: Un líder de la iglesia debe estar dispuesto a aprender. Los líderes de la iglesia no deben sentir que ya saben todo lo necesario para hacer su tarea. Deben estar dispuestos a participar en las oportunidades de entrenamiento de la iglesia que los equipe y capacite a hacer el trabajo eficaz y exitosamente.

En resumen, un líder de la iglesia debe tener las siguientes características:

1. ser cristiano;
2. ser miembro de esa iglesia local;
3. ser una persona que ame a la gente;
4. ser una persona con aptitudes y habilidades;
5. ser una persona que haya mostrado confiabilidad y responsabilidad;
6. ser una persona que esté dispuesta a aprender.

EL PROCESO DE RECLUTAMIENTO

Suponga que el comité decida que una persona específica es la persona correcta para cierto trabajo. Esta decisión se toma después de mucha oración. El comité siente que ha sido dirigido por el Espíritu Santo para reclutar a esta persona. ¿Qué hacen los miembros del comité?

Primero, se decide quién va a hablar con el candidato. Generalmente, se le pide hacer la visita a la persona que va a ser el supervisor del obrero. Por ejemplo, un maestro de la Escuela Dominical debe ser reclutado por el director del departamento en el que él o ella van a enseñar. Sin embargo, si el comité cree que alguna otra persona es más apropiada para obtener una respuesta positiva, entonces esa persona se ocupa de hacer el contacto. La persona que va a ser el supervisor o bajo quien colaborará puede acompañar a esta persona.

Antes de describir los pasos a seguir en una contratación de voluntarios, se necesita discutir una idea adicional. Ser elegido para servir en el comité de nominación de la iglesia o en el comité de educación cristiana no califica automáticamente a una persona para hacer los contactos. La iglesia deberá proveer de entrenamiento a aquellos que van a hacer las visitas incluyendo también a los miembros del comité, los ministros, directores de departamento, presidentes de comités y otros que busquen reclutar personas para servir en las organizaciones y comités de la iglesia.

La contratación de obreros es una tarea seria. Aunque Carolyn C.

Brown la describe en relación a la enseñanza, sus comentarios son pertinentes para el reclutamiento de todos los puestos de la iglesia:

> "Nuestra primera tarea como reclutadores de obreros es recordarnos a nosotros mismos qué es lo que estamos haciendo. Los reclutadores les piden a las personas que compartan su fe con otros cristianos. Según San Pablo, enseñar es un llamado de los más altos entre los llamamientos espirituales. Ser llamado para enseñar es un honor y también un desafío. A estos maestros se les darán materiales cuidadosamente preparados, y tendrán el apoyo de toda la iglesia. Todo esto se hace debido a que la iglesia le pone mucho valor al crecimiento cristiano. Por lo tanto, deje a un lado la nube de desánimo, y acérquese a la tarea de reclutar maestros para los ministerios educativos de la iglesia con la energía en oración que merece"[1].

Una técnica de entrenamiento podría ser una visita simulada para establecer el contacto. Personas capacitadas en procesos de interacción deben dirigir la experiencia simulada. Se necesita escribir, copiar y distribuir las indicaciones que se van a usar en el esfuerzo de alistamiento, de manera que cada entrenado reciba una. Podría usarse un modelo de entrenamiento como el que se describe a continuación. Nadie que no haya participado en el proceso de entrenamiento debe salir a contactar prospectos para líderes de la iglesia. Este entrenamiento se programa cada año antes de que el comité comience sus esfuerzos de búsqueda.

Después de que el comité escoja a la persona que va a hacer el contacto, ¿qué pasos debe seguir esta persona en el proceso de contratación?

Paso # 1: Fije un tiempo para hablar con la persona buscando privacidad y el momento apropiado. Nunca debe reclutarse a una persona en el pasillo de la iglesia o cuando esté presionada por el tiempo. Se puede ver a la persona en su hogar, almorzar juntos o hablar mientras se toman un café. La reunión debe ser en un ambiente amistoso, relajado, reconociendo la presión del tiempo.

Paso # 2: Ore pidiendo la dirección del Espíritu Santo cuando se prepare para la entrevista. Debe presentarse el desafío y también la oportunidad de servicio cristiano en esta tarea. La persona debe pedirle a Dios que prepare a la otra persona para que sea receptiva y sensible a su liderazgo.

Paso # 3: Presente el desafío del puesto. Describa la tarea y revisen juntos la descripción de trabajo. Se le debe decir al probable colaborador cuáles son las responsabilidades y cómo se relaciona el puesto con todo el ministerio de la iglesia. Nadie quiere hacer un trabajo que es insignificante o que se puede hacer con poco o ningún esfuerzo. El reclutamiento debe ser honesto.

La persona debe oír que este trabajo demandará lo mejor que uno puede dar, que requerirá tiempo, energía y oración. La persona debe escuchar de las oportunidades para un crecimiento espiritual personal y cómo el probable líder puede influenciar las vidas de otros al hacer esto.

La persona debe ver que este trabajo es importante para las vidas de los cristianos, y que beneficia la obra de Cristo y de su iglesia. El candidato debe escuchar de la convicción de quien le habla y del comité nominador de que él o ella puede hacer ese trabajo eficazmente y que puede esperar un sentido de logro personal.

Paso # 4: Prepare y preséntele al probable líder un paquete que contenga los materiales de currículo y otros recursos disponibles. No todo líder de la iglesia va a estar en una función de enseñanza/aprendizaje; sin embargo cada obrero en perspectiva debe recibir la descripción de trabajo, gráficas organizacionales y otros materiales. Durante la visita se deben revisar y describir brevemente estos materiales particularmente en términos de cómo ayudará cada punto a llevar a cabo la tarea. La persona debe tener tiempo para estudiar el material y saber que usted está disponible para responder a cualquier pregunta.

Algunas iglesias tienen un pacto para los obreros de educación cristiana. Cuando usted le presente el material al entrevistado, es apropiado compartir las expectativas de la iglesia hacia los obreros y lo que estos deben esperar de la iglesia.

¿Qué debe esperar la iglesia? A continuación hay una lista para los maestros de estudio de la Biblia.

Esperamos que los maestros...

• oren por los miembros y posibles miembros de su clase
• se preparen para las lecciones semanales (de dos a cuatro horas)
• se presenten quince minutos antes del inicio de la clase y empiecen la misma a tiempo

- usen material aprobado por la iglesia
- asistan a los cultos de adoración
- visiten a los miembros y a los visitantes de la clase
- asistan a las reuniones semanales de los obreros y a otras oportunidades de entrenamiento
- notifiquen al director con anticipación cuando necesiten un sustituto.

La iglesia...
- orará por usted y su trabajo
- proveerá el currículo y los recursos básicos requeridos en ese plan
- proveerá sustitutos a través del director
- proveerá el equipo audiovisual básico
- pagará la inscripción y costos de viaje para las actividades de entrenamiento
- lo(a) apoyará a usted y su trabajo[2].

Paso # 5: Sea realista respecto al trabajo. Se deben presentar los desafíos y problemas que una persona puede encontrar si acepta la misión. Los chinos tienen una forma de mirar las crisis que nos pueden ayudar a ver esto más claramente. "Cuando un chino escribe la palabra 'crisis' lo hace en dos caracteres: uno significa peligro y el otro oportunidad"[3].

Las oportunidades para el servicio cristiano generalmente no son crisis, pero cada responsabilidad tiene sus aspectos positivos y negativos. Al presentar la situación, es mejor ser realista que idealista. Hay dos razones prácticas para este enfoque: (1) la persona debe aceptar el cometido con el mayor conocimiento que sea posible; (2) usted debe trabajar y relacionarse con esta persona. La supervisión, la moral y la motivación son más difíciles si no le ha dicho a esta persona todo lo que debía decirle.

Paso # 6: Describa las actividades de entrenamiento para antes de su tiempo de servicio o durante su tiempo de servicio. Se le deben dar a la persona las fechas de los eventos de entrenamiento. Algunos puestos en la iglesia requieren la asistencia mensual o semanal a reuniones de planificación en las que se ofrece entrenamiento adicional. El probable líder debe ver que esas actividades de entrenamiento están planificadas por la iglesia para proveer técnicas e información de manera que los voluntarios puedan hacer un trabajo efectivo. También debe darse cuenta de que el aceptar esta responsabilidad le proveerá oportunidades para el crecimiento cristiano y mejores relaciones con compañeros cristianos.

Paso # 7: Pídale al candidato que ore y medite una o dos semanas antes de darle a usted una respuesta. Una persona necesita tiempo para revisar el material que se le ha dejado y para orar respecto a esta responsabilidad. Dígale que usted lo llamará en unos pocos días para aclararle más ampliamente la función y responder cualquier pregunta.

Paso # 8: Establezca la fecha para llamarlo(a) o para regresar por una respuesta. El probable líder debe saber que usted y otros líderes de la iglesia estarán orando por él o ella. Es bueno orar al terminar la visita para pedirle a Dios que lo (a) guíe durante este tiempo.

Paso # 9: Contáctese con la persona en algunos días para aclarar la función y contestar cualquier pregunta.

Paso # 10: Llame o visite para recibir la respuesta. Si es afirmativa, se debe revisar el entrenamiento programado en el paso número 6. La persona debe estar segura de que usted continuará orando a medida que él o ella se prepara para iniciar este nuevo trabajo.

¿Que hace usted si la persona declina la propuesta? Primero, agradézcale por haber considerado el trabajo y exprésele gratitud por haber tenido la oportunidad de tratarse. Asegúrele que usted continuará orando para que él o ella encuentren la dirección de Dios en cuanto a su lugar de servicio. Debe preguntarle también acerca de intereses futuros y si usted puede compartir esta información con el comité en caso de otras posibilidades o futuras necesidades. No obstante, no la comprometa con otros puestos sin la aprobación del comité.

Paso # 11: Seguimiento. Su responsabilidad no ha terminado hasta que la persona esté funcionando eficazmente en su nuevo papel. Programe encuentros periódicos para ver cómo se siente el nuevo colaborador en su nuevo trabajo, para considerar cualquier problema que se haya encontrado y para proveerle ánimo y apoyo.

Considere reclutar por más de un año

Las iglesias generalmente reclutan a las personas para servir en comités y juntas por términos de tres a cinco años. Sin embargo, las personas reclutadas para servir en puestos educativos —por ejemplo, estudios bíblicos o discipulado— son, por lo general, alistadas por el término de un año. El reclutamiento inicial debe ser por un año; luego puede revisarse y extenderse en términos de dos o tres años, cuando el comité y el obrero estén mutuamente de acuerdo.

El deseo de la persona de continuar en el puesto debe ser confirmado anualmente, pero ya no se seguirá el proceso de reclutamiento descrito anteriormente. En esos casos, la tarea de la iglesia de proveer personal será más sencilla y no requerirá la gran cantidad de tiempo que generalmente necesita el comité.

CÓMO MOTIVAR

Hace un tiempo fui un lunes al doctor. Cuando hablábamos acerca de su iglesia y de la experiencia en el culto de adoración del domingo, él declaró: "Ayer sentí mucha pena por mi pastor". Tomé asiento completamente asombrado. Su pastor era reconocido como un excelente predicador. Ya que yo mismo había oído el mensaje, sentí que el ministro había proclamado elocuentemente su interés por la gente pobre de la ciudad. Su invitación había sido una súplica para que fueran voluntarios al centro de la ciudad y ministraran allí.

Finalmente, le pregunté al doctor: "¿Por qué sintió pena por su pastor?". Su contestación fue que nadie había respondido a la invitación de ir al centro de la ciudad. El doctor opinaba que la razón era que el pastor no había sabido motivar a la congregación.

Muchos ministros y congregaciones creen que la motivación es exactamente como la administración. La administración requiere la habilidad de entender ciertas ideas y procedimientos, incluyendo la naturaleza humana. Sin embargo, es un mito decir que una persona puede motivar a otra. La motivación es producto de la voluntad individual. Los líderes pueden motivar por sus acciones y la calidad de su vida: su carácter y sus valores principales. Un ministro puede ayudar a establecer el clima o ambiente bajo el cual la buena motivación puede suceder, pero él o ella no puede hacer que la otra persona se motive.

Se ha asumido que la conducta de una persona se puede decidir desde afuera; sin embargo, lo opuesto es la verdad. El comportamiento de uno se decide desde adentro. La motivación es interna, no externa.

No hay una fórmula mágica que los líderes de la iglesia puedan seguir para motivar a otros. Lo que causa que una persona responda positivamente puede generar una respuesta negativa en otra. Por lo tanto, los ministros deben saber lo más posible acerca de cada miembro. Deben saber a qué nivel la persona está respondiendo.

Confianza: el ingrediente clave de la motivación

Stephen R. Covey señala: "La confianza es la forma más alta de motivación humana. Saca a relucir lo mejor del ser humano"[4]. La confianza viene de una relación que llega con el tiempo. Él llama a esto "una cuenta bancaria emocional". La cuenta de confianza se construye a través de actos de cortesía, amabilidad, honestidad y guardando los compromisos con los demás. Él observa: "Cuando la cuenta de confianza es alta, la comunicación es fácil, instantánea y efectiva"[5]. Una clave para desarrollar la cuenta bancaria emocional es buscar entender verdaderamente a la otra persona.

Un factor que desmotiva ocurre cuando hay expectativas conflictivas o ambiguas en cuanto a las funciones y las metas. Las expectativas y las metas deben ser claras desde el principio.

Covey enfatiza el papel de la integridad personal al decir: "La integridad personal genera confianza y es la base de muchas diferentes clases de depósito... La honestidad es decir la verdad; en otras palabras, conformar nuestras palabras a la realidad. Integridad es conformar la realidad a nuestras palabras; en otras palabras, cumplir las promesas y satisfacer las expectativas... Integridad también significa evitar cualquier comunicación que sea engañosa, llena de astucia o por debajo de la dignidad de las personas"[6].

Los líderes cometen errores; sin embargo, la gente perdonará errores de mente o de juicio. Pero no perdonará fácilmente errores del corazón, malas intenciones o malos motivos.

El mayor depósito es el del amor incondicional. Covey continúa:

"Cuando amamos verdaderamente a otros sin condiciones, sin intenciones escondidas, los ayudamos a que se sientan seguros, sanos y salvos, validados y afirmados en su valor fundamental, identidad e integridad. Su proceso natural de crecimiento es animado. Hacemos que les sea más fácil vivir las leyes de la vida —cooperación, contribución, autodisciplina, integridad— y puedan descubrir y vivir de acuerdo a lo mejor que hay en ellos. Les damos la libertad de actuar por sus imperativos internos en lugar de reaccionar a nuestras condiciones y limitaciones"[7].

La confianza es crítica para que ocurra la motivación; personifica lo que pasa en las relaciones. Construimos las relaciones a través de la cortesía, el respeto y la apreciación por otros y por su punto de vista. Como resultado: "Usted está más tiempo en el proceso de comunicación. Escucha más, y a mayor profundidad. Se expresa con más valor. No es reactivo"[8].

Sin confianza y sin una visión común, el líder tiende a rondar, inspeccionar y dirigir a los obreros. Hay una tendencia a tratar de controlar a la gente.

Principios para motivar

He aquí algunas indicaciones que beneficiarán a los líderes de la iglesia cuando busquen dirigir a otros:

Principio # 1: Dése cuenta de que usted no puede motivar a otras personas. La motivación viene de adentro. Las personas pueden ser dirigidas por el Espíritu Santo obrando a través de sus necesidades, pero ellas, y sólo ellas, pueden responder a la guía del Espíritu Santo.

Usted no es el motivador, excepto para usted mismo. Su función es ser el instrumento, el facilitador que ayude a otras personas a sentirse más motivadas. Usted debe reconocer quién es usted: un siervo de Dios responsable solamente por usted. Muchos líderes preguntan: "¿Por qué no pude lograr que ellos hicieran esto o aquello?". La verdadera pregunta es esta: "¿Por qué ellos no lo quisieron hacer?". La motivación es interna, no externa. Su oportunidad para ayudar a motivar a otros viene de la calidad de su trabajo, su ejemplo y su carácter.

Principio # 2: Crea que el trabajador voluntario puede hacer el trabajo. Los líderes de la iglesia deben tener confianza tanto en la habilidad de la membresía como en la preparación y la capacitación del Espíritu Santo. Usted debe confiar que la persona va a hacer un buen trabajo. Las personas que aceptan nuevos trabajos es posible que no comiencen como expertas, pero usted puede creer que, con entrenamiento apropiado, motivación interna y la ayuda del Espíritu Santo, ellos pueden hacer un buen trabajo.

Principio # 3: Permita que la gente trabaje a su propia manera. Usted le está pidiendo a una persona que acepte una responsabilidad, por lo tanto le debe permitir hacerla a su manera. Las sesiones de entrenamiento tienden a enseñar métodos diseñados para hacer que cada entrenado sea una copia exacta del entrenador. Dios ha capacitado de manera diferente a cada persona, de modo que cada individuo enfrentará la tarea desde su perspectiva. Quizás, luego, descubrirán otra forma mejor de hacerla, particularmente si son personas inclinadas a la realización personal.

Principio # 4: Enfatice resultados, no métodos. Esto no quiere decir que el fin justifica los medios. Los medios siempre deben ser consistentes con los principios de Jesucristo. Una iglesia elige a una persona como maestro, como miembro de un comité, y cosas por el estilo. El factor importante es el desempeño: que la persona sea un maestro eficiente, y que el comité haga el trabajo que se le ha asignado. Los métodos son secundarios. Asegúrese de que la tarea sea clara, y luego aléjese y permítale a la gente trabajar.

James K. Van Fleet, una generación atrás, comenzó exhortando: "Usted puede motivar a la gente a hacer lo mejor cuando usted enfatiza las habilidades, no las reglas; los resultados, no lo métodos. Para hacer esto, use órdenes tipo misión. (Una orden tipo misión le dice a una persona qué es lo que usted quiere que se haga y cuándo lo quiere hecho, pero no le dice cómo hacerlo. El cómo se lo deja a la persona). Una orden tipo misión deja la puerta ampliamente abierta de manera que la gente use la imaginación, la iniciativa y el ingenio para hacer el trabajo para usted"[9]. Así, usted mantiene su atención enfocada en el resultado, no en las técnicas usadas para lograrlo.

Principio # 5: Enfóquese en la gente que hace el trabajo: no en las reglas que hacen trabajar a la gente. Esto mantiene los ojos enfocados en el trabajo que se tiene que hacer, la misión y el ministerio que se tienen que efectuar. La gente tiene algo que vale la pena y es significativo para hacer, lo cual los mantiene física y mentalmente ocupados. Estarán felices y contentos con su trabajo[10].

CREANDO UN CLIMA DE AUTOMOTIVACIÓN

Para animar a los líderes voluntarios, el ministro busca desarrollar una atmósfera en la cual la motivación está bajo la guía del Espíritu Santo. Reginald M. McDonough explica: "El papel del líder en la motivación es el de ser sensible a las necesidades y los dones de las personas; ayudarles a entender sus necesidades y los dones, y ayudarlas a vivir su llamamiento cristiano en forma satisfactoria y completa"[11].

Si los ministros desean progresar, deben desarrollar algunas habilidades específicas. Deben ser personas realizadas y practicar un estilo de liderazgo caracterizado por lo siguiente:

1. *Los líderes están interesados genuinamente en otras personas.* La gente anhela recibir atención de otros. Quiere saber que sus ideas y opiniones han sido escuchadas. El deseo de atención está presente en todos nosotros. La gente necesita sentirse importante para alguien más. Si usted quiere realizarse, debe interesarse verdaderamente en otros y en sus problemas. Debe ponerle más énfasis a los problemas de otros que a los suyos propios. Es necesaria una actitud de completa abnegación.

2. *Los líderes deben aprender a escuchar.* Usted debe poner a un lado sus propios intereses, sus propios placeres y sus propias preocupaciones. Debe aprender a escuchar con sus ojos y con sus oídos. Los cambios de expresión son magníficos comunicadores. Debe aprender a ser un buen oyente.

3. *El líder debe ejercer paciencia.* Al trabajar con otros, usted no critica ni ofrece juicios ligeros. En vez de eso, debe aprender a hacer concesiones por la inexperiencia; no espere perfección.

4. *Los líderes nunca deben descuidar a una persona.* No importa cuán fiel sea el obrero, usted debe mostrarle su aprecio por el trabajo hecho. Una palabra de elogio es un excelente motivador. La gente trabajará más cuando se siente apreciada, sabiendo que su ministerio realmente hace una diferencia. La parábola de los talentos contiene una afirmación bien conocida: "Bien, buen siervo y fiel" (Mat. 25:21).

5. *Los líderes deben tener interés en otros.* El corazón de un ministro

debe estar lleno de compasión hacia otros. El sentimiento de interés genuino en otros no se puede fingir. La atención hacia otros debe ir acompañada de un interés honesto por ellos. Una persona no puede hacer esto a menos que esté dispuesta a compartir el dolor y a ayudar a resolver problemas personales[12].

6. *Los líderes deben tratar a cada persona como a un individuo.* Lo que estimula a una persona a actuar puede no ser apropiado en otra situación; de hecho, podría tener el efecto contrario. No hay una bolsa de trucos motivadores. Las personas que se realizan son motivadas desde adentro.

7. *Los líderes deben crear esfuerzos conjuntos en equipo.* El trabajo de la iglesia depende de un trabajo efectivo de equipo. Cada tarea es importante para los logros de la iglesia, su misión y ministerio. MacDonough menciona que el trabajo en equipo se relaciona con las necesidades que cada persona tiene de pertenecer y de ser amada, y que las "relaciones en el equipo capacitan a las personas para recibir y dar afecto"[13].

Las tres claves para crear esfuerzos de equipo son: (1) un equipo tiene que tener una razón para existir a la que todos los miembros estén comprometidos, (2) un equipo no puede funcionar sin una buena comunicación, ya que el equipo requiere interdependencia, y (3) un equipo debe tener apertura y confianza[14].

8. *Los líderes deben generar entusiasmo acerca de la misión.* La emoción y el entusiasmo son contagiosos. Para realizarse a través de la motivación, las personas deben creer que lo que hacen tiene significado y propósito. Deben sentir que lo que hacen realmente causa una diferencia. La emoción debe ser genuina. Un ministro que no se emociona con lo que está pasando en y a través de la iglesia ha cesado de ser una persona que se realiza. El logro de los objetivos y metas trae un sentido de júbilo y expectativa a los líderes de la iglesia. Estar involucrado en la obra de Dios a través de la iglesia debe generar emoción.

9. *Los líderes deben estar dispuestos a compartir responsabilidades y autoridad.* A los líderes voluntarios se les debe dar autoridad en proporción a sus responsabilidades. Pedirle a una persona que dirija

sin darle una autoridad apropiada crea un potencial para una moral pobre y fracaso del proyecto. Nadie quiere hacer solamente lo mecánico. McDonough concluye: "La motivación de una persona se elevará cuando se dé cuenta de que se le han confiado responsabilidades en la toma de decisiones"[15].

10. *Los líderes deben ubicar a la persona correcta en el trabajo correcto.* Mucha gente acepta los puestos de liderazgo voluntario en la iglesia por un sentido de obligación o lealtad hacia la persona que se lo pide. Debe hacérseles sentir que tienen las habilidades necesarias para hacer un trabajo efectivo. Al hacer el trabajo debe haber un sentido de logro, y la tarea debe resultarles placentera.

11. *Los líderes deben trabajar constantemente hacia el logro de las metas.* Un ambiente orientado hacia metas anima a los obreros a hacer lo mejor. Los objetivos y las metas organizacionales deben ser claros. Por esto es que los voluntarios se enrolan. Se debe guiar a cada persona a establecer metas individuales que contribuirán a las metas de la organización; esto provee oportunidad para obtener un sentido de logro y satisfacción personal. Las revisiones periódicas de los objetivos y las metas realzarán el ambiente de motivación. Las metas deben ser realistas y accesibles, aunque desafiantes, apelando a lo mejor de la persona.

12. *Los líderes deben desafiar a las personas a involucrarse en una misión.* Cuando los líderes voluntarios ven su tarea como una misión, se sienten realizados. Hay una razón para lo que hacen y ésta se vuelve una fuerza energizante para ellos. Hay un proseguir hacia una meta, y no estarán satisfechos hasta que se la alcance. Esto apelará a lo mejor en ellos. ¡Qué gozo experimenta una persona que está ocupada en una misión! Cuando este desafío se haya logrado satisfactoriamente, estarán listos para experiencias nuevas y más desafiantes[16].

CUALIDADES DE UN MOTIVADOR

Para que los ministros se conviertan en facilitadores o equipadores de obreros voluntarios, deben desarrollar ciertas cualidades y habilidades. McDonough, en un resumen, provee una descripción de líderes eficaces y las maneras en que ellos deben buscar influenciar a otros[17].

1. *Están comprometidos a una tarea específica y significativa.* Los ministros eficaces enfocan la atención en el logro de una meta: equipar y capacitar al pueblo de Dios para el ministerio. Su sentido de misión ocasiona que otros obtengan una visión de lo que es la iglesia. Estos líderes ayudan a otros a alcanzar altos niveles de compromiso en sus responsabilidades asignadas.

2. *Se concentran en intereses fuera de sí mismos.* Los ministros que se realizan buscan la realización de las metas no para sí mismos sino para otros: la iglesia, Cristo y el reino de Dios. Ayudan a otros a ver más allá de sí mismos; a no ser egoístas respecto al servicio, el tiempo y la energía.

3. *Son capaces de tener relaciones significativas.* Son capaces y están dispuestos a compartir mucho de sí mismos con otros. Sus relaciones con otros se caracterizan por poseer confianza en sí mismos y confiar en otros. Ellos ayudan a los demás a concentrarse en la misión que tienen por delante. A través de esta relación, ellos sacan a la luz el mejor esfuerzo de otros.

4. *Perciben los asuntos claramente.* Son astutos para resolver problemas. Su saludable autoimagen los protege de ser amenazados fácilmente. Su percepción aguda ayuda a sus habilidades para ver y alentar el potencial de otros. Ven lo que la gente puede llegar a ser en Cristo, no lo que ahora son.

5. *Son espontáneos y directos.* Hay un sentido de autenticidad de ellos. Tienen libertad tanto en la expresión como en su propia persona. No tratan de impresionar a otros. Espontáneamente hacen que otros se sientan cómodos alrededor de ellos. Comparten opiniones acerca de asuntos, no de decisiones finales. Su estilo de liderazgo anima a otros a responder natural y honestamente.

6. *Son valientes frente a los opositores.* Debido a su sentido de seguridad y de autoestima, la oposición no los paraliza. Están abiertos a nuevas ideas. Los seguidores se sienten abiertos y libres para intercambiar puntos de vista. Los líderes ven el conflicto como saludable y normal, no como algo que se debe evadir o evitar a to-

da costa. Su sentido de seguridad ayuda a desarrollar una autoestima saludable en sus seguidores.

7. *Tienen confianza en sí mismos.* Otros pueden ver la fortaleza de su carácter. Se sienten bien consigo mismos. Gastan poca energía en mecanismos de defensa o en suposiciones. La dedicación y el compromiso con la tarea que está frente a ellos los mueve hacia adelante con gran objetividad. Es fácil para otros captar su espíritu de confianza en sí mismos, por lo tanto estimulan a otros a hacer un trabajo más efectivo.

8. *Tienen una actitud positiva hacia la vida. Se enfocan en lo positivo.* Son felices y les transmiten esas actitudes felices y gozosas a otros.

    Animan a otros a ser optimistas acerca de la vida. Los demás se sienten cautivados por esta actitud positiva.

9. *Son capaces de experimentar profundas experiencias espirituales.* Los ministros que se realizan no solamente han tenido una experiencia espiritual profunda sino que continúan manteniendo una relación estrecha y personal con Dios. Ayudan a aquellos con quienes trabajan a tener experiencias similares con Dios y consigo mismos.

CAPÍTULO SIETE

ADMINISTRANDO LAS ORGANIZACIONES EDUCATIVAS DE LA IGLESIA

Bruce P. Powers

Como se describió anteriormente, la educación en la iglesia es una función de apoyo que capacita a la congregación para hacer discípulos, ayuda a los miembros a crecer, y desarrolla el poder espiritual en sus vidas. La educación, junto a las otras funciones de adoración, proclamación, ministerio y compañerismo es una de las características distintivas de la iglesia del Nuevo Testamento. Mientras que las otras funciones tienen valor en sí mismas, la educación siempre existe para *servir*; funciona como una partera que capacita a otras personas a aprender.

De la misma manera sucede con las organizaciones educativas. Ellas son *medios* o *maneras*, para lograr el propósito o la misión de la iglesia; no son un *fin* en sí mismas. Cada organización existe para llevar a cabo un propósito específico o una porción del ministerio educativo de la iglesia. Teóricamente, cada una debe ser la estructura más eficaz para lograr el propósito para el cual la iglesia existe.

CARACTERÍSTICAS ORGANIZACIONALES

Debido al objetivo común entre las iglesias evangélicas —hacer discípulos, capacitar a los miembros a crecer y madurar, desarrollar madurez espiritual y poder en la vida de los creyentes— entre las denominaciones han evolucionado estructuras similares para capacitar a la iglesia a hacer mejor su trabajo. Por ejemplo, la mayoría de las iglesias tienen organizaciones para proveer estudios de la Biblia, desarrollo del discipulado, actividades misioneras y experiencias de adoración. Aunque los nombres varían —como Escuela Dominical, escuela bíblica y escuela de la iglesia— las funciones y los principios organizacionales generales son extremadamente similares de denominación a denominación.

PROGRAMAS BÁSICOS DE LA IGLESIA

Estas estructuras u organizaciones son los canales principales para la educación continua y funcional que se provee para una congregación. Las experiencias educativas generalmente están graduadas de acuerdo a la habilidad y/o al grado de necesidad de los participantes. Los programas básicos de la iglesia están diseñados para ayudar a la iglesia a alcanzar sus objetivos y, también, a alcanzar necesidades generales de la gente en la congregación[1].

En este capítulo se cubrirán los cinco programas básicos que son esenciales en la educación y que, de cierta manera, existen en la mayoría de las iglesias evangélicas y protestantes. Cada programa conlleva una cantidad de tareas que son esenciales, continuas e importantes para el trabajo de la iglesia. (Ver la fig. 7.1 en la p. 154). El sexto programa, los ministerios pastorales, se enfoca principalmente en el liderazgo general de la iglesia y se incluye sólo como referencia.

Hay otras organizaciones que son necesarias para brindar una educación eficaz en la iglesia, pero no son consideradas programas fundamentales para toda la congregación. Estas están enfocadas mayormente hacia el servicio (como los medios de comunicación o los ministerios de recreación) o programas especializados para subgrupos en la congregación (como un club para la tercera edad). El capítulo 8 "Administrando actividades educativas especializadas", tratará de las diferentes formas en las cuales se pueden desarrollar grupos de servicio y ministerios especializados.

DETERMINANDO LA ESTRUCTURA ORGANIZACIONAL

Los elementos esenciales al decidir cómo organizar un programa educativo incluyen lo siguiente:

1. *Identifique el propósito específico.* ¿Por qué existe? ¿Cuál es su contribución singular a la iglesia? ¿Qué pasaría si no tuviéramos esta organización?

2. *Encuentre la mejor forma de llevar a cabo el propósito específico.* ¿Cuáles recursos (líderes, instalaciones, ayuda denominacional, apoyo financiero, etc.) están disponibles? ¿Cuáles son las prioridades en y entre las organizaciones educativas? ¿Qué estructuras proveerán un equipo de trabajo efectivo y eficiente entre los líderes y también ayudará a lograr los objetivos educativos?

3. *Defina claramente las áreas de responsabilidad y la toma de decisiones en el ministerio educativo total y en cada parte.* ¿Cuál es la responsabilidad distintiva para cada puesto? ¿Cuáles decisiones puede la persona en cada puesto tomar sin consultar? ¿Cuáles son los puestos que enlazan cada nivel (o unidad) con el cuerpo mayor para propósitos de planificación, evaluación, comunicación y otros? ¿Tienen todos los líderes a alguien ante quien ser responsables?

Coordinación general

Una estructura organizacional efectiva incluye un concilio o comité de educación, el cual podría tener a cargo la planificación, la coordinación y la evaluación de las actividades educativas de la iglesia. (Puede encontrar información acerca del concilio de la iglesia en la figura 7.2 en la p. 156).

En la mayoría de las iglesias, este grupo está presidido por el pastor e incluye a las siguientes personas:

• El personal a sueldo de la iglesia.

• Los líderes de todos los programas y organizaciones de servicio.

• El presidente de los diáconos (o junta de la iglesia).

• Los presidentes de los comités clave (aquellos estrechamente relacionados al trabajo de las organizaciones de servicio de la iglesia, como misiones, mayordomía y comité de nominaciones).

En las iglesias grandes con líderes educativos de tiempo completo, las actividades deben ser planificadas, coordinadas y evaluadas a través de un grupo separado y especializado, generalmente un concilio o comité educativo. Entre los miembros estarían incluidos los líderes que representan los diversos componentes educativos, personal de la iglesia que tenga responsabilidades educativas y coordinadores de grupos por edades (si los tienen) como se ilustra en la figura 7.3 en la p. 157.

De la misma manera, cada organización debería tener un concilio administrativo o personal para dirigir el trabajo por el cual es responsable, como se muestra en la figura 7.4 en la p.157 (Se provee información acerca del concilio/personal de programa en la figura 7.5 en la p. 158).

Coordinación de las divisiones por edad

Aunque la mayoría de la administración se maneja *dentro* de los programas, aquellos que trabajan con grupos de edades similares en diferentes organizaciones a menudo necesitan conectarse para coordinar el trabajo y apoyarse mutuamente. Esto se puede llevar a cabo a través de un coordinación por grupos de edad.

El enfoque más simple es que los líderes de una división de cierta edad se reúnan periódicamente para coordinar su trabajo y el uso del espacio, equipo y los suministros. Esto es más efectivo en las iglesias pequeñas y en divisiones por edad con pocos obreros.

Otro enfoque es programar conferencias periódicas para la coordinación de los grupos de edad; el propósito será tratar aspectos de interés común entre los líderes dentro de cada grupo. Las personas en cada grupo eligen a alguien que las convoque para facilitar las reuniones y los canales de comunicación.

En las iglesias grandes, a veces se necesitan coordinadores de grupos por edad (algunas iglesias usan directores o ministros en este papel). Su función principal es facilitar el trabajo de todos los programas dentro del grupo de edad para todo el ministerio educativo. Los coordinadores deben servir en el comité de educación, o concilio de la iglesia. (Puede encontrar información concerniente a la coordinación de los grupos por edad en la figura 7.6 en la p. 158).

AGRUPANDO O CLASIFICANDO A LA GENTE

Hay tres enfoques generales para dividir la congregación con propósitos educativos: *edad, compatibilidad* e *interés*. Para dividir más, algunas iglesias escogen crear subgrupos adicionales usando distinciones como género y estado civil.

Edad

La agrupación por edad, o grado, se usa mayormente cuando se trata de conjugar las necesidades de desarrollo de los individuos con las experiencias educativas provistas. Este es el enfoque generalmente recomendado por los líderes de programas denominacionales para facilitar el estudio continuo y sistemático de materiales de currículo para todas las edades.

Bajo este plan, los grupos educativos siguen un patrón general, pero a veces se ajustan para permitir la compatibilidad y/o los grupos de interés. Por ejemplo, la gráfica de planificación de la organización, figura 7.7, hace una lista de las principales divisiones; se sugiere un máximo de inscripción por unidad y la proporción de obreros por alumno para los departamentos de preescolares y escolares. Al completar la gráfica, usted podrá deducir el número de clases, grupos y departamentos que se necesitan, y el número aproximado de obreros.

En una iglesia pequeña, puede necesitarse una guardería, más un mínimo de dos departamentos de preescolares (de 0 a 2 años, y de 3 a 5 años) y dos para niños escolares (de 1.er a 3.er, y de 4.º a 6.º grados). Solamente si el espacio no lo permite todos los preescolares o los grados 1.er al 6.º estarían juntos.

Si el espacio y los líderes lo permiten, se puede formar tres grupos para los preescolares (0 a 1 año, 2, y 3 años, 4 y 5 años). También se pueden proveer 3 grupos para los niños escolares (1.er y 2.º; 3.er y 4.º; 5.º y 6.º grados).

Lo mejor es tener por lo menos dos clases para los jóvenes si hay espacio y liderazgo disponibles, y si hay suficientes participantes para cada grupo (6 ó más). Los jóvenes mayores y menores se pueden dividir, posiblemente usando el mismo sistema de gradación de las escuelas locales.

Si es posible, debe haber una clase para cada grupo de 25 adultos. Esto puede comenzar haciendo una división entre menores y mayores (se usa un punto intermedio de edad) o dividiendo en una clase para mujeres y una clase para hombres. Las clases adicionales deben ser clasificadas como se muestra en la gráfica de planificación (ver la fig. 7.7 de la p. 160) o formadas por compatibilidad o interés.

Las iglesias más grandes podrían añadir más clases, grupos y departamentos para cada edad de acuerdo a la inscripción y a la disponibilidad de líderes y de espacio.

Compatibilidad

En muchas iglesias se acostumbra agrupar por compatibilidad, particularmente entre los adultos, para permitir que las personas que tienen mucho en común estén juntas. La gente se congrega debido a factores tales como el estilo preferido de aprendizaje o necesidades del grupo, y esas preferencias se establecen como una parte regular de la estructura organizacional.

Esta forma de agrupar se usa típicamente en combinación con la clasificación por edades y se puede ver, por ejemplo, en una clase de compañerismo bíblico. Algunas veces la clasificación por compatibilidad se desarrolla informalmente, como en una clase donde las personas han escogido continuar juntas a pesar de las sugerencias para ser "promovidas" a otra clase.

Interés

La clasificación por interés se usa cuando se permite que las personas seleccionen la actividad o el estudio más atractivo. Estos grupos existen en tanto se provea esta actividad o estudio; por lo tanto, este planteamiento se usa principalmente en actividades educativas a corto plazo y con un énfasis especial.

En algunas iglesias se usan los tres enfoques; sin embargo, la división por edades sigue siendo la básica. Se pueden organizar tantos grupos adicionales como se necesiten, o sean apropiados para suplir las necesidades de los participantes y llenar los propósitos de la organización.

Escogiendo un patrón

Finalmente, cada iglesia tiene que tomar sus propias decisiones en cuanto a la mejor forma de organizar y administrar su trabajo. Las indicaciones y opciones que se han descrito lo ayudarán a valorar las posibilidades; sin embargo, al consultar con otros líderes de la iglesia, usted debe escoger lo que sea más apropiado.

Como un recurso adicional, en la figura 7.8 en la p. 162 se da una lista de posibles patrones para el organigrama de la iglesia. Al estudiar estas opciones probablemente usted podrá clarificar la mejor forma para proceder con cualquier ajuste que su iglesia necesite.

INDICACIONES PARA EL ADMINISTRADOR

Aquí puede encontrar algunas indicaciones que lo capacitarán para proveer un liderazgo efectivo y fuerte a las organizaciones educativas de la iglesia:

1. Determine el propósito y la estructura organizacional para cada programa educativo. Una gráfica debe incluir una lista de cada puesto y unidad, y el nombre de cada oficial o maestro. Esta información debe estar en la carátula de referencia de la carpeta o el cuaderno dedicado a la administración educativa.

2. Use, o establezca, un concilio o comité de líderes clave de la iglesia para planificar, coordinar y evaluar todo el ministerio educativo de la iglesia. Estas reuniones deben realizarse al menos una vez al mes. (Sugerencias para la formación de esta clase de líderes están incluidas en el cap. 4, "Cómo planificar y evaluar").

3. Prepare descripciones de trabajo para todos los puestos. Estas deben incluir responsabilidades, autoridad para tomar decisiones y la persona ante la cual el obrero es responsable.

4. Haga planes anuales para cada organización. Luego del nombramiento de los oficiales para el nuevo año eclesiástico, se debe programar un taller de planificación para desarrollar metas y hacer planes para los siguientes doce meses. Antes de la reunión, cada líder debe recibir las correspondientes declaraciones de propósito de la organización, junto con las áreas sugeridas para la evaluación y el establecimiento de metas. Cada líder de la organización puede entonces consultar con su coordinador de grupo en busca de orientación, evaluación y para el desarrollo de metas y planes propuestos que deben considerarse en el taller de planificación (ver las figuras 7.9 y 7.10 en la p. 167).

5. Presupueste gastos regulares como materiales del currículo y

todas las cosas especiales dentro del plan anual. Esto se lo puede delegar a los líderes de la organización.

6. Mantenga un calendario maestro con la lista de todos los planes, persona(s) responsable(s), y presupuesto de las provisiones, si lo hubiera. Esto se usa como monitor de las actividades educativas y como registro del progreso hacia las metas, y también como un diario de sus reacciones concernientes a las actividades educativas y una guía de planificación con el personal de la iglesia.

7. Mantenga un sistema de registro completo para cada organización con lista de personas involucradas, información de contactos, oficiales y registro de asistencia. Necesitará esta información para propósitos de comunicación y planificación.

8. Use la información para mantener enfocado el trabajo. Será de mucha utilidad tener la información reunida y el material desarrollado cuando se reclute y oriente a nuevos líderes, se planifique para ampliar y para determinar problemas organizacionales, y otras responsabilidades similares.

9. Evalúe periódica y anualmente el ministerio educativo. Invierta tiempo antes de cada reunión del concilio de la iglesia o reunión del comité educativo para valorar la efectividad del ministerio educativo de la iglesia. Vea registros, revise su calendario maestro, y verifique cualquier información que haya recibido u obtenido de su contacto con las clases, departamentos o comités. Discuta las necesidades actuales con otros líderes y, si es necesario, haga un ajuste en sus planes. Prepare anualmente una evaluación extensiva para presentársela a la congregación y al taller de planificación; use eso para desarrollar metas y planes futuros.

10. Siga los principios básicos para trabajar con, para y a través de la gente en la administración de las organizaciones educativas de la iglesia. Las tres "I" lo guiarán:
    Informe. Cada quién debe saber específicamente lo que está pa-

sando y por qué. Esto significa entender claramente todos los planes y procedimientos; de esta manera se proveen oportunidades para abrir la discusión a asuntos pertinentes. El líder se mantiene en contacto con los líderes clave de las organizaciones educativas.

Inspire. Hay un ministerio para apoyar a las personas con las que usted trabaja. Lo que usted sea como líder será la influencia más poderosa en aquellos con los que usted trabaja. Administrar no es hacer el trabajo por usted mismo, sino provocar, combinar y guiar los recursos de la congregación. Su liderazgo se multiplicará a través de otros.

Involucre. Las responsabilidades del liderazgo deben ser compartidas ampliamente entre la gente responsable. Esto requiere que se le dé mayor atención a:

- equipar a los líderes para que hagan su trabajo,
- delegar en ellos la responsabilidad,
- apoyarlos y animarlos cuando hagan su trabajo e
- involucrar a los obreros en la toma de decisiones que los afectarán o en las tareas por las que son responsables.

CÓMO RELACIONARSE CON LOS LÍDERES DE LA ORGANIZACIÓN

La administración, como se describe a través de este libro, se enfoca en trabajar con y a través de la gente. No significa que usted toma todas las decisiones, asiste a todas las reuniones o hace todo el trabajo. Su trabajo es coordinar y guiar muchas áreas de trabajo en vez de sumergirse en los detalles de una o dos organizaciones. Esto requiere servir como líder principal en un grupo y como consejero en otros.

La persona responsable del ministerio educativo (ministro de educación, pastor, director educativo u otra persona designada para el cargo) es el presidente o encargado del grupo que planifica, dirige y evalúa todas las actividades patrocinadas por la congregación. Esta persona, entonces, sirve como asesor (o como oficial general) del líder y del concilio administrativo de cada organización educativa. De esta manera se puede mantener una coordinación completa mientras se reparte la carga de la responsabilidad y de la toma de decisiones.

Por consiguiente, el líder educativo tiene la responsabilidad directa de un grupo y sirve como asesor de los miembros de ese cuerpo a medida que ellos, por turno, dirigen su respectiva organización.

Este arreglo organizacional está ilustrado en la figura 7.11 en la p. 168.

COMENZANDO NUEVAS UNIDADES EDUCATIVAS

Los siguientes pasos se pueden usar para comenzar una nueva unidad en cualquier organización educativa o, si es necesario, para comenzar un programa nuevo.

1. *Determine la necesidad.* Esto significa examinar las listas de miembros actuales y en perspectiva del programa educativo o de la iglesia para conocer las posibilidades. Se revisan los registros de asistencia y se calcula el crecimiento potencial. Se debe consultar también con el concilio de liderazgo apropiado.

2. *Escoja la necesidad de la organización y provea las instalaciones.* Usando las indicaciones dadas anteriormente para el número apropiado de miembros y la proporción líder-miembro, se hace la selección de la mejor organización para su situación o para los arreglos que usted quiera proveer. Se proveen las instalaciones apropiadas.

3. *Enliste y entrene líderes. Usted va a necesitar personas entusiastas y dispuestas a empezar un nuevo trabajo.* Debe haber una orientación cuidadosa de lo que se espera del trabajo y debe proveerse el entrenamiento necesario, materiales y suministros, y el personal de apoyo que se necesita. La gente tiene que sentirse incluida en los planes subsecuentes para comenzar nuevas unidades.

4. *Obtenga los materiales y suministros.* Cuando se establezca la fecha de inicio, asegúrese de que haya suficientes materiales y suministros para el número de personas que se espera.

5. *Promueva las nuevas unidades y reclute a los miembros.* Ayudará mucho hacer una promoción general a través de carteles, anuncios y artículos en el boletín. Sin embargo, esto no reemplazará las actividades de reclutamiento: visitas, llamadas telefónicas, notas y otros contactos personales, para asegurar tener nuevos miembros[2]. Se les debe dar atención extra y apoyo a las nuevas unidades y a los

líderes hasta que estén completamente integrados dentro de la organización mayor.

MATERIALES DEL CURRÍCULO

Los materiales del currículo son vitales para la vida y el crecimiento de los cristianos que participan en los programas del ministerio educativo de la iglesia[3]. Las guías de estudio y las ayudas de enseñanza que se usan en las clases y en los grupos proveen estímulo para el crecimiento espiritual y el desarrollo intelectual de los miembros. Por lo tanto, es imperativo que los líderes de la iglesia entiendan las necesidades en cada situación y escojan los recursos apropiados.

Seleccionando los materiales de currículo

Debe haber un procedimiento aprobado en su iglesia para seleccionar y ordenar los materiales del currículo para todos los programas educativos. La iglesia debe delegarle la responsabilidad de seleccionar el material al comité de educación o al concilio de la iglesia. Este cuerpo, en consulta con el ministro de educación y el pastor, recomienda los materiales de currículo para que la iglesia los apruebe.

Los líderes de las clases o departamentos que quieran recursos que no están incluidos en los currículos aprobados deben presentar una petición a su líder de programa. Si el líder de programa y el ministro de educación están de acuerdo, la petición se le envía al comité de educación o al concilio de la iglesia. Para cambios menores, como la elección de una unidad de estudio no programada, la iglesia debe desarrollar indicaciones que autoricen al ministro de educación o al líder de programa a aprobar las peticiones.

Use la lista para la selección del currículo en la figura 7.12 en la p. 169, para ayudarle en la selección del currículo más acorde a las necesidades de su iglesia o para un programa en particular.

Los materiales del currículo deben ser provistos por la iglesia y pagados a través del presupuesto de la iglesia. Anticipando los costos, el cálculo debe incluir la inscripción actual, miembros nuevos, alcances especiales y proyectos ministeriales, y otros aspectos que puedan aparecer a través del año.

Cómo ordenar, recibir y distribuir los materiales del currículo

Las editoriales de currículo proveen formularios y boletines con información de sus materiales. Los formularios proveen una lista completa de todos los artículos disponibles. Los nuevos materiales y los de énfasis especial están destacados para facilitar la compra. Los boletines informativos, disponibles en la mayoría de las casas editoriales, generalmente incluyen anuncios de nuevos artículos, descripción de sus características, planillas para órdenes especiales e instrucciones para ordenar. Si usted necesita información, su oficina denominacional puede proveerle los números de teléfono y las direcciones de las editoriales que tengan materiales apropiados para su iglesia.

Para obtener mejores resultados al ordenar materiales, siga estas pautas:

1. Estudie la información de los boletines, catálogos y formularios antes de ordenar.

2. Ordene con tiempo. Cuando ordene materiales regulares, hágalo con doce semanas de anticipación. Para ordenar estudios especiales y artículos sin fecha, ordénelos seis o siete semanas antes de que necesite los materiales.

3. Nombre a una persona para que maneje todas las órdenes.

4. Establezca una dirección permanente a la cual lleguen todos los materiales.

5. Si se le provee un formulario regular, úselo para acelerar el proceso.

6. Sea preciso y minucioso al llenar el formulario.

7. Ordene adecuadamente pero no excesivamente. Por ejemplo, usted debe ordenar un libro del alumno por cada alumno matriculado, cada maestro y algunos para los miembros nuevos. Necesitará un libro del maestro para cada maestro regular, uno para

cada sustituto y un juego de recursos o paquete del maestro por clase. (Un ejemplo de solicitud se encuentra en la figura 7.13 en la p. 171)

8. Abra y revise los materiales en cuanto los reciba. Debe haber tiempo suficiente para que llegue cada paquete extraviado. Informe inmediatamente las discrepancias a la editorial o librería.

9. Desarrolle un calendario de pedido de literatura, y dele seguimiento. Puede encontrar un ejemplo en la figura 7.14 en la p. 172.
    El encargado de la biblioteca o del centro de medios u otro voluntario puede ocuparse de la distribución del material del currículo. Ellos pueden ponerse de acuerdo para estar seguros de que el material esté clasificado y distribuido en los lugares donde se vaya a usar, especialmente los materiales que se usarán en varias organizaciones, como los materiales para la familia.

REGISTROS E INFORMES
Cada grupo, clase, departamento, división y programa debe mantener registros de actividades, e informarle regularmente a la siguiente unidad superior[4]. Todas las organizaciones y programas básicos, como la Escuela Dominical, entrenamiento de discipulado, ministerio de música y misiones deben informar regularmente a la iglesia. Se necesita presentar un informe actualizado de las actividades en la reunión de negocios mensual o trimestral, y también un informe resumido al final del año.

Registros
Los líderes de programa y de ministerio deben determinar cuál información ellos u otros necesitan tener, y dar una guía adecuada a cada organización para que la prepare. Generalmente se dispone de un sistema de registro que puede ser ajustado cuando se necesite cambiar la información. Las librerías religiosas y las editoriales tienen una variedad de recursos para llevar registro e informes que pueden usarse tal como están o adaptarse según su situación.
Algunos han encontrado viable usar el sistema de computación

para las necesidades de registro de la iglesia. Hay compañías e individuos que se dedican a ayudar a las congregaciones en el uso de la computadora no solamente para registros educativos, sino también para registros financieros y de membresía. En vez de gastar horas preparando y mecanografiando registros para las reuniones mensuales de negocios, todo puede ser procesado en unos pocos minutos usando la computadora.

Una vez que los líderes hayan seleccionado un sistema apropiado de registro para sus operaciones, debe haber un entrenamiento para el uso apropiado del sistema. Puede ser una gran ayuda realizar una sesión anual para aquellos que "mantienen" los registros, y así pueden estar al día y completamente informados. Por ejemplo, sería muy útil que hubiera un entrenamiento para el grupo de líderes de la Escuela Dominical, los secretarios de las clases, los secretarios de los departamentos, los secretarios de la división, la secretaria general y los anfitriones que trabajan en el escritorio de bienvenida (aquí se incluye a los que reciben a las visitas, obtienen información de ellos y los ayudan a encontrar un grupo dentro de las posibilidades que ofrece la iglesia).

Los buenos registros permiten que los líderes descubran necesidades y oportunidades de manera que se puedan brindar respuestas apropiadas y a tiempo. Un beneficio secundario concierne a los valores históricos. Los registros no sólo son necesarios cuando se estudia la herencia de la iglesia o se trata sobre asuntos legales, sino que se puede estudiar la información a través de los años para ver tendencias o necesidades que pueden ser importantes para determinar acciones de liderazgo y de estrategias de planificación.

Informes

En una organización, cada unidad debe comunicarles la información esencial a los líderes de la próxima unidad más alta de la cual se es parte. Los líderes generales de una organización eclesiástica necesitan información precisa y completa acerca de la efectividad de las principales unidades dentro de la organización. Personas designadas dentro de cada unidad deben preparar los formularios que resumen los artículos clave de la información y enviarlos al secretario general.

Es importante que las organizaciones de la iglesia informen periódicamente sobre su trabajo. Esto se puede hacer en las reuniones de negocios mensuales o trimestrales, a través del boletín de la iglesia o en carteles colocados en áreas de mucho tráfico. Además, se debe presentar un informe resumido al final de cada año eclesiástico.

Las publicaciones de la iglesia pueden resaltar los programas y los ministerios educativos. Destacar los eventos especiales, además de los asuntos regulares tales como los informes mensuales, horario de actividades y cualquier otra información pertinente, mantendrá a la congregación informada. El boletín o el tablero de anuncios puede informar sobre asuntos clave, tales como asistencia, número de visitantes y la ofrenda. Y, por supuesto, pueden usarse también los anuncios periódicos en los cultos regulares.

RECURSOS PARA LA ADMINISTRACIÓN GENERAL

En las siguientes páginas encontrará información básica concerniente a los programas. No pretende ser un estudio exhaustivo ni sustituir los libros guías publicados específicamente por directores de programas de la iglesia. Por el contrario, usted encontrará referencias y ayudas administrativas útiles que proveerán una guía general para el ministerio educativo de la iglesia[5].

En cada caso, se da una breve reseña de la organización, incluyendo la definición y declaración de sus propósitos, y el alcance del trabajo. Sigue una gráfica del organigrama que muestra una disposición típica. Para el programa de enseñanza bíblica, se dan descripciones de trabajo para los diferentes puestos voluntarios que se usan en la iglesia. También están incluidos asuntos adicionales con propósitos instructivos o para la preparación de las reuniones.

Note que muchas de las ayudas localizadas en la sección de programa de enseñanza bíblica son útiles en otras organizaciones; usted podrá adaptarlas como lo considere apropiado.

Programa de enseñanza bíblica

Definición:

Las actividades educativas provistas por la iglesia local para cumplir el propósito principal de involucrar a la gente en el estudio bíblico.

Propósito y alcance del trabajo:

El propósito del programa de enseñanza bíblica es facilitar el estudio de la Biblia en niveles apropiados para todas las personas que respondan a la invitación de la iglesia. Esto generalmente incluye estudios periódicos semanales que siguen un currículo establecido y estudios periódicos adicionales dedicados a temas especializados. Frecuentemente las clases adicionales de la Biblia y los estudios informales de grupo se realizan en los hogares de los miembros para involucrar a más personas.

El programa de enseñanza bíblica está considerado como un medio esencial para facilitar el alcance y el testimonio de la congregación.

Programa de entrenamiento de discipulado

Definición:

Las actividades educativas provistas por la iglesia local para (1) orientar a los nuevos cristianos/nuevos miembros en la fe y práctica de la congregación local; (2) preparar a los miembros de la iglesia para el discipulado y el testimonio/ministerio personal; y (3) preparar a los miembros de la iglesia para los puestos de liderazgo dentro y fuera de la congregación.

Propósito y alcance del trabajo:

El propósito del programa de entrenamiento de discipulado es doble: capacitar a los miembros de la iglesia a vivir vidas distintivamente cristianas, y preparar a las personas para asumir responsabilidades de liderazgo y ministerio en la iglesia y en la comunidad. Lo anterior involucra (1) estudios a corto plazo para integrar a los nuevos miembros a la vida y fe de la congregación, y (2) el estudio sistemático siguiendo un currículo sobre temas como doctrina, ética, historia y política de la iglesia. Se pueden ofrecer estudios adicionales a corto plazo sobre cualquier tema que ayude a las personas a aplicar las enseñanzas bíblicas en su vida.

El entrenamiento general para el discipulado, el ministerio personal y la efectividad interpersonal es parte de un programa continuado de entrenamiento, y es el fundamento para el desarrollo del liderazgo. Además, se provee entrenamiento especializado durante ocasiones apropiadas a través del año para los miembros de comités, maestros, visitadores de la iglesia y otros puestos similares.

Programa del ministerio de música

Definición:

Las actividades educativas de adoración y de testimonio planificadas y provistas por la iglesia local para desarrollar habilidades musicales, actitudes y conocimientos que puedan contribuir a la adoración, al testimonio y a la vida cristiana.

Propósito y alcance del trabajo:

El propósito del programa del ministerio de música es desarrollar aprecio y habilidad para usar las experiencias musicales que realcen la adoración y el testimonio en todas las dimensiones de la vida cristiana.

Las experiencias musicales se extienden desde el canto congregacional y coral hasta la participación en coros graduados por edad. Frecuentemente se provee un currículo estructurado para el coro de niños que se enfoca en las habilidades y la apreciación musical. Por otra parte, los coros de jóvenes y adultos pasan la mayor parte del tiempo aprendiendo e interpretando música. Aunque algunas veces es considerado más una ayuda para la adoración y el testimonio que una función educativa en sí, el ministerio musical, sin embargo, tiene influencia en la vida de aquellos que no están interpretando, y enseña a los que sí lo hacen.

Unión Varonil/Programa misionero para varones

Definición:

Organización de la iglesia para hombres y muchachos que está dedicada a preparar e involucrar a los miembros en el servicio cristiano.

Propósito y alcance del trabajo:

El propósito de esta organización es informar, motivar e involucrar a los hombres y a los muchachos en la oración, el estudio, la mayordomía, el ministerio y en testificar de Cristo en el hogar y en todo el mundo. Existe un gran énfasis en desarrollar un estilo de vida cristiano y un ministerio personal como una parte natural de la vida.

Frecuentemente se usa material de estudio por edades, para proveerles una guía a los grupos que van desde los primeros grados hasta los adultos.

Esta organización no debe confundirse con las reuniones de

compañerismo que se celebran en algunas iglesias. La Unión Varonil es una organización seria y continua que está altamente comprometida a apoyar las misiones y el servicio cristiano.

Unión Femenil Misionera/Programa misionero para mujeres

Definición:

Una organización de la iglesia para mujeres, señoritas, niñas y preescolares dedicada a la enseñanza, la promoción y el apoyo de las misiones.

Propósito y alcance del trabajo:

El principal propósito de esta organización es guiar a las personas a explorar la naturaleza, las implicaciones y la evidencia del propósito misionero de Dios, y a responder mediante el compromiso personal y la participación en actividades.

El testimonio personal, la participación en proyectos misioneros y el apoyo a los esfuerzos misioneros a través de la oración, el estudio y las ofrendas son actividades que usualmente están asociadas a este grupo. Frecuentemente se usan materiales de estudio graduados por edades para proveer dirección a los miembros que van desde las preescolares hasta las adultas.

Figura 7.1

PROGRAMAS BÁSICOS PARA LA IGLESIA

Hay seis programas establecidos para la iglesia, cada uno con una cantidad de tareas que son básicas, continuas y de esencial importancia para la vida de la iglesia. Cada programa desarrolla la organización y busca involucrar a la congregación en su trabajo. Estas organizaciones forman el fundamento de la estructura de la iglesia; y por lo tanto, son llamados programas básicos de la iglesia. Abajo se encuentra la lista de responsabilidades que cada programa asume en la iglesia.

Enseñanza bíblica

1. Alcanzar personas para el estudio de la Biblia.
2. Enseñar la Biblia.
3. Testificar a las personas acerca de Cristo y guiarlas a la membresía de la iglesia.
4. Ministrar a las personas en necesidad.
5. Guiar a los miembros a la alabanza.

Entrenamiento de discipulado
1. Alcanzar personas para el entrenamiento de discipulado
2. Orientar a los miembros nuevos de la iglesia para el discipulado y el ministerio personal.
3. Equipar a los miembros de la iglesia para el discipulado y el ministerio personal.
4. Enseñar la teología, la doctrina, la ética, la historia y la política de la iglesia.
5. Entrenar a los líderes de la iglesia para sus tareas.

Ministerio de música
1. Proveer experiencias musicales en los cultos congregacionales.
2. Proveer educación musical eclesiástica.
3. Guiar a la iglesia a testificar y ministrar a través de la música.
4. Ayudar a los programas de la iglesia en el uso y el entrenamiento relacionados con la música.

Unión Varonil/Programa misionero para varones
1. Ocuparse en actividades misioneras.
2. Enseñar misiones.
3. Orar por y dar para las misiones.
4. Desarrollar un ministerio personal.

Unión Femenil Misionera/Programa misionero para mujeres
1. Enseñar misiones.
2. Ocuparse en acciones misioneras y testimonio personal.
3. Apoyar las misiones.

Ministerios pastorales
1. Guiar a la iglesia a llevar a cabo su misión.
2. Proclamar el evangelio a los creyentes y a los no creyentes.
3. Cuidar a los miembros de la iglesia y a otras personas de la comunidad.

Todos los programas interpretan y apoyan el trabajo de la iglesia local y los grupos denominacionales con los que la congregación coopera en esfuerzos misioneros y ministeriales.

Figura 7.2

CONCILIO DE LA IGLESIA

El concilio de la iglesia sirve como foro de los líderes de la iglesia para guiar la planificación, coordinación, dirección y evaluación de todo el trabajo de la iglesia. El concilio depende de las diferentes organizaciones eclesiásticas para implementar el programa de la iglesia de acuerdo a sus tareas asignadas. Como presidente del concilio de la iglesia, el pastor tiene la capacidad de dirigir el desarrollo de un programa unificado que le dé más atención a las necesidades prioritarias.

Función principal: ayudar a la iglesia a determinar su curso, y a coordinar y a evaluar su trabajo.

Método de elección: Los líderes de la iglesia llegan a ser miembros del concilio como resultado de ser elegidos para los puestos de liderazgo de la iglesia.

Duración de su cargo: Corresponde a la duración de los cargos de esa posición en la iglesia.

Miembros: Pastor (presidente), personal rentado, directores de programa, presidente de los diáconos, presidente del comité de mayordomía, presidente del comité de misiones y otros presidentes de comités que se necesiten.

Responsabilidades:
- Ayudar a la iglesia a entender su misión y a definir sus prioridades.
- Coordinar los estudios de las necesidades de la iglesia y la comunidad.
- Recomendarle a la iglesia los planes para evangelismo, misiones, desarrollo cristiano, adoración, mayordomía y ministerio.
- Coordinar el calendario de actividades de la iglesia, eventos especiales y el uso de las instalaciones.
- Evaluar el progreso y el uso prioritario de los recursos de la iglesia.

Figura 7.3

Organización para la administración educativa

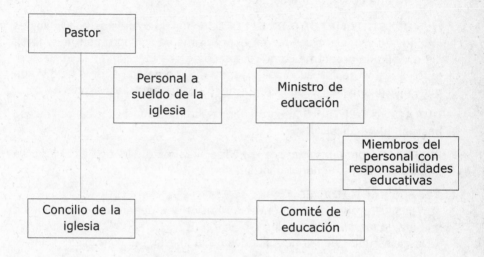

Figura 7.4

Organización para el programa administrativo de la iglesia

Figura 7.5

CONCILIO Y/O PERSONAL DE PROGRAMAS

FUNCIONES PRINCIPALES: ayudar al programa a determinar su curso, coordinar los esfuerzos del programa y relacionarse al concilio de la iglesia para una coordinación completa.

MEMBRESÍA Y MÉTODO DE ELECCIÓN: los directores de la principales unidades/divisiones por edad en el programa se convierten en miembros del concilio de programa como resultado de una elección de la iglesia para los puestos de liderazgo del programa. Si no hay directores de división por edad, el líder de cada departamento representa a su grupo.

DURACIÓN DEL CARGO: corresponde a la duración de los cargos de esa posición en la iglesia.

INFORME: como programa, a la iglesia; el director sirve en el concilio de la iglesia o en otro cuerpo coordinador.

RESPONSABILIDADES:
• Ayudar al programa a entender su misión y a definir sus prioridades a la luz de las prioridades de la iglesia.
• Dirigir estudios de las necesidades de la iglesia y la comunidad relacionados a las tareas de programa.
• Coordinar el calendario de actividades.
• Evaluar el progreso, la efectividad y la prioridad del uso de los recursos de la iglesia.

Figura 7.6

COORDINACIÓN DE LA DIVISIÓN POR EDADES

La coordinación de la división por edades puede efectuarse de tres maneras: autocoordinación, conferencias de las divisiones por edades, o coordinadores/directores de las divisiones por edades. La opción que use la iglesia se determina por la complejidad de la organización dentro de la división por edades.

AUTOCOORDINACIÓN

La autocoordinación existe cuando los líderes de la organización de una división por edades coordinan voluntariamente su trabajo y su uso del espacio, equipo y suministros. Es la más simple y la más efectiva. Es particularmente conveniente en las iglesias pequeñas y en una división por edades con pocos obreros.

CONFERENCIA DE COORDINADORES DE DIVISIÓN POR EDADES

Función principal: servir en las áreas de consejería, asesoría y evaluación de grupos cuando la autocoordinación no es adecuada.

Miembros: los líderes de departamentos, coros, y otras unidades organizacionales de una división por edad en particular.

Convocador: uno de los miembros del grupo elegido por el grupo.

COORDINADOR/DIRECTOR DE DIVISIÓN POR EDADES

Función principal: aconsejar a los líderes de división por edades y coordinar el trabajo de las unidades dentro de la división asignada.

Los coordinadores de la división por edades son elegidos por la iglesia y son responsables ante el pastor o el ministro de educación de acuerdo a lo que haya designado la iglesia. El pastor dirige el desarrollo de los procedimientos para proveer servicios de asesoría y consejería a los ministros de música y a otros miembros del personal conforme sea necesario.

RESPONSABILIDADES:

• Consultar con los líderes de departamento para resolver problemas filosóficos, de procedimiento y de horario.

• Ayudar en la clasificación y la matriculación de miembros nuevos.

• Consultar con los líderes de departamento para coordinar el uso de los materiales del programa, suministros, equipo y espacio.

• Dar orientación individual a los directores de departamento y a los obreros.

• Trabajar con los líderes de programa de la iglesia para proveer oportunidades de entrenamiento a los líderes de departamento y a los obreros.

• Trabajar con el director de recreación para proveer actividades apropiadas.

• Ayudar en lo que se necesite a los directores de departamento para descubrir y enrolar nuevos obreros para el departamento.

• Coordinar la visitación por edades.

• Animar y ayudar a los líderes a planificar y evaluar su trabajo.

• Servir como miembro ex oficio del concilio de programa.

Figura 7.7

GRÁFICA PARA PLANIFICAR LA ORGANIZACIÓN

DIVISIÓN	Miembros / Clasificación / Edad (grado)	Posibilidad de alumnos						Departamento		Clases		Obreros	
		2 Matriculados		3 Alumnos en perspectiva		4 Total de posibilidades		5 Inscripción máxima sugerida	6 Departamentos que se necesitan	7 Inscripción máxima sugerida	8 Clases que se necesitan	9 Proporción sugerida de obreros/alumnos[a]	10 Número aproximado de obreros que se necesitan
		M	F	M	F	M	F						
PREESCOLARES	Cuna							35		x	x	1/6	
	Bebés							9		x	x	1/3	
	Un año							9		x	x	1/3	
	2							12		x	x	1/4	
	3							16		x	x	1/4	
	4							16		x	x	1/4	
	5							16		x	x	1/4	
ESCOLARES	Educación especial							20		x	x	1/4	
	6 (1er grado)							30		x	x	1/6	
	7 (2.º grado)							30		x	x	1/6	
	8 (3.er grado)							30		x	x	1/6	
	9 (4.º grado)							30		x	x	1/6	
	10 (5.º grado)							30		x	x	1/6	
	11 (6.º grado)							30		x	x	1/6	

GRÁFICA PARA PLANIFICAR LA ORGANIZACIÓN

JÓVENES	12 (7.º grado)							60		12	1/8
	13 (8.º grado)							60		12	1/8
	14 (9.º grado)							60		12	1/8
	15 (10.º grado)							60		12	1/8
	16 (11.º grado)							60		12	1/8
	17 (12.º grado)							60		12	1/8
ADULTOS	18-24 (universitarios)							125		25	1/5
	18-24 (solteros)							125		25	1/5
	25-34 (casados)							125		25	1/5
	25-34 (solteros)							125		25	1/5
	35-44 (casados)							125		25	1/5
	35-44 (solteros)							125		25	1/5
	45-64 (casados)							125		25	1/5
	45-64 (solteros)							125		25	1/5
	65 y más							125		25	1/5
	E. D. entre semana							X		25	1/5
	Adultos fuera de la ciudad							75		5	X / 1/5
	Adultos recluidos en casa[b]							75		5	X / 1/5
	Grupo de estudio bíblico de alcance							X	X	X	X
	Nuevas Escuelas Dominicales							X		X	X
	Pastor/personal/oficiales generales							X	X	X	X
	Total	X	X	X	X	X		X	X	X	X

[a]. La proporción de adultos en la columna 9 incluye los cuidadores en las clases.

[b]. Se refiere a clases a domicilio para adultos imposibilitados de trasladarse al lugar de reunión.

Figura 7.8a

ORGANIZACIÓN DE LA IGLESIA

La organización agrupa a personas de una manera que habilita a los individuos y a los grupos a lograr sus metas. En la organización:
- Se asignan las actividades y responsabilidades a los individuos y a los grupos.
- Se establecen las relaciones de trabajo.
- Se delega la responsabilidad y la autoridad para capacitar a los individuos y a los grupos a ejercer iniciativa en su trabajo.

Patrones organizacionales

Posibles componentes de la organización. Hay muchos componentes organizacionales que la iglesia puede diseñar para llevar a cabo su trabajo. Los componentes que se encuentran comúnmente incluyen personal, diáconos, oficiales de la iglesia, comités de la iglesia, unidades de coordinación (concilios), Escuela Dominical, entrenamiento de discipulado, ministerio de música, organizaciones misioneras, centro de medios/biblioteca y recreación.

Organización efectiva. Una organización efectiva crece a partir de una comprensión de la misión de la iglesia, los recursos y las tradiciones. Ningún patrón es mejor, aun para iglesias de tamaño similar. Cada iglesia debe desarrollar su propia organización. La consideración de los objetivos, las prioridades, la tradición, la disponibilidad de líderes, las necesidades, la cantidad de personas, el espacio, el equipo, y el tiempo influirá en las decisiones acerca de los patrones organizacionales de una iglesia.

Opciones para evaluar

La siguiente gráfica provee sugerencias y describe alternativas para la organización. Al estudiar estas opciones usted podrá determinar cómo proceder mejor y cuáles ajustes se necesitan en su situación.

Figura 7.8b

Posibilidades para la organización de la iglesia

Tipo de puesto	Iglesias con menos de 150 miembros*	Iglesias con 150 a 399 miembros	Iglesias con 400 a 699 miembros	Iglesias con 700 a 1499 miembros	Iglesias con 1500 o más miembros
Personal	Pastor Director de música[a]	Pastor Director de música[b] Secretaria[b] Conserje[b] Pianista/organista[a]	Pastor Ministro de música y educación Secretaria Conserje Organista[a] Pianista[a]	Pastor Ministro de música Ministro de educación Secretarias[c] Conserjes[c] Organista[a] Pianista[a] Ministros por grupos de edades	Pastor Pastor asociado Ministro de educación Ministro de música Director administrativo Ministro de recreación Ministerio de evangelismo y alcance Ministros por grupos de edades Organista-asistente de música Ministro de vida familiar Secretarias[c] Conserjes[c] Anfitriona Personal de servicio de comidas[c]
Diáconos	Diáconos (1 diácono por cada 15 unidades familiares; mínimo 2 diáconos).	Diáconos (1 diácono por cada 15 unidades familiares).	Diáconos (1 diácono por cada 15 unidades familiares).	Diáconos (1 diácono por cada 15 unidades familiares).	Diáconos (1 diácono por cada 15 unidades familiares).

Posibilidades para la organización de la iglesia (Continuación)

Tipo de puesto	Iglesias con menos de 150 miembros*	Iglesias con 150 a 399 miembros	Iglesias con 400 a 699 miembros	Iglesias con 700 a 1499 miembros	Iglesias con 1500 o más miembros
Oficiales de la iglesia	Moderador (pastor) Administradores Oficinista Tesorero	Moderador Administradores Oficinista Tesorero	Moderador Administradores Oficinista Tesorero	Moderador Administradores Oficinista Tesorero	Moderador Administradores Oficinista Tesorero
Comités de la iglesia	Nombramientos Mayordomía Misiones Evangelismo	Nombramientos Propiedad y espacio Mayordomía Ujieres Misiones Preescolares[d] Evangelismo	Nombramientos Propiedad y espacio Mayordomía Personal Misiones Preescolares Historia Ujieres Educación entre semana[d] Relaciones públicas Evangelismo	Nombramientos Propiedad y espacio Mayordomía Personal Misiones Preescolares Servicio de comidas Historia Ujieres Educación entre semana[d] Relaciones públicas Evangelismo	Nombramientos Propiedad y espacio Mayordomía Personal Misiones Preescolares Servicio de comidas Historia Ujieres Educación entre semana[d] Relaciones públicas Evangelismo Otros comités que se necesiten
Programas de servicio	Director de medios	Director de medios (hasta 3 obreros) Director de recreación	Personal de medios Personal de recreación	Personal de medios Personal de recreación	Personal de medios Personal de recreación
Ministerios especiales		Ministerio a los adultos mayores	Ministerio a los adultos mayores Ministerio a los solteros	Ministerio a los adultos mayores Ministerio a los solteros	Ministerio a los adultos mayores Ministerio a los solteros Actividades intergeneracionales

Posibilidades para la organización de la iglesia (Continuación)

Tipo de puesto	Iglesias con menos de 150 miembros*	Iglesias con 150 a 399 miembros	Iglesias con 400 a 699 miembros	Iglesias con 700 a 1499 miembros	Iglesias con 1500 o más miembros
Coordinación	Concilio de la iglesia	Concilio de la iglesia Concilio de la UFM Concilio de la E. D. Concilio de la Unión Varonil	Concilio de la iglesia Concilio de la E. D. Concilio de entrenamiento de discipulado Concilio de música Concilio de la UFM Concilio de la Unión Varonil Reuniones de la División de coordinación	Concilio de la iglesia Concilio de la Escuela Dominical Concilio de entrenamiento de discipulado Concilio de música Concilio de la UFM Concilio de la Unión Varonil Reuniones de la División de coordinación	Concilio de la iglesia Concilio de la Escuela Dominical Concilio de entrenamiento de discipulado Concilio de música Concilio de la UFM Concilio de la Unión Varonil Reuniones de la División de coordinación
Enseñanza bíblica	Oficiales generales y organización por cada división por edad	Departamentos por cada división por edades	Múltiples departamentos (de acuerdo a la necesidad)	Múltiples departamentos (de acuerdo a la necesidad)	Múltiples departamentos (de acuerdo a la necesidad)
Entrenamiento de discipulado	Director de entrenamiento de discipulado Líderes de grupos por edades Directora de la UFM	Miembros de los grupos de entrenamiento para cada división por edades Centro de preparación Entrenamiento para nuevos miembros de la iglesia	Grupos de entrenamiento de miembros y departamentos para cada grupo de edades Centros de preparación Entrenamiento para miembros nuevos	Grupos de entrenamiento de miembros y departamentos para cada grupo de edades Centros de preparación Entrenamiento para miembros nuevos	Grupos de entrenamiento de miembros y departamentos para cada grupo de edades Centros de preparación Entrenamiento para miembros nuevos
UFM	Organizaciones por edad de acuerdo a la necesidad	Organizaciones de nivel por edades (de acuerdo a la necesidad)	Organizaciones de nivel por edades (de acuerdo a la necesidad)	Organizaciones de nivel por edades (de acuerdo a la necesidad)	Organizaciones de nivel por edades (de acuerdo a la necesidad)

Posibilidades para la organización de la iglesia (Continuación)

Tipo de puesto	Iglesias con 150 a 399 miembros	Iglesias con 150 a 399 miembros	Iglesias con 400 a 699 miembros	Iglesias con 700 a 1499 miembros	Iglesias con 1.500 miembros o más
Unión Varonil	Director de Unión Varonil	Organizaciones de nivel por edades (de acuerdo a la necesidad)	Organizaciones de nivel por edades (de acuerdo a la necesidad)	Organizaciones de nivel por edades (de acuerdo a la necesidad)	Organizaciones de nivel por edades (de acuerdo a la necesidad)
Ministerio de música	Director de música[e] Pianista Coro	Director de música[e] Organista Coro o conjunto de la iglesia Coros de división por edades (cuando sea posible)	Coros de división por edades Grupos instrumentales (de acuerdo a la necesidad)	Ministerio de música totalmente desarrollado	Ministerio de música totalmente desarrollado

[a] Voluntario o empleado de medio tiempo
[b] Empleado de medio tiempo
[c] De acuerdo a la necesidad
[d] Si se necesita
[e] La persona sirve como líder del programa
*Nota: Es importante animar, de cualquier manera posible, que las iglesias de 150 miembros o menos tengan coro, recreación y otros ministerios que se necesiten aunque los directores u otros líderes no estén mencionados en la primera columna de esta gráfica.

Figura 7.9

HOJA DE TRABAJO PARA PLANIFICAR LAS METAS

Use lo siguiente cuando explore y planifique metas para su comité/grupo de trabajo/iglesia.

1. Meta propuesta:
2. Lo que esperamos lograr con esta meta es...
3. Esta meta tiene relación con el(los) siguiente(s) objetivo(s):
4. En relación con esta meta, ¿qué está hecho ya?
5. Especifique el grupo de interés o de edad con el cual la meta tiene relación.
6. Sentiremos que hemos progresado hacia nuestra meta cuando...
7. Los principales obstáculos que vemos al implementar esta meta:
8. Los principales recursos que se necesitan para comenzar:
9. Decisiones respecto a la meta propuesta:
   - Aprobado.
   - No hay decisión en este momento.
   - En espera de más discusión/consideración.
   - Plan(es) de acción en consideración.
   - Obtener información de...
   - Otro.

Figura 7.10

EJEMPLO DE FORMATO PARA UN INFORME DE PLANIFICACIÓN

Página_____ de_____
Programa, organización u oficial_____ Fecha de preparación_____
Objetivo:
Meta:
Plan de acción #_____:

Acción	Persona responsable	Fecha de conclusión	Presupuesto estimado

Figura 7.11

LÍNEA DE RELACIÓN CON EL PERSONAL

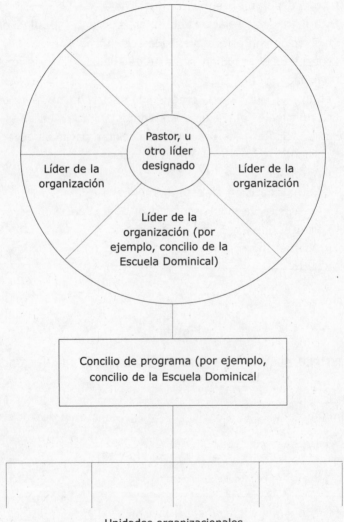

Pastor, u otro líder designado

Líder de la organización

Líder de la organización

Líder de la organización (por ejemplo, concilio de la Escuela Dominical)

Concilio de programa (por ejemplo, concilio de la Escuela Dominical

Unidades organizacionales
(por ejemplo, división por edades, departamentos y clases)

Figura 7.12

PLANILLA PARA LA SELECCIÓN DEL CURRÍCULO

Use esta planilla para comparar las líneas del currículo que puede considerar para usar con un cierto grupo de edad. Obtenga muestras de cada línea que quiera considerar. Examine los materiales cuidadosamente. Compruebe cada punto en la lista a continuación. Indique con √ cuál línea es la mejor en cada factor. Compare las piezas básicas de cada línea: el material del alumno; el material del maestro. Escoja y use el currículo que mejor llene sus necesidades.

FACTOR A CONSIDERAR   LÍNEAS DE CURRÍCULO

	A	B	C
1. Hay un uso de la Biblia amplio y apropiado.	_	_	_
2. Las enseñanzas son doctrinalmente sanas.	_	_	_
3. Los énfasis doctrinales son balanceados.	_	_	_
4. La cobertura de la Biblia es exhaustiva.	_	_	_
5. La filosofía educativa es válida.	_	_	_
6. Los conceptos que se presentan son apropiados para el grupo de edades.	_	_	_
7. El contenido trata apropiadamente las necesidades de la vida.	_	_	_
8. La enseñanza estimula respuestas apropiadas.	_	_	_
9. La metodología se relaciona correctamente con el contenido.	_	_	_
10. Los métodos son apropiados para las habilidades de los obreros.	_	_	_
11. Hay materiales de apoyo disponibles para que el obrero desarrolle sus habilidades.	_	_	_
12. Las actividades de aprendizaje son las correctas para la edad del grupo.	_	_	_
13. Los materiales respaldan el programa de la iglesia.	_	_	_
14. Los materiales ayudan a los propósitos de esta organización.	_	_	_
15. Las buenas ayudas de enseñanza/aprendizaje están disponibles fácilmente.	_	_	_
16. Hay material suplementario disponible.	_	_	_
17. El arte que se usa es de buen gusto.	_	_	_
18. El diseño es atractivo para el usuario.	_	_	_

	A	B	C
19. La encuadernación es suficientemente resistente.	—	—	—
20. La calidad del papel es adecuada.	—	—	—
21. El tipo de letra tiene el tamaño correcto.	—	—	—
22. El tipo de letra es claro y fácil de leer.	—	—	—
23. El uso del color en los materiales es atractivo.	—	—	—
24. El servicio para ordenar, recibir y pagar es bueno.	—	—	—
25. Hay consultores disponibles para el uso de los materiales.	—	—	—
26. El volumen (número de páginas) en cada pieza es adecuado.	—	—	—
27. El costo en relación con los beneficios es apropiado.	—	—	—
28. El costo por artículos comparables es menor.	—	—	—
29. (Otro factor que consideramos importante).	—	—	—
30. (Otro factor que consideramos importante).	—	—	—

Basado en esta comparación, la línea del plan de estudio ____

_____

parece la mejor para nosotros. Está disponible en la siguiente dirección:

_____

_____

_____

_____

Figura 7.13

Formulario de solicitud de literatura (muestra)
(Este formulario también se puede usar como guía para la distribución).

Nombre:		Organización:		Para: (fecha en que debe recibirse)
Grado:		Grupo edad:		Aula #: (clase, departamento, oficina)
Año:	Número del artículo	Cantidad usada actualmente:	Cantidad usada el año pasado:	Cantidad que se necesita:

Instrucciones especiales: (distribución de materiales para maestros, etc.).

_____

_____

_____

_____

_____

Firmado: (Líder de la organización) Fecha:

Figura 7.14

PASOS EN EL MANEJO DE LITERATURA

1. *Planifique con los líderes de la iglesia.* Estudie el catálogo de los materiales de la iglesia y otros materiales pertinentes a los cambios en la literatura, y hágalos circular entre los líderes de la iglesia. Revise con la iglesia y/o los líderes organizacionales la literatura que va a ser ordenada.

2. *Reúna información de los maestros y los líderes.* Llene todos los puntos en la planilla de pedido de literatura excepto "Cantidad" e "Instrucciones especiales". Distribuya la planilla de pedido. Désela a los directores de organización o directamente a cada líder de la Escuela Dominical, entrenamiento de discipulado, ministerio de música, centro de información y organizaciones recreativas y misioneras, además del pastor y otros miembros del personal. Llame o vea a todos los líderes que no hayan devuelto las planillas. Todas las planillas deben recogerse antes de que se tabule la orden principal.

3. *Prepare la orden.*
   (1) Transfiera los pedidos a la hoja de pedido de literatura.
   (2) Multiplique la cantidad de cada título ordenado por el precio unitario, e ingrese la cantidad en el espacio provisto.
   (3) Totalice la cantidad; use una calculadora si dispone de una. Revise varias veces o pídale a alguien más que revise sus multiplicaciones y sus sumas.
   (4) Sustraiga cualquier descuento, si lo hubiera, y ponga el total. Añádale los impuestos si se aplican.
   (5) Archive una copia del formulario para la iglesia.
   (6) Revise la etiqueta de la dirección que está adjunta al formulario de literatura.
   (7) Incluya el número de cuenta del cliente en cada orden.

4. *Envíe la orden.* Solicite un cheque al tesorero de la iglesia. Incluya el cheque y la orden en un sobre con remitente. Revise la dirección del remitente. Envíela. Para asegurarse de recibir su material a tiempo, complete la orden y envíela en la fecha sugerida en el formulario. Para órdenes urgentes, indique la fecha requerida. El departamento de servicio de materiales determinará el método de envío y le cobrará al comprador los cargos del envío.

5. *Verifique el envío.* Abra los paquetes inmediatamente después de su llegada y verifique con su copia de la orden. Mantenga notas de las discrepancias o daños y notifíqueselos a la editorial. Dele tiempo a los paquetes perdidos para que lleguen. Almacene la literatura hasta el tiempo de la distribución.

6. *Distribuya la literatura.*

CADA AÑO
Escriba los nombres de los maestros y de los líderes en los materiales para

acelerar la distribución y el regreso de los artículos que se pierden. Inserte la lista de los materiales de apoyo del centro de medios. Distribuya los materiales de los líderes a los maestros y líderes ya sea directamente o a través de los directores organizacionales. Distribuya los materiales de los alumnos a las clases y/o departamentos. Sugiérales a los maestros y a los líderes que los alumnos les pongan nombre a sus materiales.

OTRAS OCASIONES
Distribuya los materiales para los grupos que no se reúnen los domingos como los diáconos, las organizaciones misioneras y las personas involucradas en proyectos de alcance.

Figura 7.15
Organigrama de la Escuela Dominical

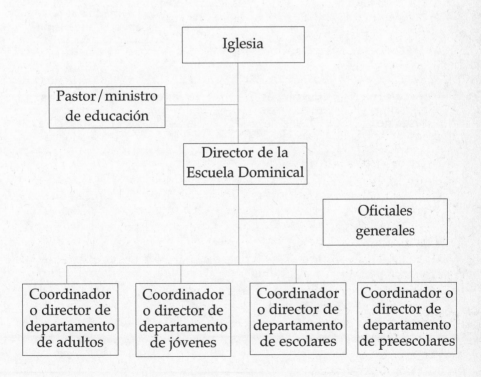

Figura 7.16

Organigrama de una Escuela Dominical de más de 100 miembros

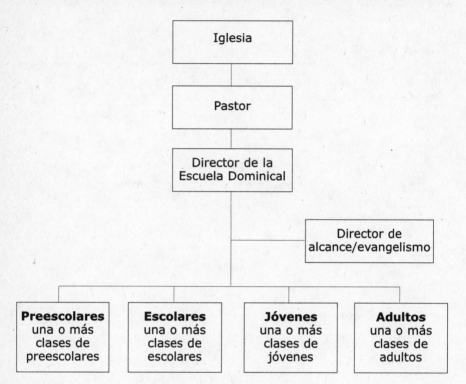

Figura 7.17

Organigrama de una Escuela Dominical de más de 200 miembros

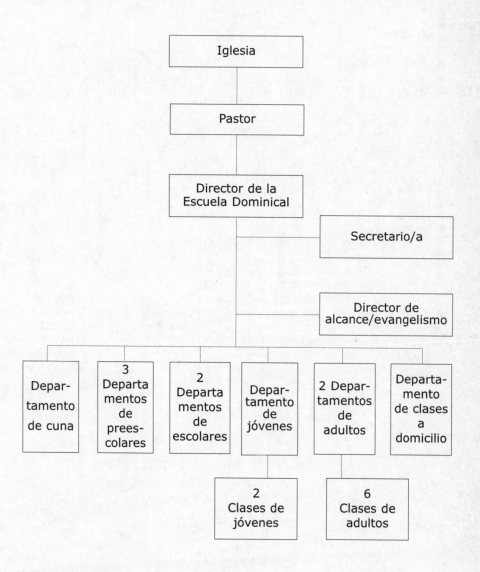

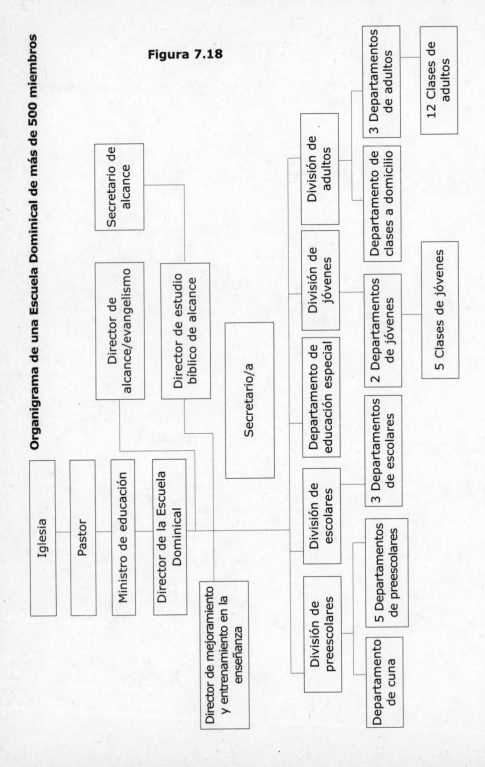

Figura 7.18

Organigrama de una Escuela Dominical de más de 500 miembros

Figura 7.19

Organigrama de una Escuela Dominical de 1.000 miembros o más

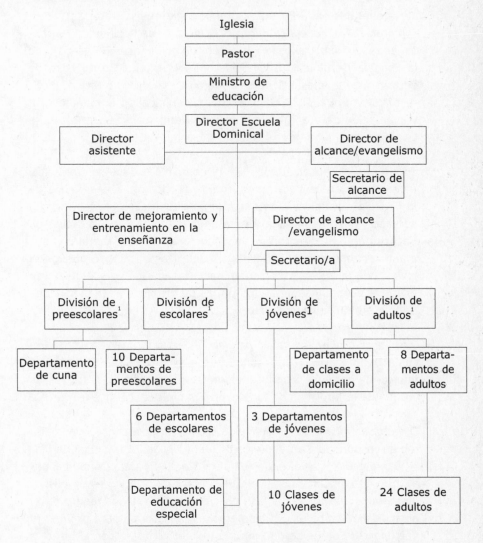

[1]Las iglesias con tantos departamentos para cada grupo edad debieran probablemente tener divisiones para cada interés dentro de cada grupo.

Figura 7.20

DESCRIPCIÓN DE TRABAJO PARA LOS OBREROS DE LA ESCUELA DOMINICAL

I. Oficiales generales de la Escuela Dominical (líderes voluntarios)

A. *Director de la Escuela Dominical*: El director de la Escuela Dominical es responsable ante la iglesia de todas las fases del trabajo de la Escuela Dominical. Él/ella buscará al pastor (y/o ministro de educación si la iglesia tiene uno) para consejo u orientación. El director dirige el concilio de la Escuela Dominical en la planificación y evaluación del trabajo de la Escuela Dominical y representa a la Escuela Dominical ante el concilio de la iglesia.

Todas las responsabilidades del director de la Escuela Dominical incluyen las áreas de alcance, mejoramiento de la enseñanza de la Escuela Dominical y entrenamiento de los obreros, testimonio, servicio y otras actividades de enseñanza (como Escuela Bíblica de Vacaciones). El director de la Escuela Dominical también debe planificar maneras de dirigir la Escuela Dominical que apoyen el trabajo de la iglesia y la denominación. Debe delegar algunas de estas responsabilidades a uno o más de los oficiales mencionados debajo en "Organización extendida".

B. *Secretario de la Escuela Dominical*: El secretario general de la Escuela Dominical es responsable ante el director de la Escuela Dominical de compilar y mantener registros semanales, trimestrales y anuales, e informes de la Escuela Dominical.

C. *Director de alcance/evangelismo*: El director de alcance/evangelismo es responsable ante el director de la Escuela Dominical de planificar, ejecutar y evaluar los esfuerzos de la Escuela Dominical por alcanzar, testificar y ministrar. El director de alcance/evangelismo es responsable de llenar las necesidades de entrenamiento en el alcance y de trabajar con las personas apropiadas para proveer el entrenamiento que se necesita. Este líder coordina con el director de Escuela Dominical los planes para actividades como búsqueda de miembros en perspectiva, entrenamiento para testificar, y actividades evangelísticas.

II. Organización extendida

Muchas iglesias necesitarán uno o más de estos oficiales:

A. *Asistente del director de la Escuela Dominical*: El asistente del director de la Escuela Dominical puede ser el único asociado, aparte del secretario, en escuelas dominicales pequeñas y es responsable ante el director de la Escuela Dominical de ejecutar responsabilidades asignadas. Las responsabilidades incluirán una o más funciones de alcance, evangelismo, entrenamiento de líderes y mejoramiento de la enseñanza.

B. *Director de la Escuela Bíblica de Vacaciones.* El director de la Escuela Bíblica de Vacaciones es responsable ante el director de la Escuela Dominical o un miembro educativo o el pastor, de planificar, promover y llevar a cabo la Escuela Bíblica de Vacaciones. El pastor o el ministro de educación puede servir como director de la Escuela Bíblica de Vacaciones.

C. *Director de grupos de estudio bíblico.* El director de grupos de estudio bíblico es miembro del concilio de la Escuela Dominical y es responsable ante el director de la Escuela Dominical de la planificación, ejecución y evaluación del trabajo de los diferentes grupos de estudio bíblico de corto tiempo o continuos. Se pueden necesitar uno o más directores.

D. *Líder y director de desarrollo de la membresía*: El líder y director de desarrollo de la membresía es responsable de: (1) planificar, ejecutar y evaluar actividades para mejorar la enseñanza-aprendizaje en la Escuela Dominical; (2) recomendarle al director de entrenamiento de discipulado de la iglesia actividades/estudios para mejorar el desarrollo del discipulado entre los miembros de la Escuela Dominical y también debe ayudar con la selección del currículo y con la planificación de actividades; (3) descubrir necesidades de entrenamiento de los obreros actuales o posibles de la Escuela Dominical y luego planificar, ejecutar y evaluar actividades de entrenamiento que llenen esas necesidades; (4) trabajar de cerca con el director de entrenamiento de discipulado de la iglesia para programar eventos de entrenamiento en la Escuela Dominical; y (5) recordar a los líderes y miembros de la Escuela Dominical la necesidad de tener estudios que llenen las necesidades expresadas de los miembros de la Escuela Dominical.

E. *Director de la Escuela Bíblica de Vacaciones en las misiones de la iglesia*: El director de la Escuela Bíblica de Vacaciones en las misiones es responsable ante el director de Escuela Dominical de guiar a la iglesia a tener Escuelas Bíblicas de Vacaciones y/o clubes bíblicos fuera de las paredes de la iglesia. Esta persona encontrará y recomendará lugares, seleccionará proyectos, solicitará la aprobación de la iglesia, fijará fechas y lugares de reunión, obtendrá materiales, reclutará obreros y proveerá entrenamiento para esos obreros; realizará y evaluará el proyecto; y trabajará con los líderes de la Escuela Dominical para dar un seguimiento apropiado.

F. *Director del ministerio de transporte*. Cuando la iglesia tiene un ministerio de transporte, el director de este ministerio es responsable ante el director de alcance y evangelismo de planificar, promover, ejecutar y evaluar los esfuerzos para alcanzar personas para los estudios bíblicos a través del ministerio de transporte. También trabaja de cerca con los directores de otros departamentos apropiados asignando miembros del ministerio de transporte al ministerio de división por edad.

G. *Director de la Escuela Dominical en las misiones de la iglesia*. El director de la Escuela Dominical en las misiones de la iglesia es responsable ante el director de la Escuela Dominical de la iglesia o ante el comité de misiones de la iglesia de planificar, ejecutar y evaluar la Escuela Dominical de la misión. El director puede necesitar uno o más de los asociados descritos anteriormente.

III. Oficiales comunes a todos los grupos de edades
   A. *Director de departamento de un grupo de edad*: El director de departamento es responsable ante el director de la Escuela Dominical (o director de división si la iglesia tiene esta estructura) de la planificación. El trabajo del director incluirá organizar el departamento para lograr ser efectivo en alcanzar, enseñar, testificar y cuidar; reclutar y entrenar líderes; administrar el trabajo del departamento; dirigir las reuniones del departamento, dirigir la planificación de los estudios bíblicos y trabajar con los maestros para identificar y recomendarles al líder y al director de desarrollo de membresía la necesidad de entrenamiento para el discipulado. En los departamentos de preescolares y escolares, el director de departamento también sirve como maestro líder.

   B. *Secretario del departamento de un grupo de edad*: El secretario es responsable ante el director de departamento de llevar todos los asuntos relacionados con los registros del departamento. En la división de preescolares y niños, el director de departamento lleva los registros o le asigna la responsabilidad a un maestro. En los departamentos de jóvenes y niños, la función de secretario del departamento puede combinarse con la función del líder del departamento de alcance.

C. *Director de división de grupo de edad.* Cuando hay múltiples departamentos dentro de una división por edad, la iglesia debe escoger elegir un director de división que coordine el trabajo de esa edad. En ese caso, se le debe pedir al director de división que represente a la división dentro del concilio de la Escuela Dominical. El director de división es responsable ante el director de la Escuela Dominical de coordinar el trabajo de cierta división de edad llevando a cabo las responsabilidades del ministro de enseñanza bíblica.

IV. Líderes especiales para los departamentos de adultos
   A. Departamento de liderazgo
   1. *Líder del departamento de alcance y evangelismo.* El líder de departamento de alcance y evangelismo es responsable ante el director de departamento de guiar al departamento a descubrir, testificar, reclutar y ministrar a los perdidos o a los miembros en perspectiva de la iglesia. El trabajo de este oficial es desarrollar y mantener un archivo de posibles miembros y asignárselos a los líderes de alcance y evangelismo dentro de cada clase. El líder de departamento de alcance y evangelismo es responsable de entrenar líderes y miembros del departamento, y las clases para alcanzar y evangelizar a otros. Este oficial también recibe y presenta a los visitantes al departamento y los asigna a una clase apropiada.

   2. *Líder del departamento de compañerismo*: El líder del departamento de compañerismo es responsable ante el director de departamento de planificar, coordinar y ejecutar actividades de compañerismo e integración. Este oficial también ayuda a los líderes de compañerismo de la clase de adultos en sus responsabilidades.

   B. Clase de adultos
   1. *Maestro:* El maestro de adultos es responsable ante el director de departamento (o de la Escuela Dominical si no hay una organización departamental) como el administrador de la clase. Esta persona es el maestro de Biblia de la clase. Este oficial es el que dirige

el equipo de liderazgo en su trabajo, recluta y entrena este equipo, y trabaja con el director de departamento para identificar las necesidades de entrenamiento de discipulado.

2. *El líder de la clase de alcance y evangelismo*: El líder de alcance y evangelismo es responsable ante el maestro, y es el que dirige la clase a descubrir, testificar, reclutar y ministrar a los perdidos y a los miembros en perspectiva de la iglesia. Este oficial desarrolla y mantiene el archivo de clase, les asigna a los miembros la visitación a los miembros en perspectiva, y les asigna posibles nombres a los miembros para que los cultiven, evangelicen y discipulen.

3. *Líderes de cuidado*: Los líderes de cuidado son responsables ante el maestro de contactar, ministrar, cultivar y discipular por lo menos a 6 miembros asignados de la clase. Los líderes de cuidado alientan a los miembros de la clase a cultivar, visitar, testificar y reclutar a los perdidos y a los que no asisten a ninguna iglesia, conforme se les asigne. Cada líder debe informar al maestro y al líder del departamento de compañerismo las necesidades ministeriales y de compañerismo. Es recomendable que se asigne a un varón líder que trabaje con los varones, y a una dama líder que trabaje con las damas. En algunos casos, como en las clases de parejas, es apropiado tener hasta seis parejas o hasta doce individuos en un grupo de cuidado que esté dirigido por un esposo y una esposa. En este caso el esposo es principalmente responsable de trabajar con los varones y la esposa con las damas.

4. *Líder de compañerismo*: El líder de compañerismo es responsable ante el maestro de planificar, coordinar y ejecutar todas las acciones sociales y de integración. Este líder debe trabajar con el líder del departamento de compañerismo para planificar y llevar a cabo eventos del departamento social.

5. *Secretario:* El secretario es responsable ante el maestro de compilar y presentar informes del registro de los miembros de la clase. Estos informes de membresía deben ser entregados al maestro o al secretario del departamento de la Escuela Dominical.

6. *Líder de oración*: El líder de oración es responsable ante el maestro de guiar a la clase a orar durante la semana por las necesidades de los miembros de la clase y de los miembros en perspectiva. Esta persona puede servir como líder de oración aparte de otro puesto de

liderazgo de otra clase o departamento. El líder de oración organizará una red de apoyo de oración de la clase a través de los líderes de cuidado de la clase. Esta persona les informará a otros líderes y miembros las inquietudes de oración, animará a los miembros a tener tiempo diario con Dios y reclutará personas para que oren regularmente por las necesidades de la Escuela Dominical y la iglesia.

V. Líderes especiales para los departamentos de jóvenes
  A. *Maestro:* El maestro de jóvenes es responsable ante el director de departamento (o director de la Escuela Dominical si no hay organización por departamentos) como el administrador de la clase. Esta persona es el maestro de Biblia de la clase. También debe dirigir el equipo de liderazgo de la clase, reclutar y entrenar al líder de la clase y al líder de cuidado, y trabajar con el director de departamento para identificar las necesidades de entrenamiento para el discipulado.
  B. *Líder de la clase (joven):* El líder de la clase es un miembro de la clase de jóvenes que ha sido elegido por el maestro para un período determinado, generalmente de 3 a 6 meses. Al rotar periódicamente a los líderes, más jóvenes tienen la oportunidad de servir en esta función de liderazgo. Cada líder de la clase se relaciona directamente con el maestro de la clase. Cada clase debe tener un líder.

  C. *Líder de cuidado (joven):* Los líderes de cuidado son jóvenes miembros de la clase que han sido seleccionados por el maestro o elegidos por los miembros de la clase para servir por un período de tiempo determinado por el maestro, que generalmente va de 3 a 6 meses. Al rotar periódicamente a los líderes de cuidado, más jóvenes tienen la oportunidad de servir en la función de liderazgo. Cada líder de cuidado se relaciona directamente con el líder de la clase, e indirectamente con el maestro de la clase. Debe haber un líder de cuidado por cada grupo de 1 a 4 inscritos en la clase.

  D. *Ministro de jóvenes*: Si la iglesia tiene un ministro de jóvenes, él o ella se relaciona con el más alto nivel del organigrama de la Escuela Dominical para jóvenes como un entrenador en las áreas de administración, planificación, organización, evaluación, ejecución, entrenamiento y motivación. Algunas iglesias deciden que esa persona ralice uno de los trabajos para jóvenes de la Escuela Dominical mencionados anteriormente. En este caso, el ministro de jóvenes también asumiría las responsabilidades de trabajo descritas bajo el puesto. Sin embargo, para tener un ministerio educativo juvenil balanceado, el ministro de jóvenes debe ayudar a la iglesia a desarrollar suficientes líderes laicos de manera que todos los puestos de la Escuela Dominical para jóvenes sean llenados por laicos. Un plan de este tipo le permite al ministro de jóvenes tener más tiempo para todas las organizaciones del programa de jóvenes a través del concilio del ministerio de jóvenes.

E. *Otros puestos de liderazgo*: Existen por lo menos dos razones para tener otros puestos para jóvenes en la Escuela Dominical: las organizaciones grandes de Escuela Dominical para jóvenes pueden necesitar puestos adicionales en el nivel de división para (1) ayudar al director de división con los detalles administrativos de la misma (2) aumentar la efectividad de los estudios bíblicos especiales que se necesitan para complementar los estudios bíblicos del domingo en la mañana.

1. Puestos opcionales para una división
   a. *Líder de la división de alcance y evangelismo*: El líder de la división de alcance y evangelismo se relaciona directamente con el director de división juvenil. Las responsabilidades del trabajo deben determinarse por la necesidad que existe para tal puesto. Estas responsabilidades deben ser una mezcla de algunas de las responsabilidades descritas bajo el trabajo del líder del departamento de alcance y evangelismo, y ayudar en las responsabilidades del director de la división en lo que se relaciona a alcanzar, testificar y cuidar.

   b. *Secretario de la división*: El secretario de la división se relaciona directamente con el director de la división. Este puesto se puede necesitar en grupos de jóvenes en escuelas dominicales grandes con el propósito de coordinar los múltiples informes de los secretarios de departamento. Las responsabilidades se relacionan con el trabajo del director de la división.

2. *Puestos de estudios bíblicos especiales*: Las descripciones de trabajo para los obreros de jóvenes en los estudios bíblicos especiales se pueden encontrar en la información básica diseñada para esos estudios bíblicos especiales.

VI. Oficiales especiales para la Escuela Dominical para niños
   A. *Maestro:* El maestro es responsable de la enseñanza a un grupo de niños, y de cultivar las relaciones e intereses de los alumnos y de sus familias. También es responsable de visitar los hogares, y

de ministrar a esos alumnos y sus familias. El maestro trabaja con el director de departamento para identificar la necesidad de entrenamiento de los niños y de los padres de los niños para el crecimiento en el discipulado.

B. *Líder de alcance y evangelismo*: El líder de alcance y evangelismo es responsable de dirigir la planificación, ejecución y evaluación de las actividades de alcance internas, en los hogares, y externas de la clase/departamento. El líder de alcance y evangelismo puede también servir como maestro sustituto o como director del departamento/clase.

VII. Oficiales especiales de la Escuela Dominical para los preescolares
  A. *Maestro:* Los maestros participan con el director de departamento en las tareas de alcance, enseñanza, cuidado, testimonio, compañerismo y adoración. El maestro también trabaja con el director de departamento para identificar las necesidades de los padres de los preescolares para su crecimiento en el discipulado.

  B. *Líder de alcance y evangelismo*: El líder de alcance y evangelismo es responsable de dirigir la planificación, ejecución y evaluación de las actividades de alcance internas, del hogar, y externas de la clase/departamento. El líder de alcance y evangelismo puede servir también como maestro, maestro sustituto o director del departamento/clase.

Figura 7.21

EL ESTÁNDAR DE LA ESCUELA DOMINICAL

Una guía para el trabajo básico de la Escuela Dominical
  I. Alcance y crecimiento
    ___ 1. La Escuela Dominical tiene un director de alcance y alguien que ha sido designado para dirigir el crecimiento en cada clase y departamento.
    ___ 2. La Escuela Dominical mantiene al día y usa información acerca de los miembros en perspectiva.
    ___ 3. En la Escuela Dominical hay un programa para la visitación, y cada clase y departamento participan.
    ___ 4. La escuela establece y trabaja hacia una meta de inscripción anual.
    ___ 5. La escuela trabaja para inscribir en la Escuela Dominical a todos los miembros de la iglesia residentes y a todos los miembros en perspectiva.

II. Estudio bíblico

___ 1. Se usa la Biblia como libro de estudio de la escuela.

___ 2. Se les provee a los miembros y a los maestros materiales de estudio bíblico apropiados para cada edad.

___ 3. La escuela provee un mínimo de una hora semanal para el estudio bíblico en cada grupo.

___ 4. La escuela provee anualmente por lo menos una oportunidad de estudio bíblico especial para los miembros y los miembros en perspectiva en otro tiempo diferente al domingo en la mañana (estudio bíblico del mes de enero, EBV, estudio bíblico de entre semana).

III. Evangelismo

___ 1. La escuela descubre e inscribe personas no salvas en el estudio bíblico.

___ 2. Se realizan acciones especiales para involucrar a los obreros y a los miembros en compartir a Cristo con los miembros no salvos y con los miembros en perspectiva de la Escuela Dominical.

___ 3. La escuela ha participado en por lo menos un entrenamiento para testificar.

___ 4. La escuela participa activamente en otros esfuerzos evangelizadores de la iglesia.

IV. Participación de los miembros

___ 1. Cada clase pone en práctica un plan sistemático para ministrar a los miembros y a los miembros en perspectiva.

___ 2. Un 70 por ciento de los miembros asiste al culto de adoración.

___ 3. Los miembros son concientes de la mayordomía y del programa misionero de la iglesia.

___ 4. Cada clase y departamento les provee a sus miembros un plan diario para estudio bíblico y oración familiar y/o personal.

___ 5. Cada clase/departamento ha realizado al menos un proyecto de compañerismo.

V. Organización

___ 1. La escuela está organizada por edad o grado escolar y la organización se mantiene por promoción anual.

___ 2. La escuela busca proveer departamentos y clases basándose en la matrícula anual y en las posibilidades de miembros en perspectiva.

___ 3. La iglesia elige a todos los maestros y oficiales, y recibe informes regulares de la escuela.

___ 4. La escuela mantiene y usa un sistema de registros sobre la inscripción, la asistencia y otra información de los alumnos.

VI. Ambiente de aprendizaje
___ 1. El director de la Escuela Dominical guía al concilio de Escuela Dominical para que estudie la disponibilidad de espacio y para que haga los ajustes donde se necesiten.
___ 2. El director de la Escuela Dominical y los líderes de los departamentos y las clases estudian el equipo y mobiliario, y hacen recomendaciones a la iglesia.
___ 3. Los obreros de los departamentos y de las clases examinan y evalúan áreas de reunión y de bodega, y disponen de los materiales sin uso.
___ 4. El presupuesto de la iglesia incluye fondos para los materiales y artículos de la Escuela Dominical.

VII. Planificación
___ 1. La iglesia provee una reunión de planificación semanal o mensual para todos los obreros de la Escuela Dominical.
___ 2. Los oficiales generales y los obreros de grupo por edad están organizados y funcionan como el concilio de Escuela Dominical.
___ 3. El concilio de Escuela Dominical realiza una reunión anual para planificar y evaluar el trabajo de la Escuela Dominical.

VIII. Desarrollo del liderazgo
___ 1. Los obreros se contactan personalmente y luego son elegidos por la iglesia.
___ 2. Cada obrero recibe una explicación escrita de sus responsabilidades.
___ 3. Por lo menos la mitad de los obreros de la Escuela Dominical ha estudiado un libro sobre su ministerio en la Escuela Dominical relacionado con su área de trabajo.
___ 4. La iglesia ofrece por lo menos un curso de entrenamiento de Escuela Dominical de cinco horas o más.

Figura 7.22

Directorio de líderes

Concilio de la Escuela Dominical

Puesto	Nombre	Dirección	Teléfono
Director			
Asistente del director			
Director de alcance-evangelismo			
Director de mejoramiento de la enseñanza y entrenamiento			
Director del ministerio de transporte			
Director EBV			
Secretario			
Pastor			
Ministro de educación			
Representantes de los grupos por edad			

División/Departamento/Equipo de liderazgo de la clase

Puesto	Nombre	Dirección	Teléfono

Figura 7.23
Lista del concilio _____

	Puesto	Nombre	Dirección	Teléfono
Oficiales generales	Director			
	Asistente del director			
	Secretario			
Personal a sueldo	Pastor			
	Ministro de educación			
Directores de división y departamento				

Figura 7.24

REUNIÓN DEL CONCILIO DE LA ESCUELA DOMINICAL
(O REUNIÓN DEL DEPARTAMENTO DE PLANIFICACIÓN)

Fecha de la reunión _____   Enfoque de la reunión_____

PREPARACIÓN PARA LA REUNIÓN   **PERSONA RESPONSABLE**

1. Planificar, preparar y enviar por correo una copia de la agenda a todos los miembros del concilio una semana antes de la reunión.

Director de la Escuela Dominical/ministro de educación

2. Contactar a cada miembro del concilio.

Secretario general

AGENDA SUGERIDA

1. *Tiempo de inspiración*
   Devocional
   Orar por_____
   _____

2. *Tiempo de informes*
   Revisar los artículos pertinentes en el material de liderazgo de la Escuela Dominical.

3. *Tiempo de evaluación*
   Discutir los eventos y las actividades que se han llevado a cabo. Considerar cómo se pueden mejorar o si deben repetirse.

4. *Tiempo de comunicación*
   Informe de los progresos obtenidos o de las actividades actuales
   • Calendario de la iglesia
   • Inquietudes presentadas por los grupos de edad
   • Entrenamiento para los obreros

REUNIÓN DEL CONCILIO DE LA ESCUELA DOMINICAL (CONTINUACIÓN)
(O REUNIÓN DEL DEPARTAMENTO DE PLANIFICACIÓN)

AGENDA SUGERIDA

PERSONA RESPONSABLE

• Otros _____

_____

_____

5. *Tiempo de preparación*
   Programar, planificar y asignar
   responsabilidades para futuros
   proyectos y/o énfasis.
   • Actividades de alcance
   • Evento trimestral de
     entrenamiento

DESPUÉS DE LA REUNIÓN

1. Preparar un resumen de la   Secretario general
   reunión y enviárselo a los
   ausentes.
2. Darle seguimiento a todas las   Director de la Escuela
   tareas.   Dominical/todos los miembros
                                    del concilio

Figura 7.25
INDICACIONES PARA LA ORGANIZACIÓN DE LA DIVISIÓN/DEPARTAMENTO

Organización de la división de preescolares		
Posibilidades de preescolares	**Lineamientos para la matrícula**	**Provisiones ideales**
Cuna-bebés (recién nacidos hasta 1 año)*.	Un departamento por cada 50 miembros.	Un maestro que visita por cada seis hogares.
Recién nacidos hasta 5 años cuando la inscripción proyectada es de menos de 8.	Un departamento *solamente* si la iglesia no puede proveer obreros y espacio para más.	Por lo menos dos departamentos (recién nacidos hasta 2 años; 3 a 5 años) si hay un número adecuado en ambos grupos de edades.
Bebés (recién nacidos hasta 1 año).	Un departamento por cada 12 miembros.	Separar los bebés, los que gatean y los niños pequeños si la matrícula lo justifica.
2 ó 3 años.	Un departamento por cada 20 miembros.	Separar los departamentos para 2 y 3 años si la matrícula lo justifica.
4 y 5 años.	Un departamento por cada 25 miembros.	Separar los departamentos para 4 y 5 años si la matrícula lo justifica.

*Los nuevos bebés de miembros o miembros en perspectiva son considerados alumnos en perspectiva para los departamentos de cuna y preescolares.

Organización de la división de escolares		
Posibilidades para los escolares	**Lineamientos para la matrícula**	**Provisiones ideales**
Niños (6 a 11 años o 1.ro a 6.o grados), cuando la matrícula proyectada es menos de 10.	Un departamento *solamente* si la iglesia no puede proveer obreros y espacio para dos.	Dos departamentos (6 a 8 años y 9 a 11 años) hay un número adecuado en ambos grupos de edades.
Niños (6 a 11 años o 1.ro a 6.o grados), cuando la matrícula proyectada es más de 10.	Un departamento por cada 30 matriculados (incluyendo a los obreros).	Dos departamentos (6 a 8 años y 9 a 11 años) si la matrícula lo justifica, o tres (para 6 y 7 años, 8 y 9 años, 10 y 11 años) si la matrícula lo justifica. Un departamento para cada edad (o grado) si la matrícula lo justifica. Las iglesias más grandes necesitarán más de un departamento para cada año o grado.

Organización de la división de jóvenes

Posibilidades para los jóvenes	Lineamientos para la matrícula	Provisiones ideales
Jóvenes de 12 a 17 años (o grados del 7.º al 12.º) cuando la matrícula proyectada es de menos de 15.	Una clase *solamente* si los obreros y el espacio disponibles no permiten más de una.	Una clase para chicos y otra para chicas, o una clase mixta de jóvenes de 12 a 14 años y clase mixta de jóvenes de 15 a 17 años.
Jóvenes de 12 a 17 años (o grados del 7.º al 12.º) cuando la matrícula proyectada es de 15 ó más.	Un departamento por cada dos a seis (y no más de ocho) clases; un máximo de matrícula por departamento que no exceda 50 para los jóvenes menores y 60 para los jóvenes mayores.	Por lo menos dos departamentos en la división si es posible a la luz de la matrícula proyectada.
	Máximo de matrícula por clase: 10 para los jóvenes menores y 15 para los jóvenes mayores.	

Organización de la división de adultos

Posibilidades para los adultos	Lineamientos para la matrícula	Provisiones ideales
Adultos jóvenes (18 a 29).	40 a 125 en los departamentos; 15 a 25 en las clases.	Provisiones separadas para solteros, casados y universitarios cuando sea posible. Además provisiones separadas para mayores y menores en la gama de edades.
Adultos 30 a 55 ó 60.	40 a 125 en los departamentos; 15 a 25 en las clases.	Cuando sea posible, el rango de edades para un departamento no debe exceder 10 años, y la gama para una clase no debe exceder cinco años.
Adultos mayores (56 a 61 y más).	40 a 125 en los departamentos; 15 a 25 en las clases.	Siempre que sea posible, el rango de edades por departamento no debe exceder 10 años, y la gama para una clase no debe exceder cinco años.
Adultos que trabajan los domingos: departamentos y/o clases de entre semana.	25 en las clases	Departamento (designado como Adultos III, IV, etc.) si la matrícula lo justifica. Si no, relacione las clases organizacionalmente a un departamento de adultos ya existente.

INDICACIONES PARA LA ORGANIZACIÓN DE LA DIVISIÓN/DEPARTAMENTO

Adultos que están físicamente imposibilitados para asistir: *Departamento de adultos discapacitados en el hogar**.	Ocho miembros por cada maestro que visita.	Menos de 8 miembros por cada maestro que visite.
Adultos que están temporalmente lejos del hogar. *Departamento de adultos lejos**.	Cuatro miembros por cada corresponsal.	

*Como un enfoque alternativo para las iglesias que no pueden proveer un departamento para adultos discapacitados ni para adultos lejos, las clases deben asumir la responsabilidad por la enseñanza y el ministerio.

Figura 7.26

PLANILLA PARA LA ORGANIZACIÓN DE ESCUELAS DOMINICALES PEQUEÑAS

División por edad	Matrícula		Número de unidades		Números de obreros	
	1	2	3	4	5	6
	Ahora	Meta para –	Ahora	Necesarios para crecer	Ahora	Necesarios para crecer
Preescolares (nacimiento a 5 años)						
Escolares (de 6 a 11 años o 1.er a 6.º grado)						
Jóvenes (12 a 17 años o 7.º a 12.º grado)						
Adultos (18 años y más)						
Total						

Guía para usar esta planilla

Columna 1: Registre el número de *alumnos* en cada división por edad y el total. Note que los obreros se mostrarán en la columna 5.

Columna 2: Escriba sus metas para el año próximo o cualquier fecha que sea apropiada. Se debe tomar en cuenta el número de miembros en perspectiva disponibles. De nuevo, estas metas están establecidas en términos de *alumnos*.

Columna 3: haga una lista de número actual de clases y departamentos en cada división por edad y el total.

Columna 4: Indique el número de unidades que necesita si espera crecer. Recuerde que para comenzar una nueva unidad se necesita tener tres alumnos y un obrero. Una clase de adultos puede tener solamente cinco o seis miembros.

Columna 5: Muestre el número actual de obreros en cada división por edad y el total.

Columna 6: Ponga el número total de obreros que necesitará después de que forme las nuevas unidades.

Figura 7.27

Patrones de agrupación para escuelas dominicales pequeñas

	Patrón 1		Patrón 2	
División preescolar	B-1		B-1	
	1	Se pueden tener todos estos en una unidad de enseñanza (departamento).	1	Se pueden tener dos unidades de enseñanza para todos los preescolares
	2		2	
	3		3	
	4		4	
	5		5	
División de escolaares	6 (1er Grado)	Se pueden tener todos estos en una unidad de enseñanza (departamento).	6	Se pueden tener dos unidades de enseñanza por departamento de escolares
	7 (2do Grado)		7	
	8 (3er Grado)		8	
	9 (4to Grado)		9	
	10 (5to Grado)		10	
	11 (6to Grado)		11	
División de jóvenes	12 (7.º Grado)	Se pueden tener todos estos en una clase.	12	Se puede tener un departamento de jóvenes con dos clases.
	13 (8.º Grado)		13	
	14 (9.º Grado)		14	
	15 (10.º Grado)		15	
	16 (11.º Grado)		16	
	17 (12.º Grado)		17	
División de adultos	18 (graduados de secundaria en adelante)	Se puede tener una sola clase.	18 (graduados de secundaria en adelante)	Se puede tener un departamento de adultos con dos clases o más.

El patrón 1 se acomoda generalmente a una Escuela Dominical con una matrícula de 40 a 50 alumnos.

El patrón 2 puede usarse en una o dos divisiones por edad, mientras que el patrón 1 puede usarse en otras divisiones.

Figura 7.28

Planilla para anotar los miembros matriculados, los miembros en perspectiva y el total de las posibilidades por edad

Edad	Matriculados actualmente	Número de miembros en perspectiva	Total de posibilidades
0-1			
2			
3			
4			
5			
6			
7			
8			
9			

	Hombres	Mujeres	Hombres	Mujeres	Hombres	Mujeres	Total
10							
11							
12							
13							
14							
15							
16							
17							
18							
19							
20							
21							
22							
23							
24							
25							
26							
27							
28							
29							
30							
31							
32							
33							
34							
35							
36							
37							
38							
39							
40							
41							
42							

Figura 7.28

Planilla para anotar los miembros matriculados, los miembros en perspectiva y el total de las posibilidades por edad

Edad	Matriculados actualmente	Número de miembros en perspectiva	Total de posibilidades
43			
44			
45			
46			
47			
48			
49			
50			
51			
52			
53			
54			
55			
56			
57			
58			
59			
60			
61			
62			
63			
64			
65			
66			
67			
68			
69			
70			
71			
72			
73			
74			
75			
76			
77			
78			
79			
80			
81			
82			
83			
84			
85 y mayores			

Figura 7.29
Plan de agrupación por grados de la Escuela Dominical[a]

Nombre de la división	Patrones de agrupación por división			
	I.	II.	III.	IV.
División de preescolares	Nacimiento-1 1 2 3 4 5	N-1 1 2 3 4 5	N-1 1 2 3 4 5	N-1 1 2 3 4 5
División de escolares	6 (1.er Grado) 7 (2.º Grado) 8 (3.er Grado) 9 (4.º Grado) 10 (5.º Grado) 11 (6.º Grado)	6 7 8 9 10 11	6 7 8 9 10 11	6 7 8 9 10 11
División de jóvenes	12 (7.º Grado) 13 (8.º Grado) 14 (9.º Grado) 15 (10.º Grado) 16 (11.º Grado) 17 (12.º Grado)	12 13 14 15 16 17	12 13 14 15 16 17	12 13 14 15 16 17
División de adultos	18 (graduados de secundaria en adelante) Adultos 65 Adultos mayores	18 (o graduados de secundaria en adelante) Adultos jóvenes 34 35-64 (o jubilación) Adultos 65 Adultos mayores	18 (o graduados de secundaria en adelante) 1 Adultos jóvenes 2 34 35 1 Adultos 2 64 (o jubilación) 65 (o jubilación) 1 Adultos mayores 2	18 (o graduado de secundaria en adelante) 1 Adultos 2 jóvenes 3 4 34 35 1 2 Adultos 3 4 64 (o jubilación) 65 (o jubilación) 1 2 Adultos 3 mayores 4

a. El tamaño de su Escuela Dominical es un factor en el uso de los cuatro patrones mostrados. Las escuelas dominicales más pequeñas deberían comenzar usando la columna 1 con todos los miembros de un grupo de edad en una unidad. La siguiente Escuela Dominical en tamaño podría usar el patrón 2 con un grupo por edad dividido en dos unidades. (Ejemplo: en el patrón 2, los escolares podrían estar en dos unidades en vez de en una debido al mayor número de matrícula). Las escuelas dominicales más grandes deberían seleccionar el patrón por cada edad que provea para la matrícula.

Figura 7.30

LISTA DE LOS OBREROS REQUERIDOS

Oficiales generales
  Director de Escuela Dominical _____
  Asistente del director _____
  Director de alcance _____
  Secretario _____

Departamento de cuna*
  Director _____
  Maestros visitantes _____
  _____

Departamento de preescolares* (Edad del bebé__)
  Director _____
  Líder de alcance _____
  Maestros _____
  _____

Departamento de preescolares* (Edades__)
  Director _____
  Líder de alcance _____
  Maestros _____
  _____

Departamento de escolares* (Edades__)
  Director _____
  Líder de alcance _____
  Maestros _____
  _____

Departamento de escolares* (Edades__)
  Director _____
  Líder de alcance _____
  Maestros _____
  _____

Departamento de jóvenes* (Edades__)
  Director _____
  Líder de alcance _____
  Maestros _____
  _____

Departamento de jóvenes* (Edades__)
Director _____

Líder de alcance _____

Maestros _____

_____

Departamento de adultos* (Edades__)
Director _____

Líder de alcance _____

Secretario _____

Maestros _____

_____

Departamento de adultos* (Edades__)
Director _____

Líder de alcance _____

Secretario _____

Maestros _____

_____

*Nota: Llene los espacios con las edades apropiadas para su organización

Figura 7.31
REUNIONES DE LOS OBREROS

Plan 1
(Para escuelas dominicales pequeñas)
PERÍODO GENERAL (todos los obreros juntos)   15 minutos

* Asuntos de la administración de la escuela
* Planificación para   ...Alcance
                          ...Testimonio
                          ...Ministerio
Tiempo de oración juntos
PERÍODO DE PLANIFICACIÓN   45 minutos

* Todos los obreros trabajan juntos en la planificación dirigida de las unidades y lecciones de grupos de edades (aproximadamente 30 minutos).
* Tiempo especial de preparación para el grupo de edad para preparar el
  aula o área del edificio para las sesiones del domingo (aproximadamente 10 minutos).

Plan 2
PERÍODO GENERAL (Todos los obreros juntos)   10 minutos

PERÍODO POR DEPARTAMENTOS   50 minutos

Asuntos del departamento administrativo
* Planificación para   ...Alcance
                          ...Testimonio
                          ...Ministerio
* Planificación para la enseñanza-aprendizaje
* Tiempo de oración juntos

Horario para la reunión de nuestros obreros

Agenda/actividades   Hora   Lugar(es)

(Haga una lista de los puntos en su agenda: período general, períodos
del departamento/división, período de enseñanza-aprendizaje, cena).

_____   _____   _____
_____   _____   _____
_____   _____   _____

Para sugerencias, vea los planes 1 y 2 para elaborar una posible agen-
da/horario para su Escuela Dominical. Escriba el plan que vaya a seguir
en sus reuniones.

Figura 7.32
Planilla para planificar el presupuesto

Literatura
Fórmula para determinar el costo:

Costo de la última orden de literatura	÷ Matrícula actual	+ Inflación anticipada	=	Costo por persona matriculada

Meta de la matrícula del próximo año	X	Costo por persona	=	Costo total del año

Como resultado de nuestro programa de entrenamiento de obreros, prevemos que se necesitarán fondos para ayudas de enseñanza adicionales, como juegos de instrumentos, cintas de casete, dibujos y revistas de liderazgo:

Total de presupuesto solicitado para literatura	$

Suministros (ejemplos: libros de registro y formularios, papel, materiales de arte, refrescos)

Preescolares _____
Escolares _____
Jóvenes _____
Adultos _____
Educación especial _____
Oficiales generales _____

Total de presupuesto solicitado para suministros	$

Muebles y equipo (ejemplos: pizarrones, rieles para dibujos, gabinetes)

Preescolares _____
Escolares _____
Jóvenes _____
Adultos _____
Educación especial _____
Oficiales generales _____

Total de presupuesto solicitado para equipo	$

Recursos de medios audiovisuales (ejemplos: cintas de película, videos, libros, mapas)

Preescolares _____
Escolares _____
Jóvenes _____
Adultos _____
Educación especial _____
Oficiales generales _____

Total de presupuesto solicitado para recursos	$

Nuevas clases

Nuevo espacio (longitud.............) _____

Remodelación de espacio existente (longitud...) _____

Divisiones portátiles _____

Total de presupuesto solicitado para nuevas clases _____

Planilla para planificar el presupuesto (Cont.)

Estudio bíblico de invierno

Libros _____

Refrescos _____

Maestros invitados (gastos y regalos) _____

Otros gastos

Total de presupuesto solicitado para el estudio bíblico de invierno	$

Escuela Bíblica de Vacaciones

Libros _____

Suministros _____

Refrescos _____

Clubes bíblicos de verano _____

Escuela Bíblica de Vacaciones en las misiones de la iglesia _____

Otros gastos de EVB

Total de presupuesto solicitado para EBV	$

Concilio anual de planificación de la Escuela Dominical

Comidas de hospedaje _____

Transporte _____

Materiales

Total de presupuesto solicitado para la planificación anual	$

Semana de preparación

Libros _____

Equipos y otros materiales _____

Refrescos

Total de presupuesto solicitado para la semana de preparación	$

Entrenamiento de los obreros

Evento, fecha _____

Libros

    Libros _____

    Publicidad _____

    Maestros invitados (gastos y regalos)

Evento, fecha _____

Libros

    Libros _____

    Publicidad _____

    Maestros invitados (gastos y regalos)

Asambleas estatales

Transporte _____

Alojamiento, comidas _____

Materiales

Total del presupuesto solicitado para el entrenamiento de los obreros	$

Planificación de alcance y evangelismo

Eventos de alcance y suministros _____

Materiales promocionales, estampillas _____

Comidas para el alcance, refrescos para el compañerismo

Total del presupuesto solicitado para planificar el alcance y evangelismo	$

Otras necesidades

Reconocimiento a los obreros o

banquete de entrenamiento _____

Compañerismos _____

Otros

Total de presupuesto solicitado para otras necesidades	$
GRAN TOTAL PRESUPUESTADO PARA LA ESCUELA DOMINICAL	$

Figura 7.33

ESPIRAL DE CRECIMIENTO DE LA ESCUELA DOMINICAL

Un plan efectivo para aumentar la matrícula es la espiral de crecimiento. (Ver la figura 7.34). La espiral de crecimiento no es un proyecto, sino una estructura para un aumento continuo de la matrícula de la Escuela Dominical. Usted puede planificar para 12 o para 24 meses, o para un tiempo más largo si lo desea. Está calculado para planificarse anualmente de manera que cuando establezca las metas para un aumento de la matrícula, puede ver en la espiral lo que necesita hacer para alcanzar la meta en términos de comenzar nuevas clases y departamentos, reclutar y entrenar nuevos obreros, encontrar espacio o visitar. Muchas iglesias han encontrado que la espiral provee un excelente marco para el crecimiento de la Escuela Dominical.

1. Usted comienza por la parte de adentro de la espiral de crecimiento y trabaja hacia afuera.
2. En la parte de adentro haga cuadros que representen los números actuales de su Escuela Dominical.
   a. Debajo de fecha, registre la fecha de hoy.
   b. Debajo de meta, escriba la matrícula actual de la Escuela Dominical. (Este número debe ser el número total de personas en el registro, no el número que asiste cada semana).
   c. Unidades significa el número total de clases de adultos y jóvenes más los departamentos de escolares y preescolares. Ponga el número total de unidades de enseñanza que tiene ahora.
   d. Junto a los obreros, escriba el número total de colaboradores (maestros más oficiales generales).
   e. "Espacio" significa el número de lugares disponibles para que las clases/departamentos se reúnan. Registre su total actual.
   f. Bajo "contactos", registre el número promedio de contactos hechos por semana. Contactos incluye visitas, llamadas telefónicas, cartas, tarjetas o contactos casuales invitando a los ausentes o miembros en perspectiva a la Escuela Dominical.
   g. Bajo "visitadores" escriba el número promedio de personas de su Escuela Dominical que visitan cada semana para alcanzar alumnos para la Escuela Dominical.
   h. A un lado de "Asist. E. D.", ponga el promedio de asistencia a la Escuela Dominical del año anterior.
   i. A un lado de "Asist. C. A.", registre el promedio de asistencia al culto de adoración del año anterior.
   j. "Ofrendas" significa el total promedio semanal de diezmos y de ofrendas de la Escuela Dominical del año anterior.
   k. A un lado de "bautismos", escriba el número total de personas bautizadas por su iglesia durante el año anterior.
3. Mire la columna "Fecha/meta". Esta espiral está diseñada para ayudar a establecer las metas para los 12 meses.
   a. Arriba de la columna, escriba cuáles serán la fecha y la meta de crecimiento para la Escuela Dominical al final de los 12 meses.
   b. Réstele la asistencia actual a la meta y tendrá la meta de asistencia para cada año.

    c. Ahora está listo para llenar los espacios en las columnas fecha/meta. Bajo "fecha", escriba de abajo hacia arriba las fechas del primer día del año. Bajo "meta", escriba la meta total del año.

4. Usted ha establecido una meta desafiante. El resto del trabajo sugerido en la espiral de crecimiento sirve para ayudarlo a alcanzar y mantener la matrícula. Una acción esencial será crear nuevas clases y departamentos. Si usted divide su matrícula actual entre el número de unidades (clases y departamentos), descubrirá el radio de unidades por alumnos. Para estar en posición de crecer, ese radio necesita ser de 1 a 16 o menos. Para saber cuántas unidades necesitará para alcanzar su meta de matrícula, divida su meta de matrícula entre 16 y ponga el resultado para el año.

5. Divida el número actual de obreros entre la matrícula y obtendrá la proporción de obreros por matrícula. Para que la Escuela Dominical crezca, la proporción necesita ser de 1 a 8 o menos. Para saber cuántos obreros necesitará para alcanzar la meta de matrícula, divida el número entre 8 y regístrelo en el último bloque. Divida el número entre 8 y sabrá cuántos obreros nuevos necesitará en el año.

    Por ahora, usted puede ver el valor de la planificación de la espiral de crecimiento. Como ya sabe que necesitará en el próximo año, por ejemplo, 4 nuevos obreros, puede comenzar a reclutarlos y a entrenarlos desde ahora. Reclute y entrene por lo menos un colaborador extra para compensar el abandono de funciones y las personas que se trasladan.

6. Usted necesitará un lugar para cada unidad. Si ve que en un año o 18 meses, las unidades van a exceder el espacio disponible, puede comenzar ahora a planificar ese espacio. Puede hacerse volviendo a arreglar las clases y los departamentos; remodelando el edificio; o encontrando lugares adyacentes como hogares, edificios vacantes o unidades móviles. Más espacio puede significar nueva construcción. Usted puede comenzar a planificar ahora para sus futuras necesidades.

7. El número total de contactos por semana con los miembros y los miembros en perspectiva necesita ser igual o mayor que la mitad de la matrícula.

8. Para poder tener un crecimiento consistente, el número de los visitadores debe ser por lo menos igual al número de unidades. Ese es un número mínimo.

9. Calcule el porcentaje de la matrícula que asiste a la Escuela Dominical. Si, por ejemplo, la asistencia promedio es del 50 por ciento de la matrícula, puede esperar que el porcentaje se mantenga similar a medida que la matrícula aumente. Esto supone que usted comienza las nuevas unidades, añade obreros, provee espacio, hace los contactos y recluta gente para la visitación.

10. La asistencia al culto de adoración debe continuar aumentando a medida que la asistencia a la Escuela Dominical aumente.

11. Generalmente la ofrenda también aumenta junto con la asistencia, aunque a menudo toma un tiempo antes de que los nuevos miembros crezcan al mismo nivel de los demás.

12. Frecuentemente, una iglesia experimenta un mayor crecimiento en el número de bautismos a medida que la Escuela Dominical comienza a crecer, debido a que una gran proporción de los miembros nuevos generalmente no son cristianos. Una iglesia que disfrute de una ganancia neta de 50 por ciento en la matrícula en un año tiene una ganancia de 100 por ciento en el porcentaje de bautismos.

Figura 7.34

ESPIRAL DE CRECIMIENTO

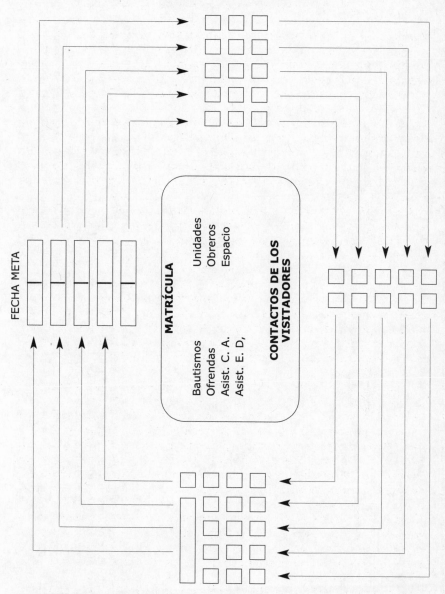

Figura 7.35

CÓMO DETERMINAR EL ESPACIO EN LAS AULAS DE LAS DIVISIONES POR EDADES

Organización y espacio que se necesita para los grupos

		Para cada departamento			Para cada clase			Superficie sugerida por persona					
								Departamento		Asamblea		Aula	
División	Edad	Matrícula máxima	Asistencia promedio[a]	Capacidad[b]	Matrícula máxima	Asistencia promedio[a]	Capacidad[b]	Mínimo[c]	Recomendado	Mínimo[c]	Recomendado	Mínimo[c]	Recomendado
Preescolares	N-1	12	5-8	7-10	N/A			1.85 m²	25+	Ninguno			Ninguno
	2-3	20	9-13	12-16									
	4-5	25	11-16	15-20									
Escolares	6-8	30	14-20	18-24	N/A			1.85 m²	25+	Ninguno			Ninguno
	9-11[d]												
Jóvenes	12-14	50	23-33	30-40	10	5-7	6-8	.75 m²	10	1 m²			12
	15-17	60	27-39	36-48	15	8-10	9-12						
Adultos	18 y +	125	56-81	75-100	25	12-16	15-20	.75 m²	10	.75 m²			12

El espacio está provisto para cada persona que se espera esté en las aulas del edificio. La determinación del número para el cual planificar este espacio es el resultado de un cuidadoso análisis de la matrícula proyectada, la organización y la asistencia. Al determinar el número total de metros cuadrados del espacio educativo requerido, la iglesia debe añadir al espacio mencionado arriba suficiente espacio para oficinas, corredores, escaleras, baños, bodegas, espacio de servicio y otras áreas. Esto va a requerir un total de 3.25 m² a 4 m² por persona en el edificio educativo. Muchas iglesias proveen aun más espacio.

a La asistencia promedio en las iglesias oscila entre un 45 a 65 por ciento de matrícula.

b La capacidad de espacio para proveer se calcula entre un 60 a 80 por ciento de la matrícula para que sea apropiada para una asistencia alta. El porcentaje a usarse debe determinarse por el registro de la matrícula y asistencia de la iglesia.

c Las medidas mínimas pueden ser necesarias en iglesias pequeñas y en edificios de misión.

d Las aulas actuales pueden usarse para los departamentos de niños. Es necesario proveer mesas adicionales, sillas y pizarras conforme sea necesario.

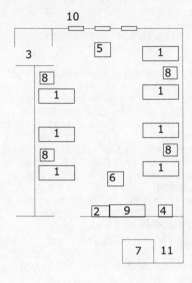

Departamento de cuna y de los bebés que gatean

1. Camas (cunas de hospital de 68x106 cm)
2. Estantes para pañales
3. Provisiones para desechar los pañales
4. Grabadora
5. Mecedora (adultos)
6. Silla de seguridad
7. Combinación de fregadero y refrigerador (71 cm de ancho por 76 cm de largo y 101 cm de alto)
8. Mesas
9. Gabinete de pared para suministros (montado a una altura de 127 cm del piso)
10. Ventanas (vidrio claro; a unos 56 a 61 cm del piso)
11. Inodoro para adultos
    Nota: En el departamento de los bebés que gatean es conveniente tener menos camas y sustituirlas por corralitos.

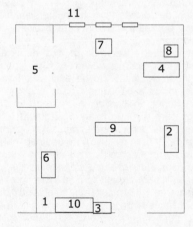

Departamento de niños pequeños (1-2 1/2)

1. Área para bloques de cartón
2. Estante para libros con anaqueles inclinados (28 cm de fondo, 71 cm de largo y 68 cm de alto)
3. Estante para pañales
4. Cama de muñecas (40 cm de ancho, 71 cm de largo, tabla para el soporte del colchón a 20 cm del suelo)
5. Baño adjunto (instalación sanitaria para niños)
6. Estantes abiertos con pared al fondo (66 cm de alto, 76 cm de largo, 30 cm de profundidad)
7. Grabadora
8. Mecedora (tamaño infantil)
9. Columpio y gradas
10. Gabinete de pared para suministros (a una altura de 127 cm del piso)
11. Ventanas (a unos 56 a 61 cm del piso)

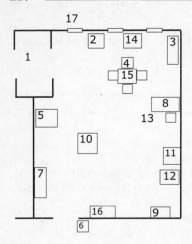

Departamento para dos y tres años

1. Baño adjunto (instalación sanitaria para niños)
2. Estante para libros con anaqueles inclinados (28 cm de fondo, 71 cm de largo y 68 cm de alto)
3. Gabinete para el fregadero (81 cm de alto, 86 cm de ancho, 45,7 cm de fondo, 61 cm del piso a la superficie de área de trabajo)
4. Sillas (los asientos a 25,4 cm de alto)
5. Estante para secar ropa (para pinturas húmedas)
6. Perchero (para los adultos, fuera del salón)
7. Perchero (para los niños; 101 cm de alto, 101 cm de ancho, 35,6 cm de fondo o profundidad
8. Cama de muñecas (40,6 cm de ancho, 71 cm de largo, tabla para el soporte del colchón a 20 cm del suelo)
9. Estantes abiertos con pared al fondo (66 cm de alto, 76 cm de largo, 30,5 cm de fondo)
10. Caballete para pintar (114 cm de alto con un área para pintar de 64 cm por 51 cm)
11. Estante para rompecabezas
12. Grabadora
13. Mecedora (tamaño infantil)
14. Hornallas de cocina (61 cm de alto, 46 cm de ancho, 30 cm de fondo)
15. Mesa (61 cm de ancho, 91 cm de largo, a 51 cm del piso)
16. Gabinete de pared para suministros (a una altura de 127 cm del piso)
17. Ventanas (a unos 56 cm a 61 cm del piso)

Departamento para cuatro y cinco años

1. Ventanas (a unos 56 cm a 61 cm del piso); no son necesarias cortinas ni persianas a menos que se necesiten para prevenir el resplandor.
2. El baño puede servir para dos departamentos adjuntos para cuatro y cinco años; dos inodoros de 25 cm de alto; dos lavatorios, grifos a 61 cm del piso; es conveniente tener en uno de los grifos una conexión para surtidor de agua potable.
3. Gabinete de pared para suministros (a una altura de 127 cm del piso); un gabinete para láminas y un estante para los abrigos de los niños debajo del gabinete de suministros.
4. Barandilla para exhibir láminas (de aproximadamente 1,83 m de largo, en el centro de la pared más larga)
5. Cartel para anuncios (no es tan importante como otros artículos; comienza a 50 cm del piso; entre 2,44 m a 3,66 m de largo; de 45 a 61 cm de ancho; en una pared diferente a la pared del frente)
6. Estantes para bloques (76 cm de ancho, 66 de alto, 30 cm de fondo)
7. Estantes para objetos de la naturaleza
8. Estantes para arte

9. Estante para libros (con anaqueles inclinados, 35,6 cm de fondo, 83.8 cm de alto, 91,4 cm de ancho)
10. Caballete para pintar (114,3 cm de alto; 63,5 cm de ancho; 50,8 cm x 63,5 cm de superficie para pintar).
11. Pequeño estante de secado de ropa (para secar dibujos)
12. Grabadora (tres velocidades con botones visibles para los niños y fácil de operar para ellos) o gabinete (para la grabadora y grabaciones; 60,96 cm, de largo, 45,72 cm de ancho, 44 cm de alto)
13. Piano (tipo estudio, aproximadamente 111.8 cm de alto)
14. Fregadero con gabinete (86,4 cm de ancho, 60,96 cm de superficie de trabajo, 45,7 cm de fondo, 81,3 cm de la altura total)
15. Hornallas de cocina (45,72 cm de ancho, 60,96 cm de alto, 30,48 cm de fondo)
16. Cama de muñeca (40,64 cm de ancho, 71,12 cm de largo, 40,64 cm de alto; la tabla para el colchón a 20,32 cm del suelo)
17. Cómoda (para ropa de muñeca y ropa de vestir, 45,72 cm de ancho, 30,48 cm de ancho, 60,96 cm de alto)
18. Mecedora para niños (a 30,48 cm del piso)
19. Mesa para el área del hogar (60,96 cm por 91,44 cm)
20. Mesa para arte (76,20 cm por 121,92 cm)
21. Mesa para rompecabezas (60,96 cm por 91,44 cm)
22. Estante para rompecabezas (22,86 cm de ancho, 30,48 cm de largo, 22,86 cm de alto)
23. Archivo para las láminas de enseñanza y los informes (96,52 cm de largo; 55,88 cm de ancho; 76,20 cm de alto)
24. Estante para abrigos de los niños (101,6 cm de ancho; 101,6 cm de alto; 35,56 cm de fondo)
25. Estante para abrigos de adultos (45,72 cm de ancho; 152,4 cm de alto; 35,56 cm de fondo)
26. Sillas (de madera, anatómicas, dos travesaños traseros; asiento de 25,4 cm de alto para niños de cuatro años; 30,48 cm de alto para niños de cinco años; una silla para cada niño y una para cada obrero; las mismas sillas se usan para actividades y para el tiempo en grupo)

*Todas las mesas son 25,4 cm más altas que los asientos de las sillas; es preferible que tengan cubiertas de plástico.

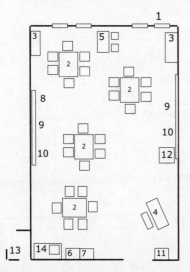

Departamento de escolares

1. Sillas (una silla por niño; los asientos son de 30,48 cm de alto para los niños de seis y siete años; 35,56 cm para los de ocho y nueve años; 40,64 cm para los de 10 y 11 años)
2. Mesas (con cubiertas a prueba de agua; 91,44 cm por 137,16 cm o 76,20 cm por 121,92 cm; el alto es de 25,4 cm más que el asiento de la silla; una mesa para cada seis niños)
3. Dos o tres estantes portátiles con la parte posterior cerrada (106,68 cm a 116,84 cm de alto; 0,91 m de ancho, 1,22 m de largo, 30,48 cm de fondo; 30,48 cm a 35,56 entre los estantes)
4. Piano (tamaño estudio)
5. Estante para libros (con anaqueles inclinados de un lado y planos del otro; 106,68 cm a 116,84 cm de alto; 76 cm de ancho, 1.06 m de largo)

6. Percheros (portátiles; 1,30 m de alto para niños; 1,72 m de alto para adultos)
7. Gabinetes para suministros (45,72 cm de fondo; colgados de la pared; tamaño adecuado para materiales y para guardar separadamente los materiales de las diferentes organizaciones que usan el salón)
8, 9, 10. Combinación de un pizarrón, un cartel para anuncios y una barandilla para exhibir pinturas. Debe instalarse permanentemente de tal forma que la superficie se incline con la parte alta contra la pared y la parte baja aproximadamente a 15,24 cm de la pared; (el largo para los pequeños sería un mínimo de 1,83 m para el pizarrón y 5,48 m para el cartel de anuncios; ambos de 76,20 cm de alto y montados a una altura de 71,12 cm del piso; el largo para los mayores sería de un mínimo de 2,43 m de pizarrón y 7,31 m para el cartel para anuncios; ambos de 76,20 cm de alto y montados a una altura de 71,12 cm del piso)
11. Gabinete (para dibujos: 30,48 cm por 45,72 cm; para carteles: 60,96 cm por 91,44 cm)
12. Grabadora (de tres o cuatro velocidades; gabinete para guardar la grabadora de 66,04 cm de alto; 60,96 cm de ancho; 35,56 cm de fondo)
13. Baño cerca en el pasillo para todos los niños
14. Fregadero

Departamento de jóvenes y adultos
1. Sillas movibles de apilar o plegadizas; los asientos están a 45,72 cm. del piso
2. Mesa pequeña (o atril) para uso del director
3. Mesa para la secretaria o para el líder de alcance
4. Piano (tamaño estudio)
5. Perchero movible para abrigos y sombreros
6. Sillas con pupitres (se recomienda que sean con brazo de doblar)
7. Mesa pequeña y/o silla con pupitre para el maestro
8. Mesas plegadizas (76,20 cm por 182,88 cm)
9. Pizarrón movible (con caballete)
10. Pizarrón y cartelera para anuncios (fijo a la pared)
11. Cartelera para anuncios (fijo a la pared)
12. Estantes (abiertos y ajustables; para auxiliares de estudio bíblico, libros, etc.)
13. Caballete
14. Cesto de basura

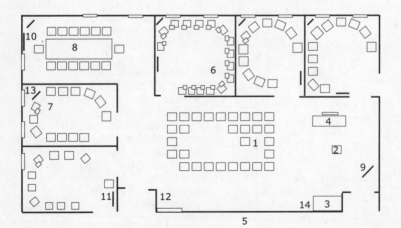

Figura 7.36

Organización de entrenamiento de discipulado

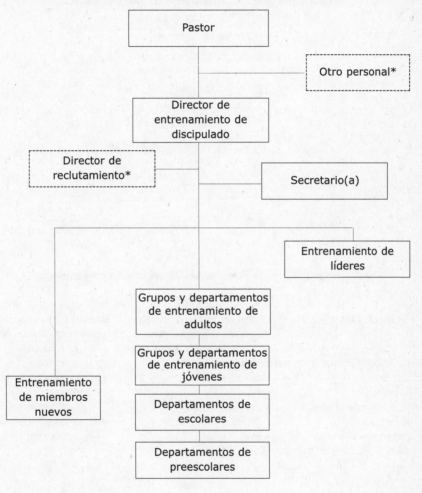

*Líderes opcionales

Figura 7.37

Organización del entrenamiento de miembros nuevos

Del compromiso a la membresía responsable de la iglesia

Etapa 1: Consejería	Etapa 2: Entrenamiento en los fundamentos cristianos básicos	Etapa 3: Entrenamiento en la membresía de la iglesia

Tipos de compromiso
• Salvación
• Bautismo
• Membresía de la iglesia
• Reafirmación
• Compromiso de vida
• Hacia la madurez cristiana
	Escoja un enfoque
	• Estudio individual
	• Plan de alentadores
	• Plan uno a uno
	• Grupo de estudio
	• Plan combinado
		Escoja un enfoque
		• Estudio en cuatro sesiones
		  —Estudio en grupo
		  —Estudio individual
		• Estudio en 13 sesiones
		  —Estudio en grupo

Figura 7.38

Gráfica de organización del grupo de entrenamiento

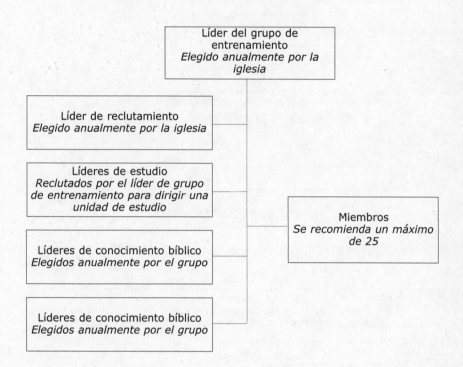

Figura 7.39

Hoja de planificación de proyecto de entrenamiento de líderes

Clasificación de prioridad_____
Fecha de preparación_____

Evento de entrenamiento:
_____

Objetivo:
_____

Número de personas que necesitan este entrenamiento
(Mínimo_____ Máximo_____)

Horario:
_____

Lugar de reunión:
_____

Costo:
_____

PLANES DE RECLUTAMIENTO

¿Quién debiera participar?

Líderes que se necesitan

Líderes de programa para ayudar en el reclutamiento:

Materiales para los entrenados:

Otras responsabilidades:

Suministros:

Equipo:

Otros intereses especiales:

Figura 7.40
HOJA DE PLANIFICACIÓN DE EVENTO DE ENTRENAMIENTO
DE LÍDERES

Título del curso:_____

Nombre de las personas que necesitan este entrenamiento (adjunte la lista con los nombres si es necesario) _____

_____

_____

_____

Plan de entrenamiento:___ Introducción ___ Básico ___Avanzado
               ___ Especializado ___ Exhaustivo

Enfoque del entrenamiento: ___ Entrenamiento de grupo ___ Entrenamiento uno
                                                              a uno
               ___ Estudio individual   ___ Entrenamiento
                                                  en el trabajo

Fecha de inicio:_____   Fecha de conclusión:_____

Día de la semana:_____   Hora:_____

Horario aprobado:_____   Espacio asignado:_____

Personas asignadas para entrenar líderes:_____

Personas asignadas para enlistar participantes:_____

Materiales de estudio que se necesitan: Fecha en que se ordenaron:

_____   _____

_____   _____

_____   _____

Equipo y suministros que se necesitan: Fecha en que se solicitaron:

_____   _____

_____   _____

_____   _____

Costo del entrenamiento:_____

Cantidad del presupuesto de la iglesia:_____ De los participantes:_____

Actividades de promoción/reclutamiento: Fecha:

_____   _____

_____   _____

_____   _____

Día de reconocimiento por completar el entrenamiento: _____

Figura 7.41

HOJA DE PLANIFICACIÓN DE PROYECTO

Título de la unidad _____

Actividad_____

Personas que ayudan _____   _____

_____   _____

_____   _____

Preguntas a ser contestadas _____

_____

_____

_____

_____

Posibles fuentes de información

_____

_____

_____

_____

_____

_____

Trabajos a ser hechos   Persona responsable

_____   _____

_____   _____

_____   _____

_____   _____

Materiales que se necesitan

_____   _____   _____

_____   _____   _____

_____   _____   _____

Sistema de informes _____

_____

Seguimiento _____

_____

Figura 7.42

Funciones del entrenamiento de grupo

	PLANIFIQUE	GUÍE	EVALÚE
COORDINACIÓN (Líder del grupo de entrenamiento)	1. Identifique las necesidades e intereses de los miembros del grupo. 2. Dirija al grupo a evaluar y seleccionar los recursos a ser estudiados. 3. Coordine la planificación de todo el trabajo del grupo de manera que todas las funciones operen en la vida del grupo.	1. Coordine el trabajo de los oficiales de entrenamiento de grupo y ayúdelos a llevar a cabo sus responsabilidades. 2. Ayude a cada miembro a participar en las actividades del grupo y a compartir las responsabilidades del grupo. 3. Guíe al grupo a determinar su organización, a elegir a sus oficiales y a asignar responsabilidades para el trabajo del grupo.	1. Evalúe la eficacia del grupo en términos de propósito, metas y objetivos. • ¿Cómo se involucraron los miembros en el trabajo del grupo? • ¿Cuán bien otros oficiales del grupo planificaron y llevaron a cabo sus responsabilidades? 2. Haga sugerencias para la participación del grupo.
COMPAÑERISMO (Líder de reclutamiento o líder del grupo de entrenamiento)	1. Dirija a los miembros del grupo a planificar actividades sociales y de compañerismo. 2. Anime a otros oficiales de grupo a planificar actividades que fomenten y refuercen la apertura, el compartir y la mutualidad entre los miembros del grupo.	1. Cree una atmósfera en la cual los miembros sientan que "este que yo soy es un buen grupo y yo soy aceptado(a)". 2. Anime a los miembros a ser sensibles hacia las necesidades de apoyo de los demás y a ministrarse los unos a los otros.	1. Evalúe el nivel de compañerismo del grupo. • ¿Cómo se sienten los miembros acerca del grupo y de su lugar en él? • ¿A qué grado los miembros del grupo se ministraron unos a otros? • ¿Están lo miembros del grupo creciendo en su habilidad para abrirse, aceptarse y apoyarse el uno al otro? 2. Haga sugerencias a otros líderes de grupo acerca de cómo ellos pueden promover un espíritu de compañerismo entre los miembros del grupo.

Figura 7.42

Funciones del entrenamiento de grupo (cont.)

	PLANIFIQUE	GUÍE	EVALÚE
RECLUTAMIENTO (Líder de reclutamiento o líder de entrenamiento de grupo)	1. Determine las necesidades del reclutamiento y de la publicidad. 2. Mantenga una lista de posibles miembros. 3. Prepare planes y asignaciones para mantener y aumentar la membresía del grupo.	1. Anuncie las actividades del grupo. 2. Coordine los esfuerzos de reclutamiento. 3. Involucre a miembros del grupo en actividades de publicidad y de reclutamiento. 4. Salude a las visitas y a los miembros nuevos, y presénteselos al grupo.	1. Evalúe cada trimestre las actividades de publicidad y reclutamiento en términos de: • Promedio de asistencia semanal • Número de visitantes • Número de miembros nuevos • Número de miembros involucrados en actividades de publicidad y reclutamiento.
ESTUDIO (Líder de estudio)	1. Haga planes para involucrar a los miembros en el estudio de las unidades y sesiones de estudio asignadas.	1. Dirija las sesiones de estudio del entrenamiento del grupo.	1. Evalúe al grupo de estudio • ¿Cómo respondieron los miembros al tema? • ¿Cómo respondieron los miembros al proceso del grupo? 2. Haga sugerencias al líder de entrenamiento de grupo y a otros líderes de estudio para mejorar.
APLICACIÓN (Líder de estudio)	1. Identifique los problemas acerca de los cuales el grupo de entrenamiento necesita estudiar. 2. Guíe a planificar actividades y proyectos a través de los que los miembros practiquen o apliquen lo que han estudiado.	1. Guíe a los miembros a participar en actividades de aplicación. 2. Guíe a los miembros a compartir maneras en que ellos hayan usado el entrenamiento que han recibido.	1. Evalúe la efectividad de la aplicación en términos de: • Proyectos completados en el hogar, la iglesia y la comunidad. • Proyectos actualmente en progreso.

Funciones del entrenamiento de grupo (cont.)

	PLANIFIQUE	GUÍE	EVALÚE
DESARROLLO DE CONOCIMIENTO BÍBLICO (Líder de conocimiento bíblico o líder de estudio)	1. Haga planes para dirigir a los miembros del grupo a desarrollar habilidades para usar e interpretar la Biblia y para usar diferentes herramientas bíblicas.	1. Guíe a los miembros en actividades de habilidades bíblicas relacionadas con los temas estudiados. 2. Realice caracterizaciones bíblicas cuando el grupo haya escogido usarlas. 3. Anime el estudio bíblico personal.	1. Evalúe las actividades de habilidades bíblicas. • ¿Cuán bien responden los miembros a las actividades de habilidades bíblicas? 2. ¿Están los miembros involucrados en estudio bíblico personal?
REGISTROS (Secretario/a)	1. Haga planes para usar un sistema simplificado de registro de entrenamiento de la iglesia.	1. Mantenga registros del departamento/grupo. 2. Entregue las solicitudes para materiales de currículo de su grupo a la persona en su iglesia responsable de ordenar literatura cada trimestre.	1. Estudie los registros del grupo/departamento y comparta la conclusión con el grupo.

Figura 7.43

Entrenamiento de discipulado
Gráfica de crecimiento potencial

Entrenamiento continuo de los miembros de la iglesia		Matrícula actual Esc. Dom.	Matrícula actual Entrenamiento de discipulado	Potencial para el crecimiento
División	Edad			
Preescolares	Nacimiento-1			
	2			
	3			
	4			
	5			
Escolares	6 (1.er Grado)			
	7 (2.o Grado)			
	8 (3.er Grado)			
	9 (4.o Grado)			
	10 (5.o Grado)			
	11 (6.o Grado)			
Jóvenes	12 (7.o Grado)			
	13 (8.o Grado)			
	14 (9.o Grado)			
	15 (10.o Grado)			
	16 (11.o Grado)			
	17 (12.o Grado)			
Adultos	18—34 Adultos jóvenes			
	35—64 Adultos			
	65 y más, Adultos mayores			
Oficiales generales				
Totales				

Notas:
_____
_____
_____
_____
_____
_____
_____
_____
_____
_____

Deténgase y actúe—5

Compare su actual matrícula en los grupos y departamentos de entrenamiento con la gráfica de saturación.

Matrícula máxima en las unidades

Grupos de entrenamiento de adultos	25-30
Grupos de entrenamiento de jóvenes	15
Departamento de escolares	25-30
Departamento de preescolares	12-16

Comparando cada matrícula de las unidades de entrenamiento con el potencial, ¿cuántas unidades adicionales necesita usted? _____
_____

Figura 7.44
Ministerio musical pequeño

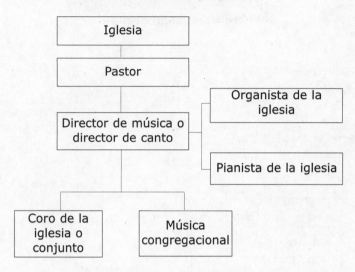

Figura 7.45
Ministerio musical mediano

Figura 7.46

Ministerio musical grande

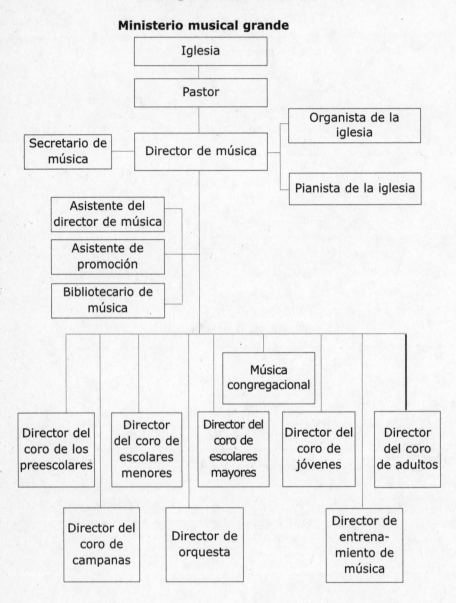

Figura 7.47

Indicaciones para organizar coros para preescolares y escolares

División	Edad/Grado	Asistencia promedio	Número de coros	Número obreros que se necesitan	Espacio que se necesita	Rango de edades	Proporción líder/miembro	Proporción de espacio
Coro de preescolares	4 a 5 años	8-18	Un coro	2 a 3	Aprox. 40 m² 5x8 m	2 años	1-6	2.30 m² – 3.00 m² por persona
		18-24	Dos coros	4 a 6	2 salones, 40 m² cada uno	1 año	1-6	
		25-54	Tres coros	6 a 9	3 salones, 40 m² cada uno	6 meses	1-6	
Coro de escolares	1.º a 6.º Grado	6-12	Un coro	2 a 3	Aprox. 30 m² 5x6 m	6 grados	1-7	2.30 m² por persona
Coro de escolares menores	1.º a 3.er Grado	6-21	Un coro	2 a 3	Aprox. 40 m² 5x8 m	3 grados	1-7	2.30 m² por persona
		18-42	Dos coros	4 a 6	2 salones	1 1/2 grados	1-7	
		42-54	Tres coros	6 a 9	3 salones, aprox. 40 m²	1 grado	1-7	
Coro de escolares mayores	4.º a 6.º Grado	6-48	Un coro	2 a 6	40 m² a 100 m²	3 grados	1-8	2.30 m² por persona
		48-100	Dos coros	6 a 13	2 salones, aprox. 100 m² (10x10 m)	1 a 2 grados	1-8	
		100-150	Tres coros	13 a 19	3 salones, aprox. 100 m² cada uno	1 grado	1-8	

Nota: El libro "El coro de niños" (Editorial Mundo Hispano) contiene las ayudas que se necesitan para formar y mantener este importante ministerio de la iglesia.

Figura 7.48
Organización de la Unión Varonil

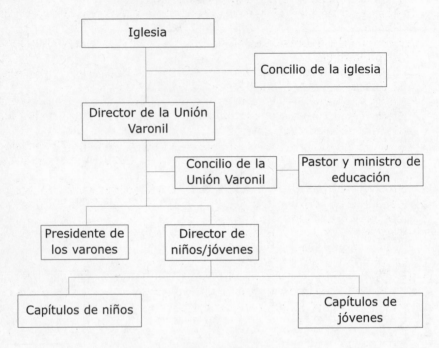

Figura 7.49

El director de la Unión Varonil

El liderazgo de la Unión Varonil comienza con el director. Él es elegido por la iglesia a través del comité nominador, de la misma manera que el director de la Escuela Dominical, el director de entrenamiento de discipulado y la directora de la Unión Femenil Misionera. Él es responsable ante la iglesia por su trabajo.

El director de la Unión Varonil debería ser elegido sin importar el tipo de trabajo que debe comenzar, ya sea en la unidad de acción misionera, o en la unidad de oración, o con el capítulo de los niños, u otras actividades propuestas.

El director de la Unión Varonil debe guiar y proveer organización, liderazgo y recursos para llevar a cabo el trabajo de la Unión Varonil.

El director:

1. Dirige toda la planificación, coordinación y evaluación de la Unión Varonil.
2. Dirige el establecimiento de las unidades por edad de la Unión Varonil.
3. Sirve como líder de cada unidad hasta que obtiene liderazgo adicional.
4. Trabaja con el liderazgo de la Unión Varonil para descubrir necesidades misioneras y también para descubrir y canalizar los dones ministeriales de los miembros.

5. Guía a los varones y a los jovencitos a participar en experiencias misioneras de aprendizaje y en actividades misioneras en las unidades por edad y en todas las actividades de la iglesia.
6. Desarrolla un plan de entrenamiento para los obreros de la Unión Varonil.
7. Recomienda el presupuesto, las normas y los procedimientos de la Unión Varonil.
8. Guía a coordinar la selección de áreas de misión para ser enseñadas, y ordena el material del currículo y los suministros.
9. Informa regularmente sobre la marcha del trabajo de la Unión Varonil a la iglesia y al concilio de la iglesia, junto con el secretario de la Unión Varonil.
10. Guía a implementar proyectos especiales de la iglesia que le han sido asignados, y ayuda a los miembros a entender el trabajo de la iglesia y de la denominación.
11. Trabaja junto con la directora de la UFM planeando y ejecutando proyectos de la iglesia como estudios misioneros, semanas de oración, ofrendas misioneras y acciones misioneras.
12. Guía a la iglesia a participar en las Conferencias de misiones mundiales organizadas por la asociación.
13. Sirve en el grupo de búsqueda para la renovación de los laicos.
14. Representa a la Unión Varonil ante el concilio de la iglesia.

En resumen, el director de la Unión Varonil lleva a cabo sus tareas en cuatro áreas: planificación, delegación, coordinación y evaluación.

Figura 7.50

GRUPOS PARA ENFOCAR EN LAS ACTIVIDADES MISIONERAS

Grupos minoritarios
Encarcelados
Analfabetos
Centros de turismo
Enfermos
Familias con problemas
Ancianos
Agricultores inmigrantes
Alcohólicos/drogadictos
Personas en duelo
Problemas morales

Personas divorciadas
Grupos de extranjeros
Personas con discapacidades físicas
Víctimas de desastres
Personas con desventajas económicas
Centros de comida y otras agencias misioneras
Extranjeros, refugiados, marinos internacionales
Militares

Figura 7.51
Unión Femenil Misionera

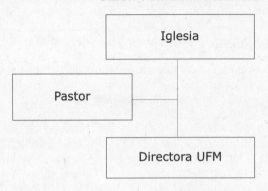

Figura 7.52

Unión Femenil Misionera

Con una organización para cada nivel de edad o más. Son opcionales la directora de acción misionera, la directora de reclutamiento y engrandecimiento, y la secretaria.

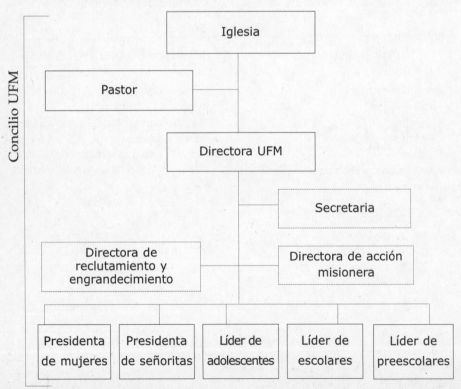

Figura 7.53

Proyectos misioneros que abarcan a toda la iglesia
Coordinación de acción unida entre la UFM y la Unión Varonil

Acciones fundamentales	Organizaciones por edades de la UFM/Unión Varonil	Concilios de UFM/Unión Varonil o directores de UFM/Unión Varonil como representantes del concilio	Concilio de la iglesia
1. Sugerir proyectos que abarquen a toda la iglesia (anuales).	Sugerir proyectos para el año.	Sugerir proyectos y asignaciones para cada proyecto durante el año.	Aprobar los proyectos a ser realizados y asignar las tareas para cada proyecto. Añadir proyectos adicionales y hacer otras sugerencias si se desea.
2. Aprobar proyectos y asignar la tarea para cada uno.			
3. Sugerir el trabajo que se debe hacer para realizar un proyecto y la asignación de responsabilidades (a ser completado cerca del tiempo cuando el proyecto se va a realizar).		Sugerir el trabajo a hacer y asignar responsabilidades a la UFM y/o la Unión Varonil.	
4. Aprobar el trabajo que se ha de hacer y asignar responsabilidades.			Aprobar el trabajo que se ha de hacer y asignar responsabilidades.
5. Hacer las asignaciones del trabajo.		Asignar trabajo que deben hacer los oficiales, el concilio y las organizaciones por edad.	(Algunas asignaciones pueden ser hechas por los miembros del concilio como el director de la Escuela Dominical, el director de Entrenamiento de Discipulado).
6. Hacer planes detallados (con revisiones si es necesario).	Hacer planes detallados de trabajo como han sido asignados.	Hacer planes detallados para el trabajo asignado.	
7. Realizar la actividad.	Realizar la actividad.	Realizar la actividad.	
8. Evaluar el trabajo.	Evaluar el trabajo completado por cada organización a nivel de edad.	Evaluar el trabajo completado por la organización.	Evaluar todo el proyecto.

Figura 7.54

SEÑALES DE UNA CONGREGACIÓN MISIONERA

- La congregación está centrada en la misión de Dios en el mundo.

- Cada creyente de la congregación tiene un ministerio.

- El ministerio de cada creyente se expresa en el mundo. El ministerio de los miembros brota de sus dones.

- Un profundo y diario caminar con Dios prepara a los miembros para su servicio.

- La congregación provee un compañerismo reconfortante para el ministerio.

CAPÍTULO OCHO

ADMINISTRANDO LAS ACTIVIDADES EDUCATIVAS
Jerry M. Stubblefield ESPECIALIZADAS

No todas las actividades educativas caben bajo las organizaciones educativas existentes de la iglesia. Cuando las organizaciones existentes pueden apoyar y administrar las actividades educativas especializadas, deben hacerlo. No obstante, es necesaria una organización especial cuando los objetivos y las metas de un área del ministerio no pueden ser satisfechos por las organizaciones existentes.

Los intereses educativo especializados incluyen actividades para jóvenes, adultos mayores, adultos solos, vida familiar, Escuela Bíblica de Vacaciones, jardín infantil, escuela cristiana, ministerios de guardería y campamentos. Estas actividades generalmente se llevan a cabo en días que no son domingo y requieren más de una hora u hora y media que es el tiempo que generalmente tienen las organizaciones programadas. Algunas actividades pueden ser diarias, semanales, mensuales, trimestrales o anuales. La frecuencia se decide por la naturaleza de los programas y las necesidades, y el número de personas que participan. Algunas funcionan en un tiempo específico del año, como la Escuela Bíblica de Vacaciones y los campamentos en el verano.

Para que cualquier programa sea efectivo, debe haber alguien responsable. Aunque una iglesia tenga personal responsabilizado, líderes voluntarios a menudo proveen liderazgo y las funciones administrativas vitales en un programa efectivo.

La información a continuación se aplica a cualquier tamaño de iglesia en la que haya necesidad de una actividad educativa especializada en particular. En cualquier programa efectivo son necesa-

232 ══════════════ Manual de educación cristiana

rios cuatro ingredientes: (1) la necesidad de tal ministerio, (2) una persona dedicada que crea que este ministerio necesita hacerse, (3) un ministro y líderes de la iglesia que lo apoyen, y (4) la decisión de la iglesia de que "este es *nuestro* ministerio".

Este capítulo busca contestar estas preguntas: ¿Cuáles actividades u organizaciones educativas especializadas son necesarias? ¿Cómo decidir entre programas o actividades a corto plazo y continuos? ¿Cómo desarrollar programas a corto plazo y continuos? ¿Cuál patrón organizacional se necesita?

Las actividades educativas especializadas se agrupan de acuerdo a la división de edad apropiada: preescolares (recién nacidos hasta cinco años), escolares (6 a 11 años), jóvenes (12 hasta la escuela secundaria o la preparatoria) y adultos. Algunas actividades incluyen a todas las edades; estas se mencionan bajo el grupo de edad principal.

CÓMO DECIDIR CUÁLES MINISTERIOS TENER Y CUÁLES NO

¿Necesita su iglesia comenzar un ministerio específico? Considere estas dos advertencias antes de iniciar nuevas actividades. Primero, no se necesita comenzar una actividad debido a que una iglesia cercana o influyente la esté haciendo. El otro grupo puede estar haciéndola efectivamente y puede estar dispuesta a hacerla para toda la comunidad. Debido a este ministerio de ellos, su iglesia puede creer que es también una necesidad que usted debiera estar llenando. Si es así, no trate de duplicar lo que ellos están haciendo; el suyo debe ser su propio programa que llene las necesidades únicas de su congregación y de su comunidad. Al hablar con la otra iglesia, usted puede aprender de sus errores y de sus éxitos.

Segundo, sea cuidadoso acerca de comenzar programas de los que haya leído u oído. Un ministerio así generalmente se presenta en términos idealistas, que implican: "Hágalo de la forma que nosotros lo hacemos y le garantizamos éxito". La dificultad es que generalmente el éxito no es ni instantáneo ni sin problemas. Recuerde, la iglesia comienza ministerios especializados debido a que tiene una *necesidad* especial y *recursos* apropiados. Los programas no pueden transferirse de un lugar a otro sin estudiar las necesidades, los recursos y las modificaciones necesarias.

Antes de empezar una nueva actividad usted necesita descubrir lo que están haciendo otras iglesias en estas actividades educativas especializadas y leer tanto como sea posible. Usted debe reconocer que los programas en su iglesia están ahí porque tenían una necesidad, el programa fue diseñado para llenar esa necesidad, y fue hecho a su manera.

¿Cuáles actividades u organizaciones especializadas se necesitan?

Primero, debe decidir si se necesita un programa en particular. Hágase preguntas como estas:

- ¿Cuáles necesidades de los miembros de la iglesia o de la gente de la comunidad llenaría esto?
- ¿Cuántas personas son participantes potenciales en esta actividad?
- ¿Cuáles otras iglesias y/u organizaciones comunitarias tienen programas o actividades para este grupo en especial?
- ¿Cuántas instalaciones y equipo se necesitan?
- ¿Quién tiene las mejores instalaciones y/o el equipo?, ¿la iglesia?, ¿la comunidad?
- ¿Cuál estructura organizacional se necesita?
- ¿Cuántos voluntarios se necesitan?
- ¿Cuáles habilidades tienen que tener los voluntarios?
- ¿Cuáles recursos financieros requerirá esta actividad?

La figura 8.1 en la p. 234 provee una hoja de planificación que puede usarse para esta actividad.

Después de contestar estas preguntas, una iglesia debe hacer estas otras: ¿Somos capaces de hacer esta actividad? ¿Tenemos los recursos necesarios: instalaciones, voluntarios, finanzas, etc.?

¿Cómo reúne una información así? Entrevistando a las organizaciones comunitarias le revelará si la necesidad existe. Es útil visitar organizaciones que tengan interés especial en personas en necesidad. Las necesidades también las descubren los ministros o miembros que son sensibles a la gente. El ministro puede saber las necesidades personales a través de la consejería y la visitación. No se pueden comenzar programas debido a que una organización comunitaria confirme que hay una necesidad. Se necesita más información antes de empezar un programa nuevo.

¿Cuáles personas específicas podrían beneficiarse con esta actividad? Se necesitan nombres y direcciones, *personas*, para asegurar el éxito. Los ministerios especializados pueden promoverse a través de los canales regulares de la iglesia y también de los periódicos, radio, televisión, carteles, volantes y otras formas. La gente debe saber que un programa existe antes de poder llenar sus necesidades.

¿Cómo decidir entre un programa de corto tiempo y uno continuo?

¿Qué clase de programa debe ser: de corto tiempo o continuo? ¿Cuáles factores determinarán el que sea un programa de corto tiempo o uno continuo? Un *programa de corto tiempo* llena necesidades específicas a través de un evento o una serie de actividades celebradas en un tiempo determinado o número de reuniones. Puede tener un objetivo reducido u objetivos similares. Puede ser un énfasis anual o realizarse una sola vez.

Figura 8.1

Hoja de planificación para un ministerio especial

1. ¿Qué necesidades les llenaría esto a los miembros de la iglesia?, ¿a la gente de la comunidad?

2. ¿Cuántas personas son participantes potenciales en la actividad?

3. ¿Cuáles otras iglesias y/u organizaciones comunitarias tienen programas o actividades para este grupo en especial?

4. ¿Cuántas instalaciones y equipo se necesitan?

5. ¿Quién tiene las mejores instalaciones y/o el equipo?, ¿la iglesia?, ¿la comunidad?

6. ¿Cuál estructura organizacional se necesita?

7. ¿Cuántos voluntarios se necesitan?

8. ¿Cuáles habilidades tienen que tener los voluntarios?

9. ¿Cuáles recursos financieros requerirá esta actividad?

Las organizaciones religiosas tienen la tendencia a repetir actividades indiscriminadamente año tras año. Los líderes de la iglesia frecuentemente anuncian:

"Esta es la primera... anual". Algunos eventos necesitan celebrarse solamente una vez. Una evaluación de cada actividad contesta las siguientes preguntas:

- ¿Cuál fue el objetivo o propósito? (¿Por qué lo hicimos?)
- ¿Cuál fue el objetivo que se logró? ¿Cómo? Si no, ¿por qué?
- ¿Para quién fue planeado el evento? ¿Cuál fue la audiencia a quien iba dirigido?
- ¿Quién participó en la actividad? ¿Quién vino?
- ¿Todavía existe la necesidad?
- ¿Cuáles otras necesidades salieron a la luz durante la(s) sesión(es)?
- ¿Debería realizarse otra vez esta actividad? ¿Por qué sí? ¿Por qué no?
- ¿Hay otro evento que se debería realizar?
- ¿Justificó la respuesta el costo?

Los programas de corto tiempo que se realizan ocasionalmente se planifican en conjunto con otras actividades. Eventos así son vitales para un ministerio educativo exhaustivo y deben ser bien planificados y promovidos.

Los programas continuos son aquellos que tienen múltiples objetivos o necesidades que no se pueden satisfacer en un período establecido. Las necesidades son diversas y no pueden satisfacerse en unas pocas sesiones. Cada actividad o evento es minuciosamente analizado, usando las preguntas mencionadas anteriormente. Obviamente, los programas continuos requieren más planificación, organización administrativa y finanzas que los proyectos a corto plazo.

ACTIVIDADES EDUCATIVAS ESPECIALIZADAS[1]

PREESCOLARES

Educación preescolar durante la semana en la iglesia

Las actividades durante la semana para niños preescolares son llamadas colectivamente como educación preescolar entre semana de la iglesia. Para que un programa así sea más que "cuidado de niños", debe ser una extensión del ministerio educativo de la iglesia. Antes de mencionar actividades específicas, veamos una breve descripción de los valores de la educación preescolar entre semana:

- La educación entre semana es una función de la iglesia, como lo es la Escuela Dominical. Es apoyada financieramente por la iglesia. Los miembros de la iglesia y otros participantes pagan cuotas para este ministerio.

- Es un ministerio en acción. Los maestros cristianos muestran a Cristo cuando enseñan y cuidan a los niños.

- La educación entre semana incluye la enseñanza cristiana que no se encuentra en otros programas públicos o privados. Es un enfoque integral de la educación.

- Busca relacionar al niño no sólo en el aula sino en el hogar. El hogar es una parte integral del proceso de aprendizaje.

- Está orientada hacia la familia. Los obreros hacen visitas de seguimiento para testificar ante las familias que necesitan conocer a Jesucristo o ministrar cualquier necesidad que la familia pueda tener.

- Logra un uso máximo del edificio de la iglesia. Esta se convierte en el centro de actividades. La gente comienza a ver la iglesia más que como un lugar de actividades dominicales[2].

Los valores de un programa así son importantes; sin embargo, las decisiones no deben basarse en lo que este programa pueda hacer por la iglesia. En cambio, una educación preescolar durante la semana debe ser vista como un servicio a los niños y a las familias. Antes de empezar un programa entre semana debe considerarse la información descrita en la figura 8.2 en la p. 238 [3].

Luego de decidir hacer este ministerio, se deben tomar decisiones administrativas. La figura 8.3 en la p. 239 hace una lista de las preguntas a considerar y que se pueden usar a manera de hoja de planificación[4].

¿Qué se enseña durante las sesiones de educación preescolar entre semana? Algunas iglesias preparan sus propios materiales de currículo, pero esto requiere mucho tiempo y experiencia. Varias editoriales religiosas de diferentes denominaciones o independientes han preparado una gran variedad de recursos educativos que pueden ser adaptados a su situación.

Día libre para las madres (o padres)

Este programa generalmente opera un día a la semana, permitiéndole al padre que cuida de los niños que descanse, vaya de compras, visite amigos o haga cualquier otra cosa. Modestas cuotas sufragan los gastos operacionales. Los niños se ocupan en actividades saludables y educativas de acuerdo a su nivel de desarrollo. Voluntarios de la iglesia u obreros pagados supervisan y les enseñan a los niños. Esta es una actividad educativa, no de cuidado de niños. Se necesita un obrero por cada seis a ocho niños que asisten. El objetivo es proveer actividades educativas para el niño mientras que sus padres tienen un tiempo personal.

Guardería infantil

Este es un programa de todo el día, cinco días a la semana, que incluye enseñanza, descanso y por lo menos una comida además de una merienda. Este ministerio ayuda a los padres que trabajan proveyendo cuidado para sus hijos mientras lo hacen. Está abierto para niños de cero a cinco años. Se cobran cuotas, y el programa está bajo supervisión profesional. En la mayoría de los gobiernos se requiere tener licencia. Cada maestro tiene hasta 10 niños, y hay salones separados para cada clase. Estos programas requieren más equipo que el que usualmente se provee para las actividades educativas normales de la iglesia. Algunas iglesias también cuidan niños después de clases; estos son niños que asisten a un jardín de infantes público. Se necesitan muchas actividades para evitar que este se vuelva un servicio de niñeros. Un horario de actividades variadas al nivel del desarrollo de los niños los ayuda a disfrutar de las sesiones. Varias editoriales religiosas de diferentes denominaciones o independientes han preparado una variedad de recursos educativos que pueden ser adaptados a su situación.

Figura 8.2

Mitos acerca de la educación preescolar entre semana en la iglesia

1. *Las actividades entre semana automáticamente traen padres inconversos a la iglesia.* El alcance evangelizador viene a través de esfuerzos deliberados para alcanzar a aquellos que no tienen a Jesús. Los líderes de la iglesia deben ser sensibles a las necesidades de los padres y a los miembros de la familia de los niños matriculados en el programa. Se obtiene información acerca de la familia y se la usa de manera apropiada. El objetivo principal es proveerles buenas actividades educativas a los preescolares.

2. *Garantizará educación religiosa.* La educación entre semana ministra integralmente al niño. El niño es tratado en su totalidad. La instrucción religiosa es parte de su experiencia educativa total. La enseñanza de las ideas y los valores religiosos se hace de manera natural como parte del proceso de aprendizaje del niño.

3. *La educación entre semana provee un ingreso adicional a la iglesia.* A menos que las cuotas se establezcan demasiado altas, la iglesia va a subsidiar las actividades de la educación entre semana. Las cuotas generalmente cubren costos personales y suministros. Los programas entre semana requieren luces adicionales, aire acondicionado, calefacción, servicios de conserjería y pintar las instalaciones más a menudo debido al uso frecuente. El programa de educación preescolar entre semana es un ministerio, no una fuente de ingreso adicional.

4. *Cada iglesia debería considerar tener un programa de educación entre semana.* Comience solamente cuando se establezca la necesidad, no debido a que usted cree que se debe hacer. No todas las iglesias tienen las instalaciones, el personal o los recursos financieros para tener un programa efectivo. A menos que su iglesia pueda tener un programa de calidad no debe haber uno. No necesita ser extravagante, pero sí debe ser igual o mejor que el que ofrece la comunidad.

5. *Todos los miembros de la iglesia aprueban el programa.* Se debe tener un programa de relaciones públicas dirigido a la comunidad y a la iglesia. Mantenga a los miembros informados de lo que está sucediendo. Los líderes voluntarios frecuentemente creen que su trabajo es el más importante. Compartir las aulas y los suministros puede causar fricción. Ayude a cada programa de la iglesia a ver que todos toman parte en un ministerio que es significativo para el avance de la iglesia y del evangelio.

Escuela de párvulos

Este programa se realiza medio día, con niños que llegan dos, tres o cinco días a la semana. Es para niños de tres y cuatro años. Cada maestro trabaja con hasta 10 niños. El énfasis está en la enseñanza y las actividades educativas, con énfasis en la socialización. Algunas iglesias incluyen niños de dos años una vez por semana. Por lo general, las sesiones son de dos horas de duración. Los costos son cubiertos con las cuotas. El programa es dirigido por maestros profesionales. Las iglesias que tienen ministros de música y de recreación pueden usar esos ministros para fortalecer sus programas. El horario de la escuela de párvulos sigue de cerca el de las escuelas públicas de la comunidad. Es esencial efectuar actividades al nivel del desarrollo de los niños para que la escuela de párvulos tenga éxito.

Jardín de infantes

Este es un programa para niños de cinco años que asisten medio día; el programa pone énfasis en la enseñanza. Algunas iglesias incluyen niños de cuatro años en sus programas de jardín de infantes. La mayoría de los gobiernos ahora tienen jardín de infantes públicos a los que los niños están obligados a asistir. Sin embargo, muchas iglesias continúan teniendo programas de calidad que llenan los requisitos del gobierno. Mucho de lo que describe a la escuela de párvulos se aplica al jardín de infantes. Una maestra puede enseñar hasta a 15 niños porque ya han madurado un poco más y por las actividades en las que se ocupan. Se toma en cuenta el crecimiento total de los niños, especialmente en relación con la preparación para el primer grado.

Figura 8.3

Hoja de planificación para la educación preescolar entre semana

1. ¿Qué tipo de programa o actividad prevé?

2. ¿Cuál es el propósito de este programa o actividad?

3. ¿Cuál estructura administrativa necesita desarrollarse? (Todas las actividades deben estar bajo un comité elegido por la iglesia para ayudar a eliminar fricción o rivalidad).

4. ¿Qué clase de personal se requiere? (¿Pagado? ¿Voluntario?).

5. ¿Cómo será financiado este programa? (¿Cuotas? ¿Apoyo de la iglesia? ¿Una combinación?).

6. ¿Requiere este programa licencia del gobierno? ¿Qué hay que hacer para llenar los criterios y requisitos del gobierno?

7. ¿Cuáles son el espacio y el equipo necesarios para esta actividad?

8. ¿Será necesario remodelar y/o adquirir equipo adicional? Si es así, ¿Cómo se hará, se obtendrá, se financiará, etc.?

9. ¿Cuáles son las metas y los objetivos esperados de este programa o actividad?

ESCOLARES

Las actividades educativas especializadas para escolares ocurren principalmente en el verano cuando no asisten a la escuela: días de campo, campamentos y Escuela Bíblica de Vacaciones. La educación entre semana funciona como las actividades después de la escuela y opera durante el año escolar.

Campamento diurno

El campamento diurno es un programa en el cual los niños son transportados diariamente a un ambiente natural. Este programa puede operar cinco o más días consecutivos de la semana, o puede ser una experiencia de un día que se repite algunas semanas en el verano. Este programa es principalmente para niños de seis a once años o de primer grado a sexto grado. Algunas iglesias tienen la experiencia de un campamento diurno para niños de cuatro y cinco años con un horario más corto. John LaNoue presenta las cuatro metas de un campamento diurno:

1. Alcanzar a niños y a sus familias para Cristo.
2. Ayudar a los niños a desarrollar nuevas amistades, buenos hábitos y a experimentar prácticas ecológicas; a mostrar interés y aprecio por la naturaleza; y a tener un entendimiento del plan de Dios por todo lo vivo y por su propia vida.
3. Preparar a los niños para que participen en un campamento completo cuando alcancen la edad apropiada.
4. Darles a los niños una experiencia sólida con la naturaleza que les proveerá el trasfondo e ideas que los ayudarán a entender mejor las enseñanzas de la Biblia que están fuertemente inmersas en las ilustraciones de la naturaleza[5].

El personal incluye un director, un líder de estudio bíblico, un líder de manualidades, un cocinero, un líder de estudio de la naturaleza, un salvavidas si hay piscina, y líderes de unidad y consejeros. Los jóvenes mayores pueden enlistarse para trabajar en el campamento diurno. Se le debe dar atención al lugar seleccionado, a la coordinación de transporte y a la seguridad de los campistas. Cada miembro del personal debe ser entrenado antes de empezar las actividades con los niños.

¿Cómo se va a sostener económicamente el campamento diurno? Hay varias formas de manejar esto, incluyendo el presupuesto de la iglesia, cuotas para el campamento diurno y una combinación de los dos. Tener la matrícula por adelantado ayuda en la planificación para saber el número de personas que asistirán, el personal necesario y el transporte que se necesita.

El campamento diurno puede también usarse para ministrar a un grupo especial de niños que no pueden participar en campamentos regulares. Grupos así incluyen a aquellos que necesitan ayuda debido a deterioro físico, emocional o social. En estos grupos son necesarias personas que posean habilidades profesionales.

Campamentos

Los campamentos de la iglesia sacan a los campistas fuera del hogar por varios días y noches. El enfoque está en acampar, y se usa el ambiente natural para fomentar el compañerismo, la educación cristiana, el desarrollo personal y el crecimiento espiritual.

La experiencia de acampar comienza temprano en la mañana o temprano en la tarde. Las actividades recreativas ayudan a los acampantes a aclimatarse a la vida del campamento. La administración del campamento está bajo el liderazgo del director del campamento, a quien ayudan el pastor del campamento, el misionero del campamento (acampar es un excelente tiempo para enseñar misiones), el consejero del campamento (uno por cada ocho acampantes), una enfermera, un director de actividades, un cocinero y otro personal de la cocina. Dependiendo de la naturaleza y los objetivos del campamento, se podrían necesitar personas con habilidades especiales.

Los objetivos del campamento son compartir el evangelio de Jesucristo con los incrédulos y animar a los creyentes en el crecimiento cristiano. El evangelismo toma lugar a través de presentaciones claras de las buenas nuevas de Jesucristo.

Acampar es una extensión de las actividades educativas de la iglesia. Es más concentrada y, como otras actividades educativas, permite el desarrollo personal de las relaciones.

El pastor del campamento participa en diferentes actividades, por lo tanto obtiene información adicional de las experiencias espirituales de los acampantes. Los niños que no son de la iglesia se vuelven una parte del archivo de miembros en perspectiva de la iglesia y objetos del programa de alcance de la iglesia. Se debe tener cuidado de ver si cada decisión es genuina y no producto del emocionalismo o de la búsqueda de la aprobación de los demás.

Hay muchos detalles en la preparación de un campamento. La figura 8.4 en la p. 244 muestra una hoja de planificación que puede usar el director del campamento.

Acampar es parte del programa educativo de la iglesia para niños. Las actividades para niños son apropiadas para su etapa de desarrollo. Las edades son restringidas de forma que los objetivos sean alcanzables. Generalmente, una experiencia de campamento comienza con niños de nueve años o que hayan completado el tercer grado. Se provee varios consejeros. Los jóvenes mayores funcionan muy bien como consejeros. Hay que tener cuidado de que la presencia de muchos adultos y jóvenes no abrume a los niños y le añada mucho al costo.

Escuela Bíblica de Vacaciones

La Escuela Bíblica de Vacaciones es una actividad para diferentes edades, centrada en la Biblia, que se realiza en el tiempo de vacaciones escolares. Hasta hace poco, la Escuela Bíblica de Vacaciones era una actividad para preescolares, escolares y jóvenes. En muchas congregaciones ahora se incluye a los adultos. Los niños forman el grupo más grande de los matriculados. Esta es una parte importante del programa de enseñanza bíblica de la iglesia. Hay currículos que constan, algunas veces, de 10 sesiones que duran tres horas cada una. La mayoría de las iglesias se reúnen durante cinco sesiones lo que hace un total de quince horas.

El propósito de la Escuela Bíblica de Vacaciones es bastante similar al del ministerio de estudio bíblico de la iglesia. Los esfuerzos se enfocan en lo siguiente:

- Alcanzar e involucrar personas
- Enseñar la Biblia
- Adorar
- Aprender sobre misiones
- Desarrollar habilidades para la vida y el testimonio cristianos.

La Escuela Bíblica de Vacaciones es una parte vital del programa educativo de la iglesia. Su liderazgo es escogido por la iglesia. Su presupuesto proviene de la iglesia. La ofrenda que se recoge durante la escuela generalmente se dona a un proyecto o programa misionero; no se usa para sufragar los gastos.

Una Escuela Bíblica de Vacaciones exitosa depende de seis factores principales:

1. elección temprana de los líderes;
2. sesiones de entrenamiento para los líderes;
3. reuniones de líderes generales y por departamentos;
4. publicidad adecuada dentro de la iglesia y la comunidad;

5. provisión de materiales de currículo y otros auxiliares de aprendizaje; y

6. seguimiento planificado para quienes no son miembros de la iglesia y sus familias.

Figura 8.4
HOJA DE PLANIFICACIÓN DEL CAMPAMENTO

1. ¿Dónde se llevará a cabo el campamento?

2. ¿Cuál será el énfasis del programa?

3. ¿Para quién está diseñado el campamento? ¿Miembros? ¿No miembros?

4. ¿Quién será el pastor del campamento? ¿El misionero? ¿Otros líderes clave?

5. ¿Cuánto es el total del presupuesto del campamento? ¿Cuánto de esta cantidad proveerá la iglesia? ¿Cuánto paga cada acampante?

6. ¿Cuáles son los criterios para seleccionar a los consejeros? ¿Edad? ¿Habilidades especiales? ¿Entrenamiento necesario? ¿Personas a considerar?

7. ¿Cuál será el horario diario?

8. Decida el horario para planificar, preparar y promover el campamento.

El jefe administrativo es el director, quien generalmente es un maestro o ministro de la iglesia. Otras personas ayudan al director en toda la operación de la Escuela Bíblica de Vacaciones. También se necesita un comité de compañerismo y una secretaria para completar el personal de enseñanza.

Cada departamento (grupos por edad) tiene un director que funciona como maestro líder. Los obreros deben ser en el mismo promedio maestro/alumno que se sugiere para el programa de enseñanza bíblica. Cada departamento necesita por lo menos dos obreros adultos. Los jóvenes mayores pueden ayudar si están disponibles.

Existe un amplio surtido de recursos y materiales para la administración, la enseñanza, los proyectos y la promoción de la Escuela Bíblica de Vacaciones. La información se puede encontrar en la editorial de su denominación o en librerías religiosas. Asegúrese de preguntar cinco o seis meses antes para permitirse suficiente tiempo para revisar las muestras de materiales, hacer planes y hacer el pedido.

Se prepara un horario para toda la Escuela Bíblica de Vacaciones y para cada departamento. Cada actividad se incluye en una lista que muestra la cantidad de tiempo asignada para ella. Fallar en respetar el horario crea confusión y frustración. Todos los maestros deben saber la hora de reunión para el culto de adoración juntos, el tiempo de juegos, y dónde y cuándo su grupo tiene el tiempo para los refrescos.

El pastor y otras personas del personal de la iglesia participan en las actividades tanto como les es posible. Ellos son de apoyo aun cuando no tengan la función de líderes. Todos los maestros deben recibir entrenamiento en evangelismo de manera que puedan tratar individualmente con los niños en el proceso normal de las actividades diarias. Los sermones evangelísticos han de ser simples, no muy emotivos. El niño es animado a responder a Jesucristo pero sin presión.

Se visita a los que no son miembros y se les invita a participar en las actividades de la iglesia. Los inconversos necesitan oír el evangelio y saber cómo ser salvos. El hecho de que las personas asistan a la Escuela Bíblica de Vacaciones no asegura que vayan a asistir a la Escuela Dominical o al culto de adoración. La información obtenida a través de la matrícula puede indicarnos otros miembros de la familia que son posibles contactos. Para tener resultados, las visitas de seguimiento se deben realizar lo más pronto posible.

La Escuela Bíblica de Vacaciones es una parte del programa de enseñanza bíblica de la iglesia como lo es la Escuela Dominical. Dependiendo de cuando se lleve a cabo, muchos obreros de la Escuela Dominical también trabajan en la Escuela Bíblica de Vacaciones.

Escuelas cristianas

En los últimos años ha aumentado considerablemente el número de escuelas cristianas. ¿Cuáles factores deben considerar las iglesias para establecer y operar escuelas cristianas? ¿Cuáles deben ser los objetivos de tales escuelas?

La idea básica es que a cada niño se le debiera permitir la mejor educación posible. No debiera sacrificarse la calidad de la educación. La educación en la escuela cristiana debe ser igual o superior a la educación pública. Además de sus cualidades cristianas, los maestros deben poseer credenciales educativas. La escuela existe para ayudar a cada niño a descubrir y a desarrollar los dones que Dios le ha dado. La misión de la escuela cristiana, finalmente, es la de desarrollar el futuro liderazgo de la comunidad, del estado, de los grupos de empresarios y profesionales, y de la iglesia.

Además de un director, personal de oficina y maestros, la iglesia necesita elegir un comité que tenga la responsabilidad de operar la escuela, de la misma manera que se administra la escuela pública. Este comité decide las normas, elige a los profesores y los administradores, establece el costo de las cuotas, y cuida en forma general de todas las actividades de la escuela.

La escuela debe tener una licencia del Ministerio de Educación y reunir todos los requisitos que éste requiera. Otras consideraciones importantes incluyen el transporte, el programa de almuerzos y la provisión de los libros de texto. El comité se reúne regularmente y tiene la autoridad para tomar decisiones. Un miembro del personal de la iglesia trabaja en conexión con el comité. Algunas veces, la iglesia designa a un ministro asociado para que sea el director. Si es así, ésta debe ser su responsabilidad principal, para asegurar que la escuela cristiana funcione efectiva y adecuadamente.

Administrar una escuela cristiana puede ser complicado y va más allá del objetivo de este libro. Hay guías completas disponibles. Si su iglesia está interesada en esta área de la educación cristiana, se puede hacer una visita a una escuela cristiana para discutir su interés con el director, o puede obtener información de un seminario.

Educación misionera

La educación misionera es un programa que les enseña a los niños sobre misiones y los guía a participar en actividades misioneras. Muchas denominaciones tienen programas y materiales de educación misionera para niños. Un patrón reciente es que las iglesias se vuelvan a los grupos paraeclesiásticos para que les provean educación misionera a sus niños; lo hacen así aunque ellos tengan programas patrocinados por la denominación. Las iglesias están libres de escoger el programa que gusten, pero deben hacerlo con cautela. Deben reclutar y entrenar a aquellos que trabajen con los niños. Los grupos paraeclesiásticos ponen énfasis en *sus* misioneros y en sus proyectos misioneros, guiando de esa manera a los niños a apoyar y a dar a *su* causa. Si usted está en una iglesia que es parte de una denominación, usted debe apoyar y orar por sus misioneros y proyectos de misión.

Un excelente recurso para este ministerio de la iglesia se encuentra en "Aventuras Misioneras" (Editorial Mundo Hispano). Este es un programa dinámico para niños y jóvenes de 3 a 18 años basado en actividades misioneras más que en "lecciones sobre misiones".

JÓVENES

El ministerio de jóvenes es popular en la mayoría de las iglesias evangélicas. Algunas iglesias tienen un ministro de jóvenes profesional; otros tienen líderes laicos. La iglesia ministra a los jóvenes a través de las actividades regulares, tales como Escuela Dominical, entrenamiento de discipulado, educación misionera y ministerio de música.

"Ministerio de Jóvenes" es un término exhaustivo que incluye todos los esfuerzos que una iglesia debe hacer debido al interés por este grupo de esta edad. Más que diversión y juegos, el ministerio de jóvenes es una parte integral del programa de la iglesia, y consta de una variedad de actividades complementarias de compañerismo, aprendizaje y servicio. Objetivos como los que se encuentran en la figura 8.5 están incluidos en la mayoría de los programas de las iglesias.

Figura 8.5

OBJETIVOS DEL MINISTERIO DE JÓVENES

Ayudar a la juventud a que:
• haga un compromiso con Jesucristo como su Salvador y Señor,
• sea un miembro significativo en la iglesia,
• crezca en el discipulado cristiano,
• experimente la adoración,
• aumente su conocimiento y comprensión de las verdades de la Biblia,
• aprenda a aplicar los principios cristianos en cada área de su vida.
• testifique de Jesús y busque guiar a otros a él,
• participe en las misiones y otros ministerios cristianos,
• practique la buena mayordomía del dinero, el tiempo, los talentos y las habilidades,
• crezca en el conocimiento y la aceptación de sí mismo(a).

Un ministerio para jóvenes es un esfuerzo de equipo. Involucra al pastor y al personal de la iglesia, a los padres de los jóvenes, a los maestros de los jóvenes en las organizaciones y programas relacionados con ellos, y a los jóvenes.

Las opciones de misión y ministerio están abiertas para los jóvenes en la localidad y en viajes misioneros. Para que los viajes misioneros tengan éxito se requiere que los jóvenes reciban entrenamiento en cómo llevar a cabo un ministerio proyectado: musical, trabajo misionero, y así por el estilo. Hay muchas posibilidades de actividades para el ministerio de jóvenes. Los recursos de la iglesia y la ubicación influyen grandemente y deciden las actividades juveniles.

Administrativamente, el programa de jóvenes funciona bajo el liderazgo o el concilio juvenil. Cada iglesia debe nombrar su representante y definir las funciones específicas del concilio juvenil. Los representantes se seleccionan de entre los miembros de la iglesia, los líderes adultos de los jóvenes, jóvenes de las diferentes organizaciones, representantes por edad, y el coordinador/ministro de jóvenes. Las actividades se planifican de acuerdo a los objetivos y a las normas de la iglesia[6].

Los campamentos son también populares entre la juventud. Algunas iglesias tienen campamentos exclusivamente para sus jóvenes. Otros se unen a campamentos de denominaciones donde interactúan con jóvenes de diferentes lugares.

ADULTOS

Las actividades educativas especializadas para adultos pueden desarrollarse en una gran variedad de áreas. Muchas se ofrecen a través de organizaciones existentes, especialmente proyectos y actividades de clases, departamentos y otros grupos. Aquí examinaremos tres áreas de trabajo especializado debido a su amplio uso en las iglesias: ministerio a la familia, ministerio a los adultos solos y ministerio a los adultos mayores.

Ministerio a la familia

Con el aumento de la fragmentación familiar, la iglesia se ha visto forzada a considerar las necesidades de la familia. El ministerio a la familia involucra todas las edades. Los adultos son clave para la integridad de los miembros más jóvenes de la familia.

Un programa de ministerio a la familia generalmente ofrece una variedad de servicios y de actividades que enriquecerán la vida desde una perspectiva cristiana. El propósito es el de llenar las necesidades como las que están en la lista de la figura 8.6

Figura 8.6

OPORTUNIDADES PARA MINISTERIOS A LA FAMILIA

- Ayudar a los miembros de la familia a aprender a hablar entre ellos, y a entender y resolver los problemas familiares.
- Ayudar a las parejas a enriquecer su relación.
- Ayudar a aquellos que han experimentado pérdida o separación a encontrar la aceptación en la iglesia y a crecer en su vida personal.
- Ayudar a los padres cuando tratan de entender y hacerle frente a los problemas que encuentran al criar a los hijos.
- Ayudar a las personas a entenderse a sí mismas y asumir responsabilidades para hacer que su vida valga la pena.
- Ayudar a las personas a formar amistades saludables y a enriquecer su vida.

- Ayudar a las personas en tiempos de crisis.
- Ayudar a las personas a aprender los fundamentos bíblicos de la sexualidad, el matrimonio y la vida familiar.
- Ayudar a los jóvenes a prepararse para sus funciones futuras en el matrimonio y en la vida familiar.

El ministerio a la familia se administra en forma diferente al de otras organizaciones de la iglesia, como la Escuela Dominical. No está bajo ninguna organización ni nadie está asignado a llevar la responsabilidad del ministerio a la familia. El concilio de la iglesia o el comité de educación cristiana podrían asumir esta responsabilidad, ya que ellos están a cargo de la planificación de todas las necesidades de la iglesia. Ningún programa del ministerio a la familia debe comenzarse antes de que se sepan las necesidades de la congregación. Luego se hace una lista de las necesidades en orden de prioridades. En lugar de asumir que todas las necesidades del ministerio a la familia se pueden llenar durante una semana especial, usted debe proyectar un plan de acción anual. Estas propuestas deben ser presentadas a la iglesia para su aprobación.

Las actividades del ministerio a la familia podrían incluir talleres de enriquecimiento matrimonial, conferencias sobre la crianza de los hijos, seminarios sobre el papel de los abuelos, y cursos diseñados para las familias mixtas. Algunas actividades son de una noche y están diseñadas para un cierto grupo, como parejas, solos, ancianos o abuelos. Otras actividades incluyen retiros para grupos específicos o talleres/estudios especiales en los que se reúnen dos horas cada semana durante varias semanas.

Las actividades del ministerio a la familia son para toda la familia. Incluye enseñarles a los preescolares, niños y jóvenes acerca de las relaciones familiares significativas. Algunas actividades están dirigidas a cierto grupo; otras son más integrales como ayudar a los jóvenes y a sus padres a tener relaciones positivas.

Las iglesias llevan a cabo el ministerio a la familia en forma diferente. Algunas lo hacen a través de eventos o actividades especiales; otras lo hacen a través de sus programas educativos continuos como la enseñanza bíblica y el entrenamiento de discipulado. Para hacer un trabajo efectivo, se necesita algo más que un énfasis en el hogar cristiano. Se deben ofrecer algunos eventos o actividades cada trimestre. Las actividades con solos o con ancianos deben ser parte del programa del ministerio a la familia. Sin embargo, cuando las necesidades son grandes y hay muchos participantes en estas categorías, se proveen programas separados.

Ministerio para adultos solos

Muchos adultos solos participan en el programa educativo de la iglesia. Las iglesias que tienen ministerio para los solos generalmente tienen un programa continuo de enseñanza bíblica para ellos. Algunas tienen entrenamiento de discipulado, educación misionera y actividades musicales para los adultos solos. La atención se enfocará en desarrollar un ministerio entre semana con y para los adultos solos.

Los solos son ahora más del 50 por ciento de la población adulta de los Estados Unidos; solamente hace unos pocos años eran un tercio de la población. Este es un grupo significativo al que la iglesia tiene oportunidad de ministrar. Se les encuentra en muchas variedades: los que nunca se han casado, los divorciados, los abandonados, los separados, los padres solteros o los viudos. En las áreas metropolitanas los solos se acercan al 75 por ciento de la población adulta. Una tendencia que emerge es que más varones solos participan en el ministerio de adultos solos.

Antes de iniciar un ministerio de adultos solos, es necesario hacerse algunas preguntas:

- ¿Quiénes son los solos? ¿Cuántos solos son actualmente miembros o asisten a su iglesia? ¿Cuántos solos hay en su comunidad?
- ¿Cuáles necesidades de las personas solas puede llenar su iglesia?
- ¿Qué tipos de actividades, programas y organizaciones se requieren para llenar esas necesidades?

Algunas necesidades de los adultos solos incluyen autoestima, compañía, aceptación, asistencia financiera, ayuda con los niños, sexualidad, deseo de conocer la voluntad de Dios y la soledad. Llenar estas y otras necesidades requiere de un plan, un programa.

Las actividades para los adultos solos las lleva a cabo y las evalúa un concilio de adultos solos. El concilio se compone de un ministro de adultos solos (u otro miembro del personal), un coordinador laico y representantes de cada organización de la iglesia que ministra a los adultos solos (Escuela Dominical, entrenamiento de discipulado, educación misionera, música, etc.). Los adultos solos planifican y realizan su propio programa y actividades, no los miembros del personal. Los representantes elegidos son miembros de las diferentes unidades organizacionales y de la iglesia local.

El concilio es responsable de planificar, organizar, coordinar y evaluar todas las actividades de los adultos solos, y de reportar directamente a la iglesia a través del concilio de la iglesia[7]. Los miembros del concilio tienen la responsabilidad principal del ministerio de adultos solos pero no deben tratar de hacer ellos todo. Deben buscar a otros adultos solos o una persona capacitada para que trabaje con ellos.

Un ministerio eficaz de adultos solos tiene una variedad de actividades que llenan las múltiples necesidades de ellos. Algunos apuntan a grupos específicos como padres solos; otros se enfocan a ministrar a los separados o divorciados. Algunas actividades son para un grupo en especial; otras son más generales donde se habla de cosas comunes a todos los adultos solos.

La iglesia no puede ser todo para todas las personas; por lo tanto debe enfocarse en llenar las necesidades espirituales de los adultos solos. Cada vez que hay un adulto solo en una actividad o evento, el compañerismo o las relaciones son parte del proceso. Los ministerios para solos que se construyen solamente alrededor de actividades sociales, luego de un tiempo dejan de tener éxito. Otra iglesia tendrá fiestas más grandes o mejores, y los solos se irán para allá.

Una iglesia que es seria en cuanto a su ministerio hacia los adultos solos provee cuidado de niños cada vez que se reúnen. Esto incluye cuidado de niños para retiros u otras excursiones que no sean apropiadas para los niños. No obstante, algunas actividades están orientadas hacia la familia, y se planifican con niños y adultos en mente.

Un ministerio a las personas solas no debe tener actividades cada día de la semana. Los solos necesitan tiempo para lavar su ropa, hacer compras y atender necesidades personales. No todos los solos deben asistir a cada evento para solos auspiciado por la iglesia, solamente a aquellos que llenen sus necesidades.

El ministerio a los solos busca hablarles a las necesidades exclusivas y especiales de los mismos. Este ministerio es todavía más fortalecedor cuando los adultos solos tienen también la oportunidad de ministrar en la iglesia y fuera de la iglesia. Estos adultos llevan vidas independientes, toman decisiones por ellos mismos; algunos inclusive tienen también puestos administrativos o de liderazgo en la arena laboral.

Ministerio para adultos mayores

El número de adultos mayores está creciendo rápidamente. La gente mayor de 65 años está sobrepasando a los jóvenes. Se estima que para el año 2050 los estadounidenses mayores de 65 años sobrepasarán a los adolescente dos por uno. Para el año 2050 uno de cada cuatro estadounidenses tendrá 65 años. Los clubes de adultos mayores y otras actividades están organizados para llenar las necesidades exclusivas de los ancianos, comenzando tan temprano como a la edad de 50 años.

El propósito de los ministerios para los adultos mayores es ayudar en todas las áreas de la vida, especialmente aquellas que están relacionadas con las necesidades físicas, espirituales y emocionales de los participantes. A través de diversas actividades semanales o mensuales, un ministerio para adultos mayores puede proveer lo siguiente:

• Una manera para que la iglesia muestre amor e interés por los adultos mayores en un ambiente que los guíe a sentir que son importantes para la adoración y la vida de la iglesia.

• Una manera de usar sus habilidades naturales y aprendidas dándoles oportunidades de servicio.

• Una manera de combatir la soledad a través del compañerismo cristiano, nuevos intereses y un sentido de pertenencia.

• Una oportunidad de contribuir activamente a la sociedad a través de la iglesia.

El concilio de adultos mayores provee la estructura administrativa para este ministerio. El grupo tiene un coordinador y representantes de cada organización de la iglesia que tenga adultos mayores que participen. El concilio descubre las necesidades de los adultos mayores, planifica e implementa actividades, coordina el calendario de actividades, informa a la iglesia o al concilio de la iglesia, y evalúa el programa. Los adultos mayores están a cargo de sus propias actividades. Pueden necesitar ayuda en algunas áreas, pero básicamente deben proveer su propio liderazgo.

El ministerio de entre semana de adultos mayores generalmente es llamado club de adultos mayores. Entre los oficiales necesitan tener un presidente, un presidente de programa, un presidente de reclutamiento y un secretario. Se añadirán comités adicionales conforme se amplíen las necesidades.

Las iglesias que tengan una población muy grande de adultos mayores podrían necesitar dos grupos diferentes. Aquellos que tengan 65 o más podrían formar un grupo. El otro podría ser la nueva categoría de adultos mayores compuesta por aquellos que se jubilan temprano: los "en el medio". Sus necesidades e intereses son muy diferentes de las de los mayores de 65 años. Pueden hacer algunas actividades juntos, pero muchas se tendrán que hacer por separado.

Algunas iglesias proveen fondos para el ministerio de los adultos mayores, especialmente para sufragar el transporte y el costo de las reuniones. Muchos adultos mayores tienen ingresos limitados pero necesitan sentir que están cubriendo sus gastos, de manera que la mayoría de las actividades involucrarán una cuota o contribución de los participantes. Se debe tener cuidado de los costos y de hacer que todos se sientan incluidos. Los fondos de las actividades de los adultos mayores deben ser planificados y administrados de la misma manera que la asignación para las actividades de los jóvenes.

El ministerio a los adultos mayores es principalmente para los ciudadanos mayores de su iglesia y comunidad. En este grupo hay necesidades especiales que la congregación puede y debe llenar. Sin embargo, muchos ancianos están en la mejor etapa de su vida y pueden contribuir significativamente a través del servicio voluntario en la iglesia y en la comunidad. Al poseer invaluables conocimientos y experiencia, pueden proveer una gran ayuda en el comité de trabajo, las actividades de enseñanza y el compañerismo, en tareas de la oficina de la iglesia, en la visitación y aun pueden servir como abuelos sustitutos. Algunos son muy buenos en mecánica y otras cosas, y pueden hacer pequeñas reparaciones en la iglesia o ayudar a alguien que lo necesite. Otros podrían escoger ministrar a aquellos que estén convalecientes en su casa o visitar a los miembros que no puedan salir de su casa.

CAPÍTULO NUEVE

LA EDUCACIÓN CRISTIANA EN LA IGLESIA PEQUEÑA

Jerry M. Stubblefield

Serví como pastor en dos iglesias pequeñas. La primera solamente tenía una clase de Escuela Dominical para adultos. La segunda tenía estudio bíblico por edades y programa de entrenamiento para el discipulado, educación misionera para mujeres y para niños. Esta iglesia tenía una fuerte herencia de enseñanza de calidad y apoyo congregacional para la educación cristiana. Trabajaban fuerte, asistían a las oportunidades de entrenamiento que proveía la denominación, y estaban orgullosos del ministerio educativo de la iglesia.

En la pared posterior del santuario había varios estandartes que mostraban que ellos eran una Escuela Dominical *modelo*. Para lograr esta distinción su Escuela Dominical tuvo que alcanzar a cumplir de ocho a diez cosas cada año. Fue en la Iglesia Bautista Victoria donde aprendí a pastorear una iglesia. Un buen domingo había 35 personas en el culto de adoración. Años más tarde, cuando fui ministro de educación de una iglesia de 2.500 miembros, hice lo que había hecho en Victoria, sólo que aumentado.

Muchos sienten que la manera en que se trabaja en una iglesia pequeña es la manera en la que se trabaja en la iglesia grande pero dividido por la mitad. Mi experiencia es exactamente lo opuesto. Se hace en la iglesia grande lo que se hizo en la iglesia pequeña, pero multiplicado.

Los mismos principios funcionan tanto en la iglesia grande como en la pequeña.

Con el paso de los años he servido como pastor interino en varias iglesias pequeñas. Encuentro que, al igual que las iglesias grandes, algunas iglesias pequeñas tienen programas de educación cristiana de calidad, otras tienen programas modestos y otras los tienen débiles. La iglesia pequeña, sin embargo, por ser pequeña, no debe tener un programa de educación cristiana inferior o débil. Eso depende del liderazgo del pastor y de los laicos.

Hay diferentes definiciones para la iglesia pequeña. Generalmente esta es una iglesia de menos de 200 miembros. Aquellos que tienen una Escuela Dominical dividida por grados definen la iglesia pequeña como la que tiene 150 o menos matriculados en su programa de enseñanza. Tales iglesias tienen entre 75 a 125 como promedio de asistencia en un domingo determinado. Dos tercios de las iglesias evangélicas de Estados Unidos son iglesias pequeñas. La mayoría tienen algún tipo de estudio bíblico o de ministerio de enseñanza, lo cual es educación cristiana.

No es del ámbito de este capítulo explorar las características de la iglesia pequeña; el interés aquí es cómo una iglesia pequeña puede tener una educación cristiana de calidad.

¿QUÉ ES LA EDUCACIÓN CRISTIANA?

¿Cuál es el propósito de la educación cristiana? ¿Qué pasa en la vida de la gente cuando participan en las actividades de educación cristiana? Una declaración simple es que la educación cristiana existe para ayudar a las personas a responder a Dios[1]. Una declaración extendida es que el propósito de la educación cristiana "es amar y ser amado; conocer y ser conocido; vivir y perdonar dentro del contexto de un grupo celular, que tiene su propia cultura y su propia historia"[2]. Donald L. Griggs y Judy McKay Walther ven el amplio ámbito de la educación cristiana como aprender qué significa ser cristiano; lo que la Biblia dice y es relevante para la fe y la vida diaria; entender y responder a las necesidades de la gente; y aprender a amar a Dios, al prójimo y a sí mismo. Esto, dicen ellos, es un proceso de toda la vida[3].

D. Campbell Wyckoff pregunta: "¿Qué necesita nuestra gente (de diferentes edades y etapas de vida y experiencia) saber y llegar a ser para lograr la madurez en Cristo y entender y asumir la misión de la iglesia?"[4]. Su idea es que la educación cristiana debe ayudar a los participantes a madurar en Cristo e involucrarse en la misión de la iglesia, en la misión de Cristo. Carolyn C. Brown, en contraste, anota que "la educación cristiana describe todos nuestros esfuerzos para capacitar a la gente a crecer en su fe"[5].

Cada declaración nos ayuda a examinar el propósito de la educación cristiana y cómo lo que hacemos puede afectar la vida de aquellos en nuestra iglesia. La educación cristiana no es una actividad, ni un evento ni un programa. Es un esfuerzo para influenciar la vida de los participantes de manera que ellos puedan ser maduros en Cristo y participar en la misión y el ministerio de Cristo a través de la iglesia y en el mundo.

Tome un momento y reflexione sobre las ideas de Foltz, Griggs y Walther, Wyckoff, y Brown. ¿Puede usted identificar alguna palabra clave que describa cómo ve usted el propósito de la educación cristiana? Podría ser que usted quisiera escribir su declaración de propósito de la educación cristiana en la iglesia pequeña.

Muchas iglesias dependen de su *programa de enseñanza bíblica* para proveer toda su educación cristiana. Cuando se hace esto, es principalmente para los niños. Mi tradición religiosa busca llevar a cabo la educación religiosa a través de tres diferentes vehículos. Uno es el estudio bíblico, a menudo llamado Escuela Dominical, escuela de la iglesia o Escuela Dominical de la iglesia. También incluye conferencias bíblicas, Escuela Bíblica de Vacaciones, y otros estudios concentrados de libros bíblicos. El estudio bíblico es para cristianos y no cristianos. Un programa de estudio bíblico efectivo busca alcanzar a los incrédulos y a los que no asisten a la iglesia de manera que ellos puedan oír el evangelio y responder a la oferta de salvación dada por Dios.

Un segundo énfasis es el *entrenamiento para el discipulado*, en el que algunas iglesias se enfocan en el momento de la conversión o cuando se hacen las decisiones. El entrenamiento para el discipulado, sin embargo, es necesario a través de toda la vida cristiana. Esta fase de la vida cristiana debe ayudar al cristiano a entender mejor su fe. Sus áreas de estudio incluyen doctrina e historia cristiana, ética y política de la iglesia. El entrenamiento para el discipulado debe ayudar a los creyentes a madurar en Cristo y a aprender cómo ministrar y testificar a otros. Busca proveer tres clases de entrenamiento: (1) entrenamiento para miembros nuevos, (2) entrenamiento para líderes y (3) entrenamiento para miembros. Esto requiere un plan específico para lograr estos tres fines. Los adultos necesitan el entrenamiento para el discipulado al igual que los niños y los jóvenes.

El tercer énfasis es *la educación misionera*. Los cristianos necesitan conocer su herencia y cómo el evangelio se extiende alrededor del mundo, comenzando por el hogar. La educación misionera involucra estudiar sobre misiones pero también participar en misiones, *hacer* misiones. La educación misionera no es solamente para las mujeres y los niños sino que también la necesitan los varones adultos. La educación misionera se enfoca en apoyar las misiones. Apoyamos las misiones orando por los misioneros y por los esfuerzos misioneros, dando para las misiones, y alentando a los misioneros y sus familias.

Estos tres aspectos de la educación cristiana —estudio bíblico, entrenamiento para el discipulado y educación misionera— deben ser parte del programa y actividades de *todas* las iglesias, grandes o pequeñas. La mayoría de las iglesias tienen estudios bíblicos continuos. El entrenamiento para el discipulado y la educación misionera pueden ser eventos especiales o proyectos, pero son esenciales para el crecimiento de los cristianos y la aplicación del evangelio a toda la vida. He realizado actividades de educación cristiana en iglesias pequeñas los domingos en la tarde, durante el culto de adoración, en algunos cultos de los miércoles o viernes en la noche. Las veces que usamos un tiempo fuera del domingo fue además un tiempo de compañerismo y fue para toda la familia.

La educación se lleva a cabo en todo lo que la iglesia pequeña hace: adoración, misiones y compañerismo; esto es también verdad en las iglesias grandes. Brown escribe: "La buena educación cristiana no está limitada a clases de la misma edad. La buena educación cristiana sucede cada vez que la gente se siente desafiada a explorar alguna parte de su fe"[6]. La iglesia educa a través de todas sus actividades como iglesia.

DESARROLLANDO LA EDUCACIÓN CRISTIANA EN LA IGLESIA PEQUEÑA

Las actividades y los programas de una educación cristiana efectiva están hechos a la medida de una iglesia en particular. Los programas denominacionales son genéricos, hechos para llenar las necesidades aun de las iglesias más pequeñas en diferentes ambientes. Griggs y Walther comparten una buena directriz: "El desarrollo de los ministerios cristianos educativos efectivos en las iglesias pequeñas está relacionado a la habilidad de la congregación de verse a sí misma, descubrir las necesidades que deben ser atendidas, y encontrar maneras de comunicar el evangelio entre ella misma y a aquellos que viven en sus comunidades"[7].

Todas las iglesias, denominacionales o no, deben adaptar y ajustar sus actividades de educación cristiana para que llenen sus necesidades especiales. De otra manera, el programa es inefectivo o débil para llenar las necesidades locales que se encuentran en la iglesia y en la comunidad.

Pamela Mitchell subraya esta necesidad, citando de un libro antiguo sobre la educación cristiana en la iglesia pequeña: "Un principio básico para tener en mente es que el programa de educación cristiana debe prepararse en cada iglesia en particular, considerando el carácter y las necesidades de sus miembros, el lugar de la iglesia en la comunidad, sus tradiciones y herencia, y sus recursos y oportunidades. Si se sigue este principio, significará que la iglesia pequeña no tratará de imitar a la iglesia grande"[8]. La clave, dice Mitchell, "es reconocer, recobrar y honrar el carácter de la membresía de la iglesia pequeña"[9]. La iglesia pequeña es saludable por lo que es y por lo que es su misión, no por tratar de imitar a la iglesia grande o por tratar de ser una iglesia grande.

La autoestima es una preocupación para las iglesias pequeñas. Si enfocan su ministerio con la idea de que están haciendo la obra de Dios, tendrán un ministerio importante en el reino de Dios. Cualquier cosa que hagan deben hacerla con integridad y sentido de satisfacción de la misión y el plan de Dios para ellos.

Nuestra cultura dice que "cuanto más grande, mejor". Este no siempre es el caso. Aunque se les ha dado mucha atención a las megaiglesias, no todas las iglesias pueden o deben hacer lo que esas iglesias están haciendo. Lo que las iglesias pequeñas pueden y deben hacer es tener programas de calidad que llenen las necesidades y tengan integridad.

Todos los programas de educación cristiana deben llenar las necesidades locales. La iglesia pequeña debe hacer lo que hace mejor. Es relacional y ofrece un sentido de intimidad y cordialidad que no siempre se encuentra en la iglesia grande. La iglesia pequeña no debe imitar a las iglesias grandes. Debe ser auténtica en lo que es y en el marco en el cual existe.

Por lo tanto, los patrones organizacionales comienzan con el carácter de la iglesia. Una característica de la iglesia pequeña es que es propiedad de laicos y operada por laicos. Esto es también cierto en el ministerio educativo. Los miembros laicos deben tener derecho de propiedad y liderazgo en el programa educativo. Bob I. Johnson siente que las siguientes preguntas son críticas para un programa efectivo de educación cristiana en la iglesia pequeña: "¿Quién diseña el programa religioso de educación?, ¿Quién invita a los líderes religiosos de educación a servir? ¿Quién cuida a los líderes? ¿Quién cuida las aulas? ¿Quién lleva los registros y paga las cuentas? ¿Quién ordena el currículo y los suministros? Y ¿quién guía los programas de apertura?"[10].

Su respuesta a esas preguntas revela quiénes son los líderes de la iglesia pequeña. Frecuentemente, la educación cristiana está en manos de laicos, y así debe ser. El pastor está involucrado en el programa de educación cristiana pero más como preparador, entrenador y asesor que como cabeza dominante.

La educación cristiana es principalmente relacional. Por eso es que se recomienda tener clases pequeñas para las actividades de educación cristiana. Las clases pequeñas les dan a las personas una identidad; ellos son importantes como individuos. En la iglesia pequeña la educación cristiana es un esfuerzo de todos, y cada vez que la gente se reúne hay una oportunidad potencial para aprender y para enseñar[11].

La iglesia pequeña funciona más como una familia. Toda su vida es parte de la educación cristiana. La educación cristiana se lleva a cabo tanto en actividades formales como informales. La gente aprende mucho de la observación personal; algunas veces tanto como lo hace en clases dirigidas por maestros.

ORGANIZANDO LA EDUCACIÓN CRISTIANA EN LA IGLESIA PEQUEÑA

La iglesia pequeña tendrá clases con edades más amplias, como en las antiguas escuelas que tenían una sola aula. En los Estados Unidos todavía hay muchas escuelas con un solo salón de clase, y muchas proveen educación de calidad. Este tipo de clases tiene muchas ventajas. Brown identifica lo siguiente: "La iglesia es una comunidad o una familia. El 'marco familiar' permite tener algunos héroes cercanos al hogar, y fuerza a la gente a compartir su fe en maneras informales y menos académicas"[12]. Los maestros presentan el material pero también interpretan y discuten sus experiencias con Cristo. Dentro de la intimidad de la iglesia pequeña, los alumnos conocen a sus maestros y la forma en la que viven.

Para que una enseñanza sea efectiva, cada clase o grupo necesita al menos dos personas que planifiquen juntas y estén en el aula. Deben conocer a los alumnos y lo que cada uno puede obtener por pertenecer a la clase[13]. Las clases normalmente estarán divididas en: preescolares, escolares, jóvenes y adultos, divididos por edad o por grado si es necesario. Un colaborador será el maestro y otros lo ayudarán sustituyéndolo cuando sea necesario. Si hay más de ocho que asisten regularmente a cualquier clase, considere dividirla cuando puedan conseguir un maestro adicional. Por lo general, el asistente se convertirá en el maestro y se podrán nombrar dos asistentes. Los adultos y los jóvenes pueden dividirse de acuerdo a la edad o al sexo, mientras que los escolares y los preescolares deben dividirse entre menores y mayores.

El pastor o un líder laico interesado debe servir como director de la Escuela Dominical, coordinando actividades y promocionando estudios bíblicos en la congregación.

PROVEYENDO PERSONAL PARA EL PROGRAMA DE EDUCACIÓN CRISTIANA

La gente está dispuesta a trabajar en el programa de educación cristiana si siente que se le necesita, si tiene responsabilidades que concuerdan con sus intereses y habilidades, si tiene responsabilidades significativas y si sus esfuerzos son apreciados. Lyle Schaller dice que del 30 al 65 por ciento de los miembros están dispuestos a ser maestros y líderes. En congregaciones más pequeñas, un gran porcentaje de los miembros está dispuesto a servir como voluntario[14]. En las iglesias grandes hay más "espectadores", que no aceptarán puestos de liderazgo. La gente en las iglesias pequeñas es más "participante" ya que comparte lugares de liderazgo y responsabilidad.

¿Cómo reclutamos gente para que trabaje en la educación cristiana? Brown tiene un alto concepto sobre el trabajo de reclutar obreros:

> Los reclutadores le piden a la gente que comparta su fe con otros cristianos. Enseñar es un llamado que San Pablo clasifica como uno de los más altos. Ser buscado para enseñar es un alto honor, además de un desafío. A estos maestros se les debe dar materiales cuidadosamente preparados y seleccionados para que trabajen, y deben tener el apoyo de toda la iglesia. Todo esto se hace debido a que la iglesia le da un gran valor al crecimiento cristiano. Así que, haga a un lado la nube de negativsmo, y encare a la labor de reclutar maestros para el ministerio de educación de la iglesia con la energía en oración que esta merece[15].

Empezar el proceso de reclutamiento temprano ayuda a la gente a sentir que la iglesia toma seriamente su tarea de encontrar gente que sirva en el programa de educación cristiana de la iglesia. El reclutamiento a última hora tiene un sentimiento de pánico y desesperación[16]. El proceso de reclutamiento debe comenzar varios meses antes del nuevo año eclesiástico. (Las ideas en el capítulo 6: "Cómo proveer de personal y motivar", también se aplican a la iglesia pequeña). Esto da tiempo para entrenar a aquellos que son nuevos en este ministerio. También les da tiempo para sentirse más seguros acerca del trabajo.

El abandono de los puestos de liderazgo de la iglesia acosa a las iglesias de todos los tamaños, incluyendo a la iglesia pequeña. Brown sugiere que los maestros en las iglesias pequeñas necesitan tres clases de cuidado y alimentación para sobrevivir:

Ánimo. La enseñanza puede ser un trabajo muy solitario. A los maestros muchas veces se les proveen los libros y se les deja solos para hacer lo mejor que puedan. Algunos sienten que el trabajo es más de lo que pueden manejar y que están gastando mucho tiempo en ello. "Además, a nadie le importa". El desánimo se puede evitar si usted se mantiene en contacto con los maestros y comparte con ellos las palabras de felicitaciones y gratitud de los alumnos, les pregunta cómo van las cosas y les muestra su aprecio. Los maestros pueden dirigir la oración en público en los cultos de adoración. "Los maestros necesitan saber que su trabajo es valioso para la iglesia y que la iglesia los apoya cuando enseñan"[17].

Habilidad. Un maestro debe saber que tiene habilidades específicas para hacer un buen trabajo. Si una persona se siente incapaz de realizar un trabajo en forma adecuada, pronto se desanimará y probablemente dejará la enseñanza. A través de un programa de entrenamiento, una iglesia puede proveerles oportunidades a los maestros para que desarrollen las habilidades que necesitan.

Inspiración. Los maestros voluntarios de la iglesia a menudo ven su trabajo como un compromiso con la obra de Dios. La iglesia debe honrar y desarrollar ese sentido de compromiso. Se puede usar ilustraciones y referencias bíblicas sobre la enseñanza y los maestros en los sermones y en ocasiones especiales para animar a los obreros. Una reunión efectiva de los obreros también ayuda a estimular y apoyar a los maestros. Tentativas de este tipo los ayudarán a comprender mejor lo que significa ser un maestro para Jesucristo e incrementa su efectividad al enseñar y el gozo que encuentran en su trabajo[18].

El aprecio y reconocimiento hacia los obreros ayuda a los maestros a sentir que lo que están haciendo es importante y apreciado por la iglesia. Esto puede ser parte de un culto de adoración, un banquete u otra celebración. Hacer un pacto al principio del año eclesiástico resalta la importancia que la iglesia le da a su programa de educación cristiana.

SELECCIONANDO LOS MATERIALES DEL CURRÍCULO

Seleccionar los materiales del currículo es una tarea difícil para los líderes de la iglesia, especialmente en las iglesias pequeñas. Dos situaciones que los líderes de las iglesias enfrentan son (1) mantenerse al corriente con los currículos disponibles, y (2) seleccionar el material apropiado para su situación particular[19]. Afortunadamente, las iglesias tienen buenas opciones de recursos de currículo.

Si usted ya está usando recursos de aprendizaje efectivos, solamente necesitará suplementar estudios especiales o eventos. Si usted está insatisfecho con los recursos de que dispone actualmente o están comenzando una nueva clase o programa, puede contactar al asesor educativo de su área u oficina regional. En el caso de que esto no funcione, puede pedir catálogos de materiales para iglesia a la editorial de su denominación o a librerías religiosas. Una revisión de los recursos debe hacerse basándose en las necesidades de su gente.

Si no puede encontrar recursos apropiados producidos por iglesias de su denominación, puede considerar usar materiales de editoriales que sean compatibles tanto con la doctrina como con los criterios educativos[20]. Los líderes de educación cristiana deben hacer el compromiso a largo plazo de cambiar el currículo solamente cuando el mismo no llene las necesidades de la gente.

Griggs y Walther dan las siguientes advertencias concernientes a la selección de currículo: "Lo que se necesita para responder a esas preocupaciones es un sentido de dirección, la afirmación de algunas metas básicas para la educación cristiana, y reconocer que el currículo involucra más que ordenar materiales para los maestros"[21]. Un currículo, aun un buen currículo, es una herramienta, una manera para ayudar a la iglesia a lograr su propósito en la educación cristiana. Siempre debe ser adaptado para esa iglesia específica.

Algunas veces las iglesias escogen los materiales de currículo por su formato atractivo o porque los procedimientos de enseñanza son simples y fáciles de usar. Brown da algunas advertencias apropiadas: "Cualquier material que ofrezca un mensaje inaceptable debe descartarse, no importa cuán útil o atractivo sea. Generalmente, es más importante que el material pase la prueba del mensaje y que sea enseñable a que sea atractivo"[22].

Los materiales de currículo para programas continuos como la Escuela Dominical vienen escritos en estudios, los cuales forman unidades. Estas unidades vienen en secuencias de planes trimestrales y anuales para que cubran un contenido específico o un estudio de áreas. Por consiguiente, cualquier currículo necesita tener continuidad. Brown dice: "Si las personas han de crecer en su fe, necesitan explorar y ser desafiadas en todas las áreas de esa fe a través de los años".

Los estudios temáticos ofrecidos como parte de un enfoque de "buffet libre" (comer lo que le guste) pueden ser populares pero no necesariamente ayudan a la gente a madurar y a crecer como con un currículo anual planificado. Por ejemplo, los materiales de currículo para preescolares y escolares tratan sobre temas específicos en cierto momento de la vida del niño. Andar de un lado a otro o usar materiales diferentes puede significar que no se les está enseñando a los niños en esos importantes asuntos.

LA CONGREGACIÓN COMO MAESTRA

La enseñanza efectiva usa una variedad de actividades de enseñanza. Un maestro sabio dijo una vez: "Solamente hay un método de enseñanza equivocado, el que usted usa siempre". Las actividades de aprendizaje, por la naturaleza de que están tratando de ayudar a los alumnos a hacer, deben usar diferentes enfoques. Wyckoff señala algunas áreas cubiertas por la educación cristiana. "El tema en discusión cubre el conocimiento bíblico necesario, la fe, y las demandas personales y sociales del discipulado"[23]. Cada tema requiere diferentes enfoques en la enseñanza a medida que cubre el conocimiento, las actitudes y las habilidades para aplicar lo aprendido. Seguir solamente un tipo de enfoque será ineficiente para ayudar a los alumnos a incorporar estas verdades en sus vidas.

Diferentes objetivos de aprendizaje requieren diferentes métodos o enfoques de enseñanza. El objetivo del aprendizaje decide los métodos de enseñanza que están disponibles para el maestro. Wyckoff menciona: "La selección de las actividades de aprendizaje está guiada por el principio de que las personas aprenden la fe y la vida cristiana a través de la participación rica y reflexiva en la adoración, el testimonio y el trabajo de la iglesia en sus diferentes ministerios"[24]. Si la adoración, el testimonio y el trabajo de la iglesia son oportunidades educativas importantes, alguna reflexión, interpretación e interrogatorio debe ocurrir después de estas actividades, de manera que se logre el máximo aprendizaje.

Las iglesias pequeñas funcionan más como una familia, así que "las actividades apropiadas de aprendizaje son más informales en la familia que en el aprendizaje formal de la escuela. Hay una atmósfera de cercanía, calidez, intimidad e informalidad difícil de lograr excepto en la membresía de una iglesia pequeña"[25].

David R. Ray, al resumir la investigación de *The Search Institute* en las iglesias que son altamente efectivas en promover una fe madura, dice que las características deseables son: "Un clima de calidez, la gente recibe la atención de otros, un clima de desafío, la adoración que toca el corazón además de la mente, un liderazgo laico y pastoral con una fe madura, y un ministerio educativo fuerte y vibrante"[26].

ENTRENANDO A LOS LÍDERES DE EDUCACIÓN CRISTIANA

Proveer un entrenamiento adecuado para los obreros es una tarea difícil para la iglesia pequeña. Hay muchos problemas y peligros que hay que vencer si se hace el entrenamiento local. Si se hace el entrenamiento en grupos por edades, habrá sólo una o dos personas. Yo he probado diferentes enfoques al trabajar con iglesias pequeñas.

Si hubiera varias iglesias pequeñas cerca de la suya, usted podría combinar sus esfuerzos de entrenamiento con ellos. Al mancomunar a sus obreros y los recursos, usted podría encontrar una persona competente que guíe el entrenamiento. (Un pastor no debe tratar de hacer todo el entrenamiento para los diferentes grupos de edades. Usted no puede ser un especialista en todas las áreas). Algunas denominaciones tienen equipos voluntarios que están dispuestos a ayudar a entrenar líderes en ministerios educativos específicos. Estos equipos van a las iglesias a hacer esto.

Los eventos denominacionales de entrenamiento ofrecen buenas oportunidades para entrenar a los obreros educativos. La iglesia pequeña debe tomar ventaja de esto cuando estén en su área o sus obreros puedan asistir. Una ventaja de esta clase de entrenamiento es que sus obreros están con gente de otras iglesias que están experimentando el mismo problema que ustedes. Hay una dinámica especial en esos eventos que motiva e inspira a sus obreros. También hay entrenamientos interdenominacionales que pueden beneficiar a sus obreros. Generalmente se encuentran en el área de la enseñanza bíblica o en el trabajo de la Escuela Dominical.

Cuando yo pastoreé una iglesia pequeña, ofrecimos oportunidades de entrenamiento local. Les dábamos a los obreros un libro que los ayudara. Se les pedía que leyeran ciertas porciones del libro, y luego nos reuníamos una hora o más para revisar y discutir lo que habían leído.

Otra forma efectiva para entrenar nuevos obreros de educación cristiana es asignarle un nuevo colaborador a otro con experiencia. Esto funciona como un aprendizaje en el que el novato aprende del experimentado. El novato puede practicar enseñar o dirigir al grupo y luego discutir que se hizo bien y en cuáles áreas necesita mejorar. La mayoría de las iglesias pequeñas tienen excelentes maestros y obreros en cada grupo de edades que pueden servir para entrenar a otros.

RESULTADOS DE LA EDUCACIÓN CRISTIANA EFICAZ

¿Qué le sucede a la gente a medida que se involucra en la educación cristiana? Cuando la gente participa en actividades y eventos, debe crecer en la madurez cristiana y en la habilidad para influenciar su mundo para Cristo. Griggs y Walther resumen la meta deseada de la educación cristiana como: "al final, todo vendrá a ser de poco valor si la persona no ha sido invitada a tomar decisiones, desafiada a comprometerse a acciones significativas, estimulada a dialogar con otros, y alimentada y nutrida para crecer espiritualmente"[27].

Las iglesias pequeñas son efectivas para nutrir una fe madura. A través de una educación cristiana de calidad, la iglesia pequeña puede influenciar a su comunidad local con el evangelio de Jesucristo.

CAPÍTULO DIEZ

ENTRENANDO A MAESTROS Y LÍDERES

Edward A. Buchanan

Los maestros y los líderes de la iglesia local requieren de un programa eficiente de entrenamiento en educación cristiana. Sin voluntarios entrenados una iglesia sería incapaz de realizar sus programas. Los maestros necesitan *conocimiento de contenido* en las áreas en las que proveen instrucción, y *habilidades de procedimiento* para enseñar y trabajar con personas en situaciones de grupo pequeño o grande. Otros líderes de la iglesia necesitan contenido y habilidades para hacerlos también productivos en el desempeño de sus funciones. En Efesios 4:12, el apóstol Pablo dijo que el propósito de proveer líderes de la iglesia es *capacitar* a los miembros del cuerpo de Cristo para llevar a cabo la obra del ministerio. Esa función de preparar o perfeccionar requiere maestros y líderes entrenados.

Los cristianos evangélicos han enfatizado varias creencias importantes. Entre estas está el *sacerdocio del creyente*, lo cual significa que un cristiano individual tiene acceso directo a Dios a través del Espíritu Santo. Otra doctrina es la de la *capacidad del alma del creyente*. Esto trae consigo la habilidad del creyente para entender la revelación bíblica y aplicarla apropiadamente bajo la guía del Espíritu Santo. Una tercera creencia esencial es la de una *membresía regenerada de la iglesia*. Eso significa que cada miembro debe tener una experiencia personal con Jesucristo como Salvador y Señor. Bajo la guía del Espíritu Santo el trabajo de la iglesia es llevado a cabo por una iglesia de miembros regenerados.

Para practicar estas doctrinas, un creyente debe tener algún conocimiento bíblico y teológico. Es importante para una iglesia eficaz que sus líderes entiendan, practiquen y enseñen estas doctrinas. Por lo tanto, el entrenamiento de líderes es esencial.

Se les debe enseñar a los maestros y líderes cómo enseñar, cómo administrar y cómo interactuar con otros miembros de la iglesia. Pero hay cualidades personales fundamentales que se necesitan considerar en la selección. Ser maestro de la Escuela Dominical o ministrar como diácono requiere que un individuo exhiba fe personal, madurez e integridad. Estas características no se enseñan y deben estar presentes cuando se recluta a la persona para el entrenamiento y el servicio.

Hay algunas otras cualidades deseables: un espíritu enseñable, pasar tiempo en devoción personal y en oraciones intercesoras, apertura, honestidad, autocontrol, humildad y madurez. Otras cualidades espirituales importantes incluyen discernir la mano de Dios en las experiencias de cada día y demostrar la paz interna de Dios. Juntas, estas cualidades suponen un alto nivel para los líderes de la iglesia, pero son necesarias para la eficiencia de la iglesia. Note que los requisitos difieren marcadamente de las cualidades esperadas de los líderes en el mundo de los negocios.

En este capítulo identificaremos a aquellas personas para quienes el entrenamiento de liderazgo sería deseable, y consideraremos los elementos de administración para un programa de entrenamiento de liderazgo efectivo.

SELECCIONANDO LÍDERES PARA ENTRENAR

Debido a que vivimos en una cultura tecnológicamente avanzada, muchas organizaciones de negocios enfatizan el entrenamiento anual y la modernización de su personal. La única manera en que un negocio puede competir en el mundo contemporáneo es asegurando que sus empleados estén informados y sean competitivos en el mercado actual. Cuando uno considera la miríada de actividades que se realizan en las iglesias estadounidenses de hoy en día, ¿puede haber menos énfasis en la preparación de los líderes? Los tres grupos de personas que necesitan entrenamiento son el personal pagado, el personal educativo voluntario y otros voluntarios de la iglesia.

Entrenamiento para el personal profesional

La complejidad de las organizaciones eclesiásticas coloca pesadas demandas sobre el personal pastoral. En muchos lugares, la educación continua es obligada para que doctores, dentistas y abogados puedan seguir teniendo una licencia que les permita ejercer. Aunque la mayoría de las iglesias no requieren que sus ministros se actualicen, pueden animarlos y darles reconocimiento por buscar mejorar sus conocimientos y habilidades relacionadas con el ministerio. Los estudios demuestran que los ministros están concientes de sus necesidades educativas y desean participar en actividades que les provean mayor capacidad en el ministerio.

Se espera que un ministro sea un líder espiritual, consejero, educador, discipulador, administrador, maestro, motivador, líder de alabanza, comunicador dotado y entrenador. Además, un ministro puede ser llamado a participar en las tareas más especializadas de levantar fondos y dirigir programas de edificación.

Otra responsabilidad importante es la de proveer entrenamiento a los laicos. Aun si el ministro tiene educación de seminario, pueda ser que tal persona no tenga la experiencia para ejecutar tipos específicos de entrenamiento que se puedan requerir. Por ejemplo, algunos estudiantes de seminario se sienten tan cautivados por la predicación o por la consejería que fallan al prepararse adecuadamente en cursos de enseñanza. Pero dirigir un programa activo de estudio bíblico requerirá técnicas especializadas para proveerle al personal ministerial preparación detallada para que realicen estas funciones vitales. Los gastos serán superados por las ganacias en un incremento en la destreza, la habilidad para desempeñar un ministerio, y un mejor entrenamiento de los líderes laicos para sus responsabilidades.

Hay muchas maneras por las cuales una iglesia puede ayudar a su(s) ministro(s) a aumentar el conocimiento y las habilidades útiles. Una de las formas de incrementar la efectividad del ministro es presupuestando para la compra de libros, revistas y membresías en organizaciones denominacionales y profesionales. Otros medios de retribuir el servicio y la competencia profesionales son proveer tiempo y fondos para talleres, conferencias denominacionales, visitar otras iglesias que están llevando a cabo un ministerio efectivo, y pagar ausencias sabáticas.

Otra manera de auspiciar el incremento en la destreza de los ministros es a través de la educación formal. La universidad, el seminario y los programas de extensión son algunas posibilidades.

Entrenamiento para el personal educativo

Un amplio ámbito de talleres, conferencias y materiales está disponible para la instrucción del personal educativo. La importancia de esta clase de entrenamiento no puede enfatizarse demasiado. Los maestros que saben cómo y qué enseñar pueden ayudar grandemente a la iglesia a llevar a cabo el propósito de su ministerio.

La función vital de los maestros los coloca en el punto número uno de la lista de los que deben recibir entrenamiento adicional. Al dirigir talleres para maestros el autor ha sido impresionado frecuentemente con las varias personas que han sido afectadas por el ministerio de un maestro de Escuela Dominical. El cuidado y la participación personal de un maestro con un alumno ha hecho a menudo una diferencia en el compromiso del alumno hacia Cristo y hacia la iglesia.

Un ministro puede multiplicar el alcance y el ministerio invirtiendo tiempo y esfuerzo al instruir a miembros del personal de enseñanza. Aun si el compromiso de tiempo del pastor le impide la participación personal en esta enseñanza, el pastor debe animar, apoyar y fortalecer la educación del personal de enseñanza. Si la iglesia tiene un ministro de educación, él o ella deben involucrarse en enseñarle al personal o entrenar a otras personas para tal actividad.

El contenido del entrenamiento del maestro generalmente se enfoca en métodos. Estos son importantes, pero también deben ser balanceados con el conocimiento de temas de teología, fundamentos bíblicos, misiones, música, evangelismo y una comprensión de la educación cristiana de la iglesia.

Otros ministerios educativos o semieducativos requieren entrenamiento especializado para sus obreros. Esos incluyen, por ejemplo, cuidado de niños, programas de recreación, visitación a los recién llegados, clubes, ministerios en las prisiones, ministerios para estudiantes, comidas para los discapacitados. Están aumentando en importancia los ministerios centrados en las familias, y estos requieren voluntarios entrenados que puedan enseñar y aconsejar. El personal de los medios de comunicación y de biblioteca necesita recibir entrenamiento debido a sus áreas exclusivas de ministerio. El entrenamiento en esas tareas especializadas debe buscarse en los recursos de la denominación local, estatal o nacional. Es fuera de lo común que una iglesia local tenga todos estos recursos internos para preparar a las personas en todas estas tareas.

Entrenamiento para otros líderes voluntarios

Junto con el personal pastoral, los diáconos son quienes están involucrados más profundamente en el crecimiento espiritual y bienestar de la congregación. Ellos necesitan recibir entrenamiento especial, generalmente del pastor, para llevar a cabo sus deberes. Lo mismo sucede con el administrador. Sus responsabilidades requieren el manejo de los recursos físicos y financieros de la iglesia, pero no deben aislarse del liderazgo espiritual. El pastor también necesita ayudar a los diáconos y a los administradores a cumplir sus tareas de ministerio. Cada mes debe apartarse una porción del tiempo de reuniones para entrenamiento. Los diáconos y los administradores también deben participar en el entrenamiento general para los líderes de la iglesia con el fin de profundizar su conocimiento de las Escrituras y las habilidades del liderazgo.

Los ujieres deben recibir entrenamiento específico para la ejecución de sus deberes. Ya que los ujieres son generalmente las primeras personas en saludar a los visitantes, su actitud puede animar o desanimar la futura participación en la iglesia. Su entrenamiento debe incluir las responsabilidades de recibir a las personas y despedirlas.

Los comités son algo central en la vida de la iglesia. Aun la iglesia pequeña tiene varios comités que funcionan para realizar su trabajo. El trabajo en equipo, las agendas, la resolución de conflictos, la toma de decisiones y los trabajos para llevar a cabo las tareas son parte del entrenamiento para las personas que trabajan en los comités de la iglesia. Una pequeña porción del tiempo cuando los comités se reúnen puede ser de provecho si se usa para tal entrenamiento.

Los oficiales de la iglesia, como el secretario financiero y el oficinista de la iglesia pueden requerir tanto entrenamiento específico como un programa de aprendizaje para desarrollar sus habilidades. Estos puestos requieren un enfoque individualizado. Un medio de entrenamiento útil puede ser elegir a una persona para que sirva bajo la que está haciendo este ministerio. Estos líderes también deben recibir más entrenamiento general de liderazgo.

En una iglesia, la lista de oportunidades y de liderazgo es interminable. Como consecuencia, muchas de las habilidades aprendidas pueden ser usadas en otros contextos fuera de la iglesia. Siguiendo las instrucciones de Jesús, el liderazgo en el ministerio requiere una actitud de siervo. Este liderazgo depende de Dios a través de la oración y de la búsqueda del bienestar tanto del individuo como de la iglesia.

ADMINISTRANDO UN PROGRAMA DE ENTRENAMIENTO PARA LÍDERES DE LA IGLESIA

Las iglesias eficaces han encontrado que no hay nada que sustituya a tener líderes entrenados eficientemente para sus tareas. El resto de este capítulo se enfocará en el entrenamiento de estos líderes voluntarios de la iglesia.

Como aparece en la figura 10.1 y se describe a continuación, hay nueve pasos en la preparación y la ejecución de un programa de entrenamiento eficiente para los líderes de la iglesia. En cada paso en el desarrollo del programa, hay decisiones que deben hacerse. Se le debe dar cuidadosa atención a las necesidades de la iglesia local.

Paso # 1: anticipe la necesidad de líderes

Saber cuántos obreros se necesitan para el año eclesiástico puede ayudar a evitar el pánico de no tener suficientes maestros y líderes. Usted necesitará prever los cambios en la matrícula y trabajar para suplir el apoyo adecuado para los diferentes programas ministeriales. A medida que la iglesia crezca, aumentará la necesidad de enseñanza y de liderazgo.

Una iglesia que está creciendo ha tenido problemas en el ministerio de los diáconos a las familias. A medida que la iglesia crecía, el número de familias por las cuales cada diácono es responsable excedió los límites razonables. Cuando las familias nuevas entraban a la iglesia, había un creciente descontento debido a que no recibían los paquetes de materiales acerca de las oportunidades de ministerio, ni se las invitaba a participar en la clase de miembros nuevos. Como resultado, la iglesia reclutó varios equipos de matrimonios para que ministraran en esta situación. Esto liberó a los diáconos para que pudieran ocuparse de la tarea que no podía ser delegada, y les permitió a más familias participar en el ministerio.

En las actividades de enseñanza como la Escuela Dominical y la Escuela Bíblica de Vacaciones, muchos educadores recomiendan un promedio deseable de maestro por alumnos para cada nivel de edad. Para los preescolares y los del Jardín de Infantes, lo óptimo es un promedio de un maestro por cada cinco niños. De los escolares hasta el secundario, es preferible un promedio de un maestro por ocho alumnos. A nivel de adultos, el promedio variará dependiendo del tipo de actividades y de los patrones organizacionales de su iglesia. Sería bueno que usted considerara el número de directores de departamento y otro personal de apoyo que se necesite. Después de examinar el personal de enseñanza actual y cualquier persona adicional que necesite reemplazo entre los maestros, podrá anticipar las necesidades que ocurrirán debido al crecimiento de la iglesia.

Las iglesias necesitan emplear una variedad de medios para descubrir líderes potenciales. El apoyo pastoral a través de las predicaciones en el púlpito acerca de la función del laico en el ministerio es una parte importante para motivar a la gente hacia la buena voluntad de enseñar o dirigir. A través de la enseñanza bíblica y los programas de discipulado, una iglesia puede patrocinar un énfasis para encontrar y usar los dones espirituales de las personas. Algunas iglesias trabajan con sus miembros nuevos ayudando a cada uno a encontrar su don espiritual y ejercitar ese don en el ministerio de la iglesia. Siguiendo un énfasis de toda la iglesia sobre la importancia del ministerio, se debe usar un inventario de intereses para ubicar a las personas que tengan experiencia y a aquellas que tengan interés pero poca experiencia en la enseñanza y el liderazgo.

Figura 10.1

NUEVE PASOS PARA EL ENTRENAMIENTO
DE LÍDERES

1. Anticipe las necesidades de líderes

2. Identifique las necesidades
del entrenamiento

3. Prepare un presupuesto

4. Seleccione los líderes
del entrenamiento

5. Programe las actividades

6. Provea apoyo para el programa

7. Implemente el entrenamiento

8. Reconozca a quienes completan
el curso

9. Evalúe el programa

Se debe desarrollar y mantener al día en el archivo de la computadora un listado de los miembros interesados y con experiencia. Los maestros y otros líderes de la iglesia necesitan sugerir regularmente los nombres de personas que parezcan listas para ocupar puestos de enseñanza o de dirección. ¡Para que eso sea efectivo todos los líderes potenciales necesitan ser entrenados!

Paso # 2: identifique las necesidades del entrenamiento

Un propósito principal del programa de entrenamiento de la iglesia es preparar a los líderes para un servicio eficaz. A través de las organizaciones de la iglesia se debe desarrollar alguna uniformidad en el conocimiento y las habilidades de los líderes. Todos los líderes deben tener conocimiento general de las Escrituras, la doctrina, las características denominacionales, y el testimonio cristiano personal. Se debe proveer entrenamiento especializado conforme se necesite.

Cada tipo de entrenamiento requerirá un enfoque diferente. El concilio de la Escuela Dominical debe servir como grupo coordinador para planificar y supervisar la clase y la calidad del entrenamiento para el personal de la Escuela Dominical. El concilio de la iglesia debe prestar atención al plan y al entrenamiento general del liderazgo de la iglesia. Un ministro de educación debe participar en la coordinación de todo el programa de mejoramiento de la enseñanza, del entrenamiento y de la administración organizacional. Un ministro asociado puede también involucrarse en estas tareas.

En las iglesias pequeñas, el enfoque para entrenar debe adaptarse para que llene las condiciones locales. Por ejemplo, el pastor, el director de la Escuela Dominical y un miembro con conocimiento pueden ayudar en el entrenamiento necesario. Sin embargo, alguien necesita asumir la responsabilidad del programa. Es importante que el grupo de planificación examine cuidadosamente todo el esfuerzo del entrenamiento y evite la duplicidad. Algunos entrenamientos pueden ser útiles tanto para el liderazgo general de la iglesia como para los obreros en los ministerios educativos.

Ya que el tiempo, el dinero y los recursos personales son limitados, una congregación no puede ofrecer todo el entrenamiento que desearía proveer. Es necesario establecer las prioridades, y algunas necesidades tendrán que ser pospuestas. ¿Cómo sabe el grupo de planificación cuáles necesidades deben ser atendidas este año? Una forma puede ser determinar dónde existen debilidades causadas por falta de comprensión. El pastor y el personal pastoral pueden alertar al comité sobre áreas de necesidad. Una segunda forma de percibir las necesidades de entrenamiento es a través de la observación y la asesoría del trabajo del personal de la Escuela Dominical. Una tercera forma de lograr esto es comparando las descripciones de trabajo con la habilidad de los obreros para hacer las tareas enlistadas. Si hay vacíos en entender o hacer el trabajo, hay necesidad de entrenamiento.

Un cuarto medio para decidir el enfoque del liderazgo es dándole prioridad al conocimiento y las habilidades necesarias para servir como maestro. La figura 10.2 en la p. 281 presenta un modelo de "Clasificación de las necesidades de entrenamiento de los maestros" que se puede usar para evaluar las necesidades educativas del personal de enseñanza de la iglesia. El concilio de la Escuela Dominical y el personal pastoral pueden categorizar los puntos desde el "más necesitado ahora" al "menos necesitado ahora". Luego de que cada miembro del grupo haya terminado de poner en orden los puntos, la categoría de cada punto se añade y se divide entre el número de participantes. Entonces, los puntos son colocados en orden de prioridad de acuerdo a la categoría del grupo, desde el más bajo puntaje (el más necesitado) al de más alto puntaje (el menos necesitado). Luego se planifican las actividades de entrenamiento en las áreas que los grupos han identificado como más necesitadas. La figura 10.3, "Inventario de la clasificación de las necesidades de entrenamiento", presenta una lista similar para el liderazgo general de la iglesia. Siguiendo el mismo procedimiento, el personal pastoral y el concilio de la iglesia pueden también categorizar los puntos.

FIGURA 10.2

CLASIFICACIÓN DE LAS NECESIDADES DE ENTRENAMIENTO DE LOS MAESTROS

Instrucciones: Clasifique por orden del 1 al 10; el 1 es el más necesitado, y el 10 el menos necesitado.

___ Planificación de las lecciones
___ Administración de la clase
___ Crecimiento y desarrollo a través de los niveles de edad
___ Cómo entender y usar los materiales del currículo
___ Evaluación de las lecciones
___ Llenar las necesidades de los adultos solos
___ Llenar las necesidades de los ancianos
___ Organización en la iglesia local para la educación cristiana
___ Métodos de enseñanza
___ Cómo aprende la gente

FIGURA 10.3

INVENTARIO DE LA CLASIFICACIÓN DE LAS NECESIDADES DE ENTRENAMIENTO

Instrucciones: Clasifique del 1 al 10; el 1 es el más necesitado, y el 10 el menos necesitado.

___ Introducción a la Biblia: Antiguo y Nuevo Testamentos
___ Habilidades administrativas para el liderazgo de la iglesia
___ Habilidades interpersonales
___ Crecimiento espiritual personal
___ Evangelismo personal
___ Habilidades personales para aconsejar a personas heridas
___ Fortalecer la familia
___ Creencias cristianas
___ Misiones
___ Desarrollar un ministerio de grupos pequeños

FIGURA 10.4

HOJA DE PLANIFICACIÓN DEL PRESUPUESTO
PARA EL ENTRENAMIENTO DE LÍDERES DE LA IGLESIA

Estime costos de los siguientes puntos para someterlos al presupuesto anual de la iglesia:

1. Costos administrativos:
    Pago para los oradores visitantes
    Otro
    Total
2. Materiales del alumno:
    Libros
    Otra literatura
    Costos de fotocopias
    Total
3. Recursos del instructor:
    Libros
    Medios electrónicos para enseñar
    Impresión y fotocopias
    Suministros
    Total
4. Publicidad:
    Total
5. Reconocimientos:
    Total
6. Gastos misceláneos:
    Total
    TOTAL DE GASTOS

Paso # 3: prepare un presupuesto

Después de decidir qué clase de entrenamiento se necesita, se deben considerar los costos. Los costos financieros del entrenamiento pueden determinarse usando la "Hoja de planificación de presupuesto" de la figura 10.4 en la p. 282. Se pueden encontrar los precios de los materiales en los catálogos de literatura para las iglesias o se pueden obtener en una librería cristiana. El costo de imprimir los materiales que no tengan derechos de autor se puede descubrir a través de la oficina de la iglesia. También deben discutirse los medios de reconocimiento para los participantes, y el costo estimado para la cena, los certificados u otros recursos que proveerá la iglesia. Los costos misceláneos necesitarán también ser estimados. El líder del curso y el personal pastoral pueden también tener costos adicionales. El presupuesto debe ser sometido en el tiempo normal en que se prepara el presupuesto anual de la iglesia.

Además de los costos financieros, hay un tiempo y un personal requeridos. Si el ministro de educación invierte una porción significativa de tiempo para el entrenamiento, esto podría necesitar reducción o eliminación de algunas otras responsabilidades. Para el laico, el costo puede incluir tiempo lejos de su familia para asistir a las sesiones de entrenamiento y para estudiar en su hogar.

Si el costo del entrenamiento parece alto, ¿qué pasa con las oportunidades perdidas que pueden presentarse si el líder no está entrenado? Para los alumnos de personas no entrenadas, podría significar un fracaso en encontrar una relación significativa y eterna con Cristo. Para otros, podría significar irse para otra iglesia donde el personal voluntario está entrenado y muestra un mayor conocimiento de la Escritura y compasión hacia las personas. En otras situaciones, podría resultar en una pelea de la iglesia debido a que los líderes no saben trabajar efectivamente con las personas o no entienden adecuadamente las doctrinas de la iglesia. Para determinar la importancia de su programa de entrenamiento, el costo debe ponerse en una balanza en relación con los beneficios que se pueden obtener.

Paso # 4: elija los líderes del entrenamiento

Una responsabilidad típica en la descripción de trabajo de un ministro de educación es la de ser el líder de entrenamiento. A falta de un ministro de educación, puede que la iglesia quiera buscar ayuda de un laico capacitado para que sea el director del programa. El entrenador de los líderes debe ser un buen ejemplo para aquellos que están siendo entrenados. Las cualidades de un líder eficiente, discutidas anteriormente, deben estar presentes en el director del programa; incluyendo las habilidades para programar y administrar. Ella o él deben ser relevados de otras responsabilidades para que dedique energía y tiempo adecuados a este importante cometido.

El director de programa debe ser eficiente para planificar eventos de entrenamiento de la iglesia que llenen las necesidades determinadas por el concilio de la Escuela Dominical o por el concilio de la iglesia. Esto incluye organizar un programa efectivo y tener maestros que puedan enseñar en los diferentes cursos. Sobre todo, el director debe ser bien respetado y ser un motivador eficiente.

Coordinar todo el programa requerirá un gran esfuerzo del director. Además de planificar, organizar y dirigir las actividades, el director necesitará supervisar la publicidad del programa, administrar el presupuesto del entrenamiento e informar el progreso del programa a la congregación. Finalmente, el director guiará al concilio a evaluar la efectividad y sugerirá revisiones para los siguientes esfuerzos de entrenamiento.

La selección de instructores competentes para el curso será una gran responsabilidad del director de entrenamiento. Los instructores deben ser diestros al seleccionar y usar los recursos apropiados para guiar a los líderes. Las sesiones de planificación deben incluir la preparación de un plan de enseñanza para un uso óptimo del tiempo de entrenamiento. Esto es especialmente importante para modelar el comportamiento de las personas en los programas educativos. El instructor del curso debe también mostrar habilidad en la ejecución de la enseñanza; tanto el contenido como el método deben reflejar una alta calidad de entrenamiento de la iglesia. Cada curso debe ser evaluado según su efectividad para llenar las necesidades.

Paso # 5: haga un horario de los programas

La primera consideración al hacer un horario de los programas es establecer el calendario de los eventos del entrenamiento. Si la iglesia escoge realizar eventos de entrenamiento a corto plazo para nuevos obreros o programas, las sesiones deben programarse varias semanas antes de que comience el tiempo de los deberes. Para cursos generales de liderazgo, como el estudio de las necesidades de un grupo o las visitas al hospital, funciona bien programarlos a mediados del otoño y/o la primavera.

Si el entrenamiento va a ser provisto en trimestres, en ciclos de trece sesiones, debe seguirse el mismo horario que han usado otras organizaciones eclesiásticas. Si sólo se ofrecen dos ciclos, puede considerar programarlos en los meses de septiembre a noviembre y febrero a abril. Cualquiera que sea el tiempo que la iglesia escoja, es sabio evitar reuniones que interfieran con Navidad y Semana Santa.

Los eventos de tiempo corto deben ser programados en ciclos de 13 semanas o durante el verano.

La segunda consideración es decidir si el entrenamiento se va a hacer antes de servir o durante su servicio. El educador y psicólogo Robert Havighurst enunció el principio del *momento enseñable*, el momento cuando las personas están más aptas para ser motivadas y aprender[1].

El momento enseñable en este caso es aquel punto en el que el aprendiz es llamado a enseñar o a ministrar pero se siente inadecuado o abrumado por la tarea. El momento enseñable podría significar que el entrenamiento debe ser realizado en cualquiera de los tres tiempos durante el ciclo de liderazgo: antes, durante, o como un entrenamiento avanzado para un conocimiento profundo.

Entrenamiento antes de servir. El entrenamiento antes de servir como líder es un medio para reclutar y preparar personas que estén interesadas en enseñar o dirigir pero que todavía no tienen el conocimiento y las técnicas necesarias para la tarea. Identifique a las personas para el entrenamiento previo que hayan mostrado interés y que se encuentren en el archivo de la computadora, como se sugirió en el paso 1, "Anticipe la necesidad de líderes". Los cursos de entrenamiento previo a servir están diseñados para introducir una persona a la enseñanza o a la dirección de un ministerio. Un conocimiento general de la Biblia, la doctrina y los ministerios de la iglesia son, entre otros, los temas que se deben incluir para todas las personas que estén interesadas en puestos de enseñanza o de liderazgo.

Las habilidades interpersonales son necesarias para todos los líderes de la iglesia. Es importante que una persona reciba un curso en esta área antes de entrar a ejercer un rol de liderazgo. Se le debe dar al probable maestro la oportunidad de observar a un maestro experimentado y de enseñar una parte de la lección cuando se familiarice con el contexto y el contenido. Para otros líderes, el entrenamiento previo a su servicio puede incluir el desarrollo de habilidades administrativas. Otros posibles temas son: planificación, liderazgo, comunicaciones, participación, presupuesto y evaluación.

Los cursos previos al servicio tienen una ventaja distintiva sobre los cursos mientras ya se está sirviendo, ya que los primeros pre-

FIGURA 10.5

FUNDAMENTOS BÍBLICOS Y DOCTRINALES

Semana	Tema
1	Comprendiendo los libros de la ley del Antiguo Testamento
2	Comprendiendo los libros poéticos y de sabiduría del Antiguo Testamento
3	Comprendiendo los libros proféticos del Antiguo Testamento
4	Comprendiendo los libros históricos del Antiguo Testamento
5	Comprendiendo los Evangelios del Nuevo Testamento
6	Comprendiendo la iglesia del Nuevo Testamento en Hechos
7	Comprendiendo las cartas de Pablo en el Nuevo Testamento
8	Comprendiendo los demás libros del Nuevo Testamento
9	Cómo nos llegó nuestra Biblia
10	Qué creemos: doctrinas básicas
11	Qué creemos: doctrinas básicas
12	Cómo creció la iglesia desde la iglesia primitiva hasta nuestros días
13	Cómo se desarrolló nuestra denominación y qué cree

ENTRENAMIENTO PARA MAESTROS

Semana	Tema
1	Crecimiento espiritual para el maestro
2	Organización de los programas educativos de nuestra iglesia
3	Cómo aprende la gente
4	Comprendiendo a los niños
5	Comprendiendo a los jóvenes
6	Comprendiendo a los adultos y a los ancianos
7	Comprendiendo a los grupos especiales como solteros, divorciados, discapacitados
8	Planificación de lecciones
9	Comprendiendo su currículo
10	Presentación de métodos de enseñanza
11	Métodos interactivos de enseñanza
12	Evangelización a personas con las que usted trabaja
13	Evaluación de su enseñanza

PREPARACIÓN PARA EL LIDERAZGO

Semana	Tema
1	¿Qué es el liderazgo de la iglesia?
2	Ejemplo de líderes de la iglesia: Nehemías, Jesús, Pablo
3	Desarrollando habilidades y trabajando con la gente
4	Testimonio de fe personal eficiente
5	Desarrollando habilidades ministeriales de cuidado, consejería y relaciones interpersonales
6	Cómo está organizada nuestra iglesia y cómo realiza su trabajo
7	Principios de liderazgo: planificación y organización
8	Por qué son necesarios los programas para un ministerio eficaz
9	Desarrollando y manejando recursos de gente y dinero
10	Dirigiendo y coordinando programas para el ministerio
11	Informando y evaluando el trabajo de la iglesia
12	Trabajo efectivo en los comités
13	Desarrollando su vida cristiana personal

paran a las personas por adelantado para las tareas de liderazgo, y la enseñanza se puede extender un trimestre o más.

Un horario sugerido para tres cursos de 13 semanas previos al servicio está en la figura 10.5. El primero, "Los fundamentos bíblicos y doctrinales", preparará a las personas para entender los fundamentos bíblicos y doctrinales de su fe, y puede tomarse por todos los líderes y maestros. El segundo, "Entrenamiento para maestros", es para los maestros y los líderes de los programas educativos. Un tercer curso, "Preparación para el liderazgo", está diseñado para presentar el material que va a ayudar a desarrollar líderes potenciales.

Aunque este modelo de entrenar a maestros/líderes antes de que sirvan es ideal, muchos posibles obreros no sienten la necesidad de ocuparse en el entrenamiento hasta que estén bajo la presión del servicio activo. Por lo tanto, giraremos hacia el modelo durante el servicio activo.

Entrenamiento durante el servicio activo. Este modelo de entrenamiento es la forma más popular para entrenar maestros y líderes para los ministerios de la iglesia. Los eventos de entrenamiento pueden programarse en diferentes formatos, tales como tutoría uno a uno, talleres de grupos pequeños y sesiones/conferencias denominacionales con grupos grandes. El enfoque más común involucra a maestros y líderes en grupos de pequeños a medianos durante un tiempo específico.

288 ================ Manual de educación cristiana

El estudio individual es otro formato de entrenamiento durante el servicio activo. Bajo la guía de un manual o programa de estudios, el aprendiz se somete al estudio de materiales escritos o audiovisuales en la privacidad del hogar o en un salón designado del templo, a una hora específica. La ventaja de este estudio individual radica en la flexibilidad de adaptarse a las necesidades específicas del aprendiz. La desventaja es que el estudio individual requiere que el aprendiz tenga iniciativa y esté altamente motivado. Si falta cualquiera de estas cualidades, el aprendiz puede tener muy buenas intenciones, pero el aprendizaje será desplazado por otros intereses inmediatos. El uso de materiales audiovisuales, como videos bien producidos, puede ayudar a aliviar algunas de las desventajas al involucrar al aprendiz en un sistema que es muy moderno y efectivo.

Figura 10.6

**Preparación de líderes:
Cursos de entrenamiento durante su servicio**

1. Cursos de estudio individual

2. Conferencias en la iglesia local del obrero

3. Reuniones regulares para los oficiales y los maestros

4. Revisión anticipada al currículo y talleres de planificación

5. Clínica de recursos de currículo

6. Cursos a corto plazo

7. Clínica para el desarrollo de habilidades

8. Centro de ayudas audiovisuales

9. Talleres denominacionales

10. Conferencias por televisión/cursos por televisión/instrucción por medio de la computadora

En un grupo de pequeño a mediano, se puede combinar el estudio en grupo con el estudio personal. El rendir cuentas al grupo puede motivar al aprendiz. Si tiene un tiempo establecido para esa reunión aliviará la necesidad de tener que empezar solo.

En la figura 10.6 se encuentran algunos formatos apropiados para el entrenamiento. Son populares los talleres de fin de semana, retiros y reuniones el domingo o el miércoles en la noche. Las reuniones regionales o de asociación tienen además la ventaja de que el costo se reparte entre las iglesias que participan.

Para el entrenamiento de la Escuela Dominical, una reunión semanal o mensual les provee a los maestros y los oficiales una excelente oportunidad para reunirse y compartir intereses comunes. Pueden utilizar este tiempo para planificar estrategias de enseñanza y de alcance, entender el currículo, desarrollar habilidades de enseñanza y orar juntos. Para otras organizaciones, pueden usarse sesiones periódicas o una porción de las reuniones regulares del grupo para desarrollar el conocimiento y las habilidades necesarias.

Un centro de medios es un lugar excelente para sesiones de entrenamiento, con la ayuda de audiovisuales y recursos de aprendizaje fácilmente disponibles. Un resultado de las reuniones allí es que los maestros y los líderes se familiarizarán con los útiles recursos para su futuro uso.

Las sesiones de grupos grandes y conferencias denominacionales también se pueden usar para las sesiones de entrenamiento. (En la figura 10.5 puede encontrar algunas indicaciones de temas que se pueden cubrir en sesiones de grupos grandes). Estas sesiones serán relevantes para los maestros en función y también para aquellos antes de servir como tales.

La clave para el pastor o el ministro de educación es mantener el contacto con los diferentes recursos de talleres y seminarios. Se puede obtener un horario de los eventos y las conferencias de entrenamiento en las oficinas locales, regionales o nacionales. Además, varias universidades relacionadas con las iglesias, o seminarios y centros de conferencias auspician eventos de entrenamiento y conferencias para los obreros de la iglesia. Cada vez más, las editoriales religiosas proveen entrenamiento a los que usan sus materiales de currículo.

Otro enfoque de la instrucción tiene que ver con el uso de las nuevas tecnologías para la enseñanza. Estas incluyen lecciones y conferencias por televisión; transmisiones por satélite o microondas y televisión por cable. Por ejemplo, el insignificante costo de un amplificador de teléfono será a menudo eficaz para proveer la participación de un experto en una sesión de entrenamiento por el costo de una llamada telefónica de larga distancia. Estaciones de televisión por cable a menudo venden tiempo a tarifas razonables, especialmente durante las horas fuera de programación, y algunos canales públicos inclusive entrenan camarógrafos y editores de video para el uso local. La instrucción asistida por computadores (IAC) es otra vía que está disponible. La nueva tecnología ofrece una gama de posibilidades que hasta hace poco eran imposibles.

Entrenamiento avanzado. Tanto la capacidad general como la específica pueden ser realzadas tomando cursos a través de instituciones reconocidas de educación superior. Esto incluye cursos por correspondencia, institutos bíblicos y seminarios. Muchos seminarios o universidades relacionados con la iglesia ofrecen programas que ayudan a los laicos a realzar sus habilidades ministeriales.

Otra oportunidad es a través del trabajo voluntario de interinatos o en reuniones sociales o en una misión. Los líderes laicos bien entrenados y personal pastoral a menudo son los mejores candidatos para asignaciones de corto tiempo que involucran el uso y el desarrollo de habilidades avanzadas o en un trabajo misionero. El entrenamiento se obtiene trabajando a un nivel diferente o más alto, estudiando temas relacionados con el trabajo y trabajando con colegas muy capacitados. Por ejemplo, muchos líderes especiales se usan en las oficinas denominacionales para ayudar en las conferencias de entrenamiento de liderazgo, convenciones de la Escuela Dominical y en las consultas sobre el crecimiento de la iglesia.

Paso # 6: provea un programa de apoyo

Para dirigir un programa exitoso es esencial asegurar el compromiso del personal pastoral y del liderazgo de la iglesia. La falta de apoyo o un apoyo a medias de los líderes de la iglesia rápidamente enfriará el entusiasmo entre los miembros de la iglesia. Los líderes deben apoyar el programa y animar la participación anunciándolo desde el púlpito y contactando personalmente a los candidatos. Con toda la discusión acerca del crecimiento de la iglesia, el entrenamiento de los maestros y de los líderes es un medio tangible para influir en la calidad de la experiencia de la iglesia para los recién llegados y para los miembros antiguos.

Hay temas que deben considerarse para incluirlos en el currículo para el entrenamiento de líderes. Ejemplos de contenido para un entrenamiento general de liderazgo pueden incluir habilidades administrativas, habilidades interpersonales, creencias cristianas, historia y política denominacional, contenido bíblico, crecimiento espiritual personal, evangelismo y misiones. Más allá del contenido general de liderazgo, el entrenamiento para maestros debe incluir planificación y métodos de lecciones, especializaciones por niveles de edad, educación musical, ministerios educativos de la iglesia y el desarrollo de discípulos cristianos. Estos recursos pueden obtenerse consultando con las agencias de la asociación, del estado y denominacionales, o examinando catálogos de materiales de entrenamiento, incluyendo los catálogos de las librerías y especialmente los de cursos de estudio. Para la mayoría de las situaciones de entrenamiento la disponibilidad de los recursos satisfará las necesidades. Si no es así, personas tanto del estado como locales pueden ayudar a diseñar paquetes de entrenamiento para situaciones específicas.

Este apoyo necesita abarcar el tiempo, el lugar de reunión y el apoyo financiero. Si a este programa se le asigna un tiempo de reunión que es inconveniente o poco probable que atraiga a los mejores candidatos para el entrenamiento, la iglesia demostrará que no le da prioridad al entrenamiento de maestros. El mayor número de personas se alcanzará el domingo en la mañana. Las dos siguientes buenas opciones son el domingo en la tarde o el culto de entre semana.

Otra preocupación es el lugar de reunión. Si las instalaciones están deterioradas o no son atractivas, la iglesia les está diciendo a los líderes actuales y a los futuros que no los valora a ellos ni al entrenamiento que están recibiendo. Las instalaciones para el entrenamiento deben ser las mejores que la iglesia pueda ofrecer. El mismo principio se aplica al apoyo financiero del programa. Si el enfoque es muy tacaño, la iglesia recogerá resultados proporcionales. Uno debe suponer que es importante para el éxito del programa de entrenamiento proveer libros de texto, materiales y copias. Ya que los líderes donan su tiempo y esfuerzo para prepararse, la iglesia debe estar dispuesta a proveer los materiales para el entrenamiento.

Otro ingrediente para un programa exitoso es la publicidad. Los maestros y los líderes no son dados a responder a uno o dos anuncios generales. Sería preferible enviar una invitación personal. Cuando el grupo de planificación haya decidido la clase de entrenamiento, el tiempo y el lugar de la reunión, se debe elaborar un panfleto atractivo. Este puede establecer claramente el propósito y los beneficios específicos que se obtendrán del programa, y debe especificar claramente los requisitos. El siguiente paso es enviarles el panfleto a las probables personas que se beneficiarían. Se deben exhibir los panfletos en el vestíbulo del templo. Pero los panfletos no sustituyen al contacto personal del líder de la iglesia que contacta a los participantes y les da copias de los panfletos con los detalles del programa.

Paso # 7: implemente el entrenamiento

El entrenamiento debe estar sostenido con oración antes y durante el programa. Una o dos semanas antes de la primera sesión, los miembros del equipo de liderazgo deben iniciar un contacto personal por carta y seguidamente a través de una llamada telefónica antes de la primera sesión. En nuestra cultura la gente está tan bombardeada por solicitudes de tiempo y energía que es probable que no respondan a menos que se les recuerde y puedan ver los posibles beneficios.

Debe animarse a los maestros a desarrollar metas y planes de lección para cada sesión. Muchos programas tienen un manual del maestro con metas preparadas y planes de lección. Aun estos necesitan modificarse para que llenen las condiciones locales. Si los participantes no se conocen entre sí, la primera sesión debe dedicarse a conocerse y a comenzar una relación. A través del curso, el director debe estar en contacto con el instructor de la clase para animarlo y ofrecerle su ayuda.

Paso # 8: dé un reconocimiento al completarse el curso

Los miembros que hayan completado el curso deben ser reconocidos por su logro. Los ministerios de la iglesia mejorarán a causa de su esfuerzo. La iglesia puede mostrar su aprecio a través de un culto de reconocimiento. Este culto debe incluir videocasetes de los mejores momentos de las sesiones de entrenamiento, una oración de dedicación para las personas que participaron, y la presentación de certificados. Es importante que el pastor tenga una gran participación en el culto, como también las personas que terminaron el curso. La presencia del pastor ayudará a reclutar participantes para futuros esfuerzos. Es posible encontrar certificados en la mayoría de las librerías cristianas o la iglesia puede preparar los suyos propios con la ayuda de un programa de computación.

Paso # 9: evalúe el programa

El paso final en este modelo es la evaluación de cada curso y de todo el programa del año. Se les debe preguntar a los participantes del grupo cosas como las siguientes: ¿Qué aprendió en este curso? ¿Cómo lo ayudó este curso a ser un líder más eficiente en nuestra iglesia? ¿Qué le gustó más y qué le gustó menos de este curso? ¿Qué se podría hacer más efectivamente en este curso?

El líder del curso debe escribir sus reflexiones sobre el curso y, junto con el director del programa, discutir y registrar sus conclusiones. Se deben registrar las sugerencias para mejorar el curso en futuros entrenamientos.

Al final del entrenamiento del año, el director debe reunir todas las evaluaciones de los cursos y examinar lo que se ha logrado durante el año. Luego el entrenamiento se compara con los propósitos que se establecieron originalmente, como se sugiere en el paso 2: "Identifique las necesidades del entrenamiento". ¿Se lograron los propósitos de este curso? ¿Consiguió nuestra iglesia las metas del entrenamiento durante este año? Si no fue así, ¿cómo podemos mejorarlo? ¿Cuáles deben ser nuestras prioridades para el próximo año?

Al informarle al concilio de la Escuela Dominical y al concilio de la iglesia, el director del programa posiblemente quiera ofrecer una guía para trabajar a través de los nueve pasos del ciclo para el próximo año. Los ciclos comienzan de nuevo.

CAPÍTULO ONCE

DIRIGIENDO EL ALCANCE Y EL RECLUTAMIENTO

Bruce P. Powers

Dos de las actividades más importantes de las iglesias evangélicas son el alcance y el reclutamiento. Junto con los esfuerzos educativos, estas iglesias enfatizan el alcanzar e involucrar a personas nuevas en sus actividades; lo hacen con la esperanza de convertirlas y nutrirlas para que lleguen a ser discípulos maduros de Cristo.

¿POR QUÉ COMBINAR LA EDUCACIÓN CON EL ALCANCE?

Los esfuerzos para involucrar a la gente en la organización deben verse desde dos perspectivas: el crecimiento individual y el crecimiento corporativo. El *crecimiento individual* se enfoca en proveer experiencias que capaciten a la gente a descubrir su existencia como hijos de Dios y crecer a todo su potencial como parte de una comunidad de fe amorosa y reconfortante. Sin embargo, este tipo de crecimiento podría ser egoísta y egocéntrico a menos que se lo complemente con un compromiso de crecimiento *corporativo*.

El crecimiento corporativo se relaciona con el crecimiento espiritual de un grupo o congregación; con el desarrollo de un cuerpo maduro, cuidadoso y cohesivo; con el proceso de descubrir, desarrollar y usar los dones espirituales; y con el alcance de multitudes para Jesucristo.

Algunas personas contraponen el crecimiento individual y el corporativo, generalmente en el punto de satisfacer las necesidades personales *versus* alcanzar a las masas. Esto es desafortunado debido a que ninguno puede lograrse completamente sin el otro. Cada uno apoya al otro y hace al otro más efectivo.

La Gran Comisión (ver Mat. 28:19, 20) se enfoca en cuatro palabras de acción que juntan el crecimiento individual con el crecimiento conjunto: *id, haced* (discípulos) *bautizándolos,* y *enseñándoles.* Es este *mandato* el que llama a los líderes a buscar el crecimiento no sólo de cada persona sino del cuerpo completo del cual cada individuo es parte.

DIRIGIENDO EL ALCANCE

La visitación continua como resultado de una convicción e interés personales es central para alcanzar a la gente. Para muchas personas, tales contactos son una parte natural de la vida diaria, ya sea hablándoles a otros acerca de Jesús, visitando a personas enfermas o invitando a los recién llegados a las clases de la Escuela Dominical. Otros, sin embargo, encuentran útil tener planeadas actividades de alcance, y la mayoría de las congregaciones encuentra que el programa regular aumenta la cantidad y la calidad de la visitación.

Una hora

Debe haber horas fijas para que toda la iglesia (o departamentos, clases, etc.) visite. Esta actividad puede ser semanal, o mensual, en la mañana o en la tarde. La clave es tenerla regularmente y proveer todo el ánimo y apoyo necesarios para que la congregación crea que esta es una prioridad. Hay que promover la hora, buscar que no haya conflicto de horario y, si se necesita, también hay que proveer cuidado de niños para aquellos que visitan.

Un lugar

El lugar permanente de reunión puede servir de centro administrativo y punto de partida. Frecuentemente, este es el edificio de la iglesia; pero podría ser cualquier otro lugar que fuera conveniente para los lugares visitación, para estacionar y para encontrarse fácilmente.

Un archivo de visitación

Debe haber un archivo de posibilidades y de personas receptivas a la visitación. Las personas pueden ser clasificadas en tres categorías: los que no son miembros, los miembros inactivos y los miembros enfermos o que están recluidos; y se le debe dar la misma atención a cada grupo. Antes de cada visita, se deben establecer prioridades de manera que los visitadores sepan exactamente a quién visitar, por qué y dónde.

Recepción de información. Se deben establecer canales para recibir los nombres y la información de los contactos de las personas en cada una de las tres categorías de visitación. Se designa a una persona (y lugar) a quien los líderes de alcance, directores de departamento, maestros y otros miembros de la iglesia interesados le envíen los nombres. Se proveen tarjetas en las bancas o en el boletín que los asistentes usen para indicar si quieren una visita o dar el nombre de alguien que la quiera (ver la fig. 11.1).

El contacto se hace a través de los miembros de la iglesia, si es posible, los agentes de bienes raíces, clubes de recién llegados, y compañías de servicios para asegurar las listas de los recién llegados a la comunidad. Por lo menos una vez por semana deben transferirse

Figura 11.1

POR FAVOR COMPLETE   Fecha _____

Su nombre _____

Dirección _____Teléfono _____

Ciudad _____ Estado _____ Código postal _____

Trabajo _____

Iglesia a la que asiste _____

¿Le gustaría recibir una visita del pastor? _____

Por favor, marque su grupo de edad

☐ Menos de 12   ☐ 18-29   ☐ 45 o más
☐ 12-17   ☐ 30-44

(Frente)

Tarjeta del pastor

Nombre _____

Dirección _____

Teléfono _____

Trabajo _____

☐ Esta persona está enferma   ☐ Es un residente nuevo
☐ Desea que el pastor lo(a) llame   ☐ Quiere sobres de ofrenda
☐ Es un miembro en perspectiva   ☐ Ha cambiado la dirección

_____

(Nombre de la persona que da la información)   _____

POR FAVOR, USE ESTA TARJETA LIBREMENTE   Deposítela en el plato de la ofrenda

(Atrás)

todos los nombres y la información del contacto a las tarjetas o a los formularios de visitación. Las listas preliminares deben mantenerse en la computadora o en un archivo pero, para el uso de los visitadores, la información debe transferirse a tarjetas o formularios. (Ver la fig. 11.2).

Figura 11.2

Tarjeta de archivo de un miembro en perspectiva	Fecha	Nombre del miembro en perspectiva		
Dirección Ciudad		Estado Código postal		Teléfono (Hogar)
Dirección postal (si es diferente)			Fecha de nacimiento	Grado escolar
¿Miembro de una iglesia? Sí No		Iglesia a la que pertenece el miembro en perspectiva		Ciudad
Información adicional				
Asignado a	Departamento	Clase/grupo/coro/etc.		Fecha
Visitado por	Fecha	Resultados		

Creación del archivo. Las tarjetas deben arreglarse en tres categorías: no miembros, miembros inactivos, miembros enfermos o recluidos. En una iglesia pequeña, se pueden mantener juntas todas las tarjetas. Si hay muchas, se pueden usar tarjetas de diferentes colores para distinguir las categorías. En las iglesias grandes o en las áreas urbanas, sería útil mantener separados los grupos y archivar de acuerdo al área de la ciudad, comunidad o código postal.

Manteniendo los archivos. Se deben revisar periódicamente los comentarios registrados en las tarjetas de visitación para reclasificar la tarjeta si es apropiado, canalizarla hacia el líder de alcance de la clase o hacia otra persona responsable, reciclarla para otra visita o ponerla en un archivo inactivo.

Un líder

La visitación efectiva requiere un líder comprometido que promueva y coordine las actividades. Esta persona revisa los archivos de visitación; arregla y distribuye las responsabilidades; apoya, anima y participa en la visitación; ayuda en la recolección, evaluación e informe de los resultados. Un miembro del personal de la iglesia o un laico altamente motivado puede proveer este liderazgo. Si los visitadores se reúnen en diferentes lugares, el líder necesitará un coordinador para cada lugar que le ayude con las responsabilidades del liderazgo.

Figura 11.3

RECLUTANDO MIEMBROS EN LAS ORGANIZACIONES EDUCATIVAS

A. Distinga entre publicidad y reclutamiento.
    ¿Qué es publicidad?
    ¿Qué es reclutamiento?
    Notas:
B. Evalúe la publicidad de su grupo.
    1. ¿Cuál imagen es la que está transmitiendo su grupo a la iglesia a través de la publicidad?
    2. ¿Cuáles son algunas formas en las que su grupo ha creado conciencia en la gente de las oportunidades de estudio disponibles para ellos?
    3. ¿Cuál tipo de publicidad es la que usan más frecuentemente? ¿Hay una buena variedad?   Sí   No
    4. ¿Dónde hay algunos lugares que serían buenos para colocar publicidad?
    5. ¿Cuáles otros canales de publicidad están disponibles para su grupo?
C. Evalúe el reclutamiento de su grupo.
    1. ¿Quién es responsable del reclutamiento en su grupo?
    2. ¿Cuáles métodos de reclutamiento se usan más? ¿Cómo están estos relacionados con los temas estudiados?
    3. ¿Ha sido efectivo su reclutamiento?
    4. ¿Cuáles sugerencias le haría usted a su grupo?
D. Aplicación.

La hoja de trabajo que aparece en la siguiente página está basada en la información dada arriba. Escoja una de las próximas unidades de estudio y trabaje a través de ella como si estuviera planificando actividades de reclutamiento y publicidad.

Figura 11.4

PLANILLA PARA LA PUBLICIDAD Y EL RECLUTAMIENTO

TEMA DEL ESTUDIO_____ LÍDER(ES)_____
FECHA(S) DEL ESTUDIO _____ENCARGADO DE PUBLICIDAD

1. Escoja una persona o un grupo específico
(Haga una lista en la columna uno de los grupos o individuos que necesitan este estudio o están interesados).

_____   _____
_____   _____
_____   _____
_____   _____
_____   _____

2. Seleccione los lugares para la publicidad y el reclutamiento.
(Disponga los mejores lugares para encontrar e influenciar a los grupos o a las personas enumeradas arriba; escriba la ubicación de los mismos en la columna dos. Esto debe incluir los departamentos de la Escuela Dominical, las reuniones, los hogares, los pizarrones y carteleras, los boletines, etc.).

3. ¿Cuáles métodos y planes específicos usará usted?
(Para cada grupo o individuo, decida la manera exacta de publicidad o contacto que se hará, como cartas, visitas, llamadas telefónicas, anuncios o carteles).

_____   _____
_____   _____
_____   _____
_____   _____

4. Asigne responsabilidades para cada una de las acciones de publicidad o reclutamiento.
(Escriba los nombres junto a la lista de actividades. Cada persona debe saber exactamente lo que se tiene que hacer, cuándo y quién lo hace. El encargado de la publicidad debe guardar una copia de la hoja de planificación y hacer el seguimiento cuando se necesite. Asegúrese de evaluar la efectividad de estos esfuerzos de manera que usted pueda saber qué funciona mejor para su grupo).

DIRIGIENDO EL RECLUTAMIENTO

El reclutamiento está muy relacionado con el alcance. En vez de tener un propósito general, sin embargo, la meta del reclutamiento es asegurar la participación en organizaciones o actividades específicas. Aunque generalmente es administrado por los líderes de los departamentos/clases/grupos, a menudo se llama a personas de la iglesia que tienen amplias responsabilidades educativas para que brinden ayuda.

Para ayudarlo a usted a dirigir el reclutamiento, he aquí los principios básicos para alcanzar e involucrar a la gente nueva en las organizaciones educativas. Incluidas en este capítulo hay hojas de trabajo de sesiones de entrenamiento (fig. 11.3, p. 299) y una hoja de planificación de reclutamiento (fig. 11.4, p. 300) que se pueden usar para el entrenamiento de los obreros.

¿Por qué responde la gente?

La gente está orientada por necesidades; esto es, responden a las necesidades que sienten o que pueden ser motivados a sentir. Cuanto mayor sea la necesidad que siente, más fuerte será el deseo de satisfacer esa necesidad. Por ejemplo, si una persona quiere una vida social más activa, la tendencia es tratar de satisfacer esta necesidad. Si la persona siente la necesidad de entrenarse en testificar, tratará de llenar esta necesidad.

Por lo general, la gente responde a las invitaciones que considera que prometen alguna satisfacción o beneficio. Por ejemplo, si usted invitara a una pareja a unirse al grupo, va a pensar: "¿Por qué?". La invitación debe contestar a esta pregunta si la expectativa es alcanzarla e involucrarla en ese grupo.

¿Cómo se alcanza a la gente?

Los miembros en perspectiva se preguntan a sí mismos: "¿Por qué debemos hacerlo?". Para alcanzarlos, usted debe hacer dos cosas: (1) determinar y/o ayudarlos a reconocer una necesidad que tienen; y (2) ofrecerles un *beneficio* que, en la opinión del miembro en perspectiva, llenará su necesidad. La gente tiene necesidades; un grupo debe ofrecerle beneficios. Cuando las necesidades son correspondidas con beneficios apropiados, el potencial se aumenta muchísimo para alcanzar e involucrar a los posibles miembros.

¿Qué es reclutamiento? ¿Qué es publicidad?

La mayoría de la gente está familiarizada con la palabra reclutamiento o alistamiento, pero si usted tuviera que describir qué significan esos términos, ¿qué diría?

También debemos interesarnos acerca de la publicidad. ¿Qué significa esta palabra? ¿Cómo se relacionan las palabras reclutamiento y publicidad?

Básicamente, reclutar es alcanzar e involucrar a alguien en una actividad. Puede incluir el uso de contactos informales, visitas personales, llamadas telefónicas o una nota personal. Pero el contacto es generalmente de persona a persona.

La publicidad, por otro lado, está diseñada para proveer información, para crear conciencia o una imagen, o para desarrollar un deseo de la persona que va a recibir el mensaje. La publicidad puede incluir carteles, anuncios, rótulos y correo masivo. Generalmente, el contacto es impersonal dado que el mensaje tiene la intención de alcanzar a mucha gente.

Una vez que se ha distinguido entre el reclutamiento y la publicidad, se puede decir que ambos tienen propósitos similares; esto es, alcanzar a la gente. No obstante, curiosamente, no logran resultados similares.

La publicidad no garantiza una respuesta. Provee información o crea una imagen, pero esto meramente incrementa el potencial de respuesta. No "vende" nada a menos que la persona que reciba el mensaje sienta o sea causado a sentir una necesidad relacionada con el "producto" ofrecido por la publicidad. Si la publicidad ofrece un beneficio que llena una necesidad sentida por el receptor del mensaje, entonces el potencial de una respuesta positiva está presente.

Aquí está el problema: la mayoría de lo que se hace en el esfuerzo de reclutamiento es realmente publicidad. ¿Cómo es que la mayoría de las iglesias tratan de alcanzar miembros nuevos? Usan carteles, anuncios en el boletín, anuncios desde el púlpito y en los departamentos de la Escuela Dominical, boletines y otra variedad de medios. Todo esto es publicidad, y la publicidad no recluta a nadie a menos que la persona sienta una necesidad que puede ser llenada con el "producto" ofrecido.

El reclutamiento, sin embargo, puede asegurar un potencial de respuestas positivas. Los miembros en perspectiva pueden ser alcanzados a través del contacto personal, la atención a sus necesidades e intereses, y a través de mostrarles los beneficios que podrían llenar sus necesidades. El reclutamiento siempre es de persona a persona, y puede relacionar beneficios y necesidades.

Planificando y llevando a cabo el reclutamiento

La clave para alcanzar efectivamente a la gente es hacer calzar la necesidad del miembro en perspectiva con las necesidades que llenará una unidad de estudio en particular o un grupo en especial. Por ejemplo, una persona que siente la necesidad de un estudio sobre cómo dar testimonio podría alcanzarse fácilmente cuando el grupo está estudiando sobre el testimonio.

He aquí cómo planificar para una publicidad y un reclutamiento efectivos:

1. Determine la necesidad que una unidad de estudio en particular llenará.
2. Conteste las preguntas:
   - ¿Quién tiene esta necesidad o necesidades similares (pueden ser individuos o grupos)?
   - ¿Cuándo se puede alcanzar a esta gente?
   - ¿Cuáles métodos serán más efectivos para alcanzar a esta gente? (Tenga en mente un balance entre las actividades de publicidad y las de reclutamiento)
   - ¿Quiénes serán los responsables por las actividades de publicidad o de reclutamiento?

La cosa importante en este plan es ser específico e involucrar al grupo a que haga planes de reclutamiento y de publicidad (la fig. 11.4 muestra una hoja de planificación que puede usarse en la clase y los grupos). El maestro, el director o el líder de reclutamiento deben dirigir a los miembros en esta planificación por lo menos dos semanas antes de un nuevo tema o programa. Un esfuerzo de reclutamiento intensivo basado en una unidad de estudio que llene las necesidades específicas debe hacerse por lo menos una vez al año.

CAPÍTULO DOCE

CRIANDO Y ENSEÑANDO A LOS NUEVOS CRISTIANOS

Edward A. Buchanan

Recientemente, se unió un matrimonio a una iglesia local. La clase de estudio bíblico del nivel de su edad invitó a la pareja a asistir a una función social en el centro de recreación el sábado en la mañana. Antes del evento, el matrimonio manejó al lugar para asegurarse de que no tuvieran dificultades para encontrar el lugar. Estaban emocionados por la oportunidad de poder hacer nuevas amistades en su nueva iglesia. Sin embargo, el día del evento se atrasaron inevitablemente. Como resultado, llegaron al centro después de que la función había comenzado. Obviamente estaba repleto y les dio pena entrar tarde. Muy desilusionados, se fueron. Su asistencia los domingos se fue haciendo esporádica, hasta que finalmente, luego de pocas semanas, dejaron de asistir. Aunque este matrimonio había hecho profesión de fe recientemente, la iglesia perdió su oportunidad de nutrirlos.

¡Qué diferente hubiera sido este escenario si la iglesia le hubiera puesto más atención al bienestar de la pareja! Una persona de la clase los hubiera llamado y se hubieran puesto de acuerdo para encontrarse e involucrarlos en el evento social y, luego, en la vida de la clase y de la iglesia. Esto no hubiera necesitado un gran esfuerzo, solamente un poco de planificación. Hubiera cambiado totalmente la participación de esta pareja en su relación con la iglesia. Aun más importante, probablemente hubiera tenido un impacto en su relación con Dios. Dios le ha confiado a la iglesia una responsabilidad fabulosa para la guía y el bienestar espiritual de las personas.

CRIANDO Y ENSEÑANDO PARA CRECER

A menudo, la Biblia habla de la necesidad de criar y enseñar a los nuevos creyentes. La iglesia primitiva crió y les enseñó a sus convertidos. Enseñarles a los nuevos creyentes es todavía una función importante en la iglesia de hoy. Muchas iglesias contemporáneas, sin embargo, le están dando menos atención a este vital objetivo.

Definición de criar y enseñar

Antes de examinar el uso de estos términos, sería de utilidad definirlos de la manera en que se van a usar en este capítulo. Ambos términos aparecen en el Nuevo Testamento. La aplicabilidad de cada término es significativa para el crecimiento y el desarrollo de la iglesia. Cada creyente individual tiene una responsabilidad ante Dios por el crecimiento espiritual dentro de la comunidad de fe. En una forma de gobierno congregacional, la eficacia de la iglesia depende de la membresía regenerada para el liderazgo y la ejecución de los ministerios de la iglesia. Por lo tanto, el papel de la crianza y la enseñanza es importante.

Crianza. Criar originalmente se derivó de una palabra latina que significaba proveerle nutrición a un niño. A través de los siglos esta definición se extendió hasta incluir la idea de educar, entrenar a una persona. Su uso en el Nuevo Testamento (ver Ef. 6:4) lleva la idea de criar a los hijos. El clásico concepto griego incluye la idea de esforzarse por lo bueno. En otras palabras, incluye un elemento moral. Criar incluye también una dimensión afectiva de apoyo emocional. En la educación adulta de la iglesia, el término se aplica a cuidado, ánimo y apoyo emocional de la persona a medida que crece en la comprensión de su nueva fe en Cristo.

Enseñar. La palabra *enseñar* se deriva de una forma antigua del latín que significa amaestrar con reglas o preceptos, o instruir. También significa aprender por medio del ejemplo o la experiencia y equipar para el desempeño de una función o papel que se desea. Como se usa aquí, el rol deseado es que funcionemos como cristianos maduros en el hogar, el trabajo, la iglesia y el mundo. Enseñar también tiene la idea de que se hace de manera sistemática. En el Nuevo Testamento el término aparece 95 veces. Incluye educación de toda la persona, no solamente el intelecto.

Bases bíblicas para la crianza y la educación

Algunos ejemplos de las ideas que rodean estos conceptos ilustrarán la importancia de preparar a la persona para que crezca en la vida cristiana.

Deuteronomio 6:4-9. Este pasaje del Antiguo Testamento ejemplifica la importancia de la enseñanza, centrada en la familia, de la relación de pacto entre el pueblo de Israel y Dios. Las personas fieles son instruidas para imprimir el mensaje en sus hijos en un continuo repetir de su relación con Dios.

En la festividad de la Pascua, por ejemplo, el padre y el hijo llevan a cabo un diálogo y un recuento de la liberación del pueblo de Israel de la esclavitud en Egipto. Pero el decir y repetir la historia no se limita a los días de fiesta. El mandato de amar a Dios se le debe decir a toda la familia cuando esté en casa o cuando esté de viaje. Se debe repetir en la mañana y en la noche. Como lo indica el texto, los símbolos didácticos se usan para mantener a Dios en la primera fila de los pensamientos de la gente.

Mateo 9:35. Este versículo describe a Jesús enseñando en las sinagogas. Años más tarde el apóstol Pablo hizo lo mismo. La sinagoga era un centro de aprendizaje diseñado para la enseñanza y el aprendizaje. La enseñanza no era solamente aprendizaje teórico sino especialmente aprendizaje práctico para la vida diaria. Es necesario volver a llamar la iglesia a que regrese a esta perspectiva como una parte significativa de su misión.

Mateo 28:19, 20. Jesús comisionó a sus discípulos en sus palabras finales. Los mandó a ir y a hacer alumnos de por vida de aquellos a quienes les llevaran las buenas nuevas del evangelio. La naturaleza de por vida del mandato les permitiría a los alumnos tener vidas moldeadas y remodeladas de un enfoque mundano a un estilo de vida piadoso. El bautismo simboliza el significado de este cambio. La enseñanza tenía que ser hecha de una manera sistemática.

Efesios 4:11-16. Los líderes de la iglesia deben guiar y preparar a los miembros de la iglesia para que alcancen el más alto nivel de madurez. La iglesia debe practicar el cuidado. Un líder debe procurar pastorear a un miembro errado para que vuelva al camino. El líder tiene la responsabilidad de edificar o perfeccionar al creyente a su cargo. La meta involucra ayudar al creyente a alcanzar la estatura de la plenitud de Cristo.

La crianza está implícita en la amonestación a que el creyente mantenga un nivel de entendimiento que no le permita que la falsa doctrina o la religión de moda lo desvíen. En vez de eso, el cuerpo de creyentes, la iglesia, es más efectiva cuando es saludable y está dirigida por la cabeza, la cual es Cristo. Cada creyente debe mantener una íntima conexión con Cristo. La enseñanza es importante, pero debe estar acompañada de una crianza en amor.

Colosenses 1:3-14. En esta oración por los colosenses, Pablo declara que amor sin verdad resultará en sentimentalismo. Fe sin amor sólo termina en una ortodoxia muerta. Ambos extremos se pueden encontrar en la iglesia de hoy día. Cualquier incomodidad y sufrimiento que un creyente pueda sufrir por su fidelidad a Cristo será recompensado en la esperanza del cumplimiento final de la redención en el cielo. Esta clase de madurez sólo viene a través de la crianza en la fe bajo la enseñaza de su líder, Epafras.

El apóstol continúa orando que el creyente sea lleno de conocimiento, sabiduría y entendimiento. Esto resultará en aplicación a la vida práctica. Pablo ora que ellos conduzcan su vida de una manera que agrade a Dios. Finalmente, ora que ellos reciban fortaleza y poder para lograr esto en la vida.

1 Juan 1:5-7. El compañerismo es identificado como una parte importante de la vida de la iglesia. Pero el compañerismo no es simplemente buenas amistades. En cambio, el compañerismo en la iglesia se determina por un compromiso común de los miembros a Cristo. Ellos comparten una relación muy especial a través del Espíritu Santo.

Dos ejemplos de la crianza y la enseñanza de la iglesia que nos llegan desde el pasado

Algunos enfoques de crianza y enseñanza procedentes de la historia de la iglesia han afectado la instrucción religiosa. Esto tiene implicaciones para el comienzo del cristiano y la formación espiritual de hoy. Uno de los enfoques viene de la iglesia primitiva y el otro de la Reforma. En cada caso, se debe hablar de una crisis.

Catecumenado de la iglesia primitiva. La iglesia primitiva tuvo que batallar con la afluencia de convertidos que no entendían el significado de su nueva fe o cómo incorporar su fe al estilo de vida cristiano. Es evidente a través de escritos de la iglesia tan antiguos como 125 d. de J.C., como *La enseñanza de los doce apóstoles*, o la *Didaché*[1], que los líderes de la iglesia querían ocuparse de la instrucción bíblica para enseñarles a los nuevos creyentes. Debido a que la sociedad romana era muy corrupta e inmoral, era necesario encontrar medios no solamente para enseñar a los nuevos creyentes sino para asegurar que su estilo de vida fuera apropiado.

Una persona podía asistir a un culto de predicación, antes de la conversión, con la intención de buscar e indagar. Si la persona quería unirse a la iglesia, sin embargo, tenía que indicarles su deseo a los líderes y describir su experiencia de conversión. Si la persona era aceptada, entraba a un período de formación espiritual a través del *catecumenado*. (La palabra se originó del vocablo griego, *katecheo*, que significa "instruir"). Como lo sugiere la palabra, este era un período de aprendizaje y crecimiento. Se le señalaba un patrocinador para que lo ayudara con la enseñanza, el cuidado y el escrutinio moral. Seguidamente a la conversión, la persona permanecía en el catecumenado de dos a tres años. Durante ese tiempo, el nuevo creyente tenía que dar evidencia de la transformación que había experimentado.

Hacia el final del *catecumenado*, de nuevo la persona recibía un escrutinio moral y podía pasar a la etapa final en preparación para el bautismo. Este sucedía durante el período conocido como Cuaresma. Allí el recibía instrucción más intensa. La enseñanza generalmente incluía estudio de las demandas éticas del cristianismo, estudio de la oración a través del Padre Nuestro, y estudio del bautismo, la comunión, historia de la Biblia, historia de la iglesia y teología sencilla. Los escritos de los padres de la iglesia sugieren que el *catecumenado* era una práctica bastante estándar.

La noche antes del bautismo, el candidato pasaba toda la noche en oración y penitencia. El candidato memorizaba el credo. Este proveía un compendio de la fe y las creencias cristianas. El bautismo generalmente tenía lugar el domingo de resurrección temprano en la mañana, y simbolizaba la muerte, la sepultura y la resurrección de Cristo. También significaba la identificación del creyente con Cristo y con la iglesia. El recién bautizado entonces recibía la comunión y era admitido dentro de la membresía.

El *catecumenado* era una forma muy efectiva para la educación del adulto. Combinaba la enseñanza acerca de la vida espiritual y el estilo de vida cristiano con la enseñanza de los hechos básicos de la fe cristiana. A medida que el bautismo infantil se popularizó, el *catecumenado* declinó y finalmente desapareció.

Catecismo de la Reforma. Once años después de que comenzara la Reforma, Martín Lutero se dio cuenta de que se tenía que hacer algo para suplir el analfabetismo bíblico entre sus seguidores. En respuesta a eso, Lutero predicó una serie de sermones que desde entonces han afectado la crianza cristiana. Esos sermones se volvieron el fundamento tanto para el *Large Catechism* (Catecismo grande)[2] como para el *Small Catechism* (Catecismo breve). A diferencia de los anteriores catecismos, este enfatizaba la Escritura. Para Lutero, el catecismo era un resumen de la Escritura. Él enseñaba los Diez Mandamientos para hacer énfasis en la manera en que los cristianos debían comportarse idealmente. Enseñó doctrina a través del Credo de los Apóstoles, a pesar de que éste también se había enseñado con el mismo propósito generaciones antes en la instrucción del *catecumenado*. Enseñó a orar a través del estudio del Padre Nuestro. Enseñó los sacramentos de la Cena del Señor y el bautismo. (En la tradición libre de la iglesia, estos son ordenanzas, en vez de sacramentos).

En la introducción de *Large Catechism*, Lutero declaró que todas sus predicaciones siguientes estaban influidas por este estudio. Él informó de su uso personal y diario del catecismo. Éste se volvió parte del rol pastoral que usó con otros ministros. Este catecismo jugó un papel muy importante en la crianza espiritual de su propia congregación. Lutero no sólo quería que la gente aprendiera el contenido al momento de la conversión, sino que viviera de acuerdo al catecismo a través de su experiencia cristiana. Lutero también desarrolló otro tema partiendo del contexto bíblico: la naturaleza de la educación cristiana centrada en la familia.

Juan Calvino escribió un catecismo similar para las iglesias reformadas en 1537. Otras denominaciones también produjeron sus propios catecismos. En 1693 apareció el primer catecismo bautista, y fue seguido por muchos otros. Pero, para el tiempo de la Segunda guerra mundial, aun la palabra catecismo había desaparecido del vocabulario de la mayoría de los cristianos evangélicos.

Contexto contemporáneo
para la crianza y enseñanza en la iglesia

Un estudio de las iglesias protestantes en los Estados Unidos muestra una precipitosa declinación en la membresía de iglesias establecidas. En respuesta, muchas iglesias han buscado estrategias de crecimiento para tratar de alterar lo que parece ser un panorama oscuro. Con esta loable meta en mente, no es una sorpresa que algunas iglesias hayan tomado el camino de menor resistencia y recurran a métodos que atraigan a nuevos miembros, sin involucrarlos en el poco popular y difícil proceso de crianza e instrucción. El crecimiento numérico a corto plazo a través del acceso fácil a la membresía a menudo es neutralizado por el raquítico crecimiento cristiano, la inestabilidad en la vida personal y la escasa participación a largo plazo en el ministerio de alcance.

Para tener éxito en el entorno de la vida moderna estadounidense, un programa de comienzo y discipulado cristianos de la iglesia necesitará afrontar un número de restricciones de la cultura. Al estudiar (1) la información bíblica y cultural y (2) las limitaciones personales y de la sociedad contemporánea, se pueden establecer parámetros para metas apropiadas y programadas.

Los estadounidenses generalmente viven vidas desenfrenadas. Para captar y mantener la atención por encima de la competitiva cacofonía del ruido de la cultura estadounidense, un programa debe estar empacado atractivamente y anunciado efectivamente. Un programa así necesita estar bien planificado, organizado y sistematizado. Hay una disminución en el compromiso a programas y denominaciones específicos. Los estadounidenses tienen muchas opciones en el trabajo y en la comunidad que compiten por su tiempo y energía. Los valores de un programa de esa naturaleza deben ser demostrados.

Los estadounidenses se sienten muy atraídos por la televisión. Recientemente, también ha habido una notable declinación entre los lectores estadounidenses. Un esfuerzo efectivo para un programa de discipulado significativo necesariamente utilizará medios de comunicación efectivos, especialmente el video.

El grupo de adultos de mediana edad está aumentando. Un programa de crecimiento espiritual debe tomar en cuenta las necesidades de desarrollo e intereses de los miembros de todas las edades. La sociedad se mueve constantemente, por lo que requiere que cualquier programa tenga demarcaciones del tiempo y logre resultados dentro de un tiempo específico. Un período de tres a cinco años es razonable, como lo demostró el catecumenado. El tiempo de las reuniones es también de importante consideración. Usualmente los domingos en la mañana es el momento óptimo, seguido por el domingo en la noche y los miércoles en la noche.

La gente en nuestra cultura tiene una fascinación por la dimensión espiritual de la vida. Para muchos, ese interés no necesariamente se extiende a la iglesia organizada. Un programa de iniciación necesita construirse sobre el interés espiritual latente pero no debe permitir que languidezca a un nivel vago e irresponsable. La gente necesita encontrar satisfacción en los ministerios de la iglesia cristiana en las áreas de compañerismo, vida familiar, adoración, servicio y alcance.

Una característica en relación con esta cultura es el énfasis que se le da a lo experimental en oposición a lo racional. Aunque un programa necesita tratar con la crianza, también necesita proveer conocimiento e información real como una base para la toma de decisiones que sea práctica y totalmente cristiana.

Otra tendencia es el crecimiento fenomenal de otras religiones. La carencia de una comprensión sólida lleva a la gente hacia diferentes cultos o religiones. Estados Unidos posee una cultura altamente técnica. En una cultura así, la gente necesita el toque de personas cuyas vidas hayan sido transformadas por Cristo, y que estén comprometidas y entrenadas para expresar amor a otros.

Los nuevos cristianos necesitan ayuda al expresar el amor cristiano en su familia. Ellos necesitan aprender el comportamiento vocacional cristiano que se evidencia en la ética en los negocios y en otras áreas. Esto es verdad también en relación al número de personas que experimentan heridas y dolor por abusos y adicciones.

Entre las prioridades de un programa de esa naturaleza, debe estar incluir grupos de apoyo pequeños. El contenido del programa necesita proveer una alternativa distintivamente cristiana a los valores seculares de la sociedad estadounidense. El contenido necesita ser dirigido hacia el compromiso y la participación en la iglesia local y en sus ministerios.

Basados en estos conceptos, surgen tres áreas de interés que pueden guiar el desarrollo de un programa efectivo de discipulado, como se describe en la figura 12.1: "Objetivos para la crianza y enseñanza de los nuevos creyentes". Las preguntas que deben responderse incluyen las siguientes:

- ¿Cómo puede la iglesia ayudar a los nuevos creyentes a entender y crecer en madurez espiritual?
- ¿Cómo puede una iglesia asimilar a los nuevos miembros dentro de la vida y el ministerio de la congregación?
- ¿Cómo puede una iglesia desarrollar un programa de inicio y discipulado cristianos para los nuevos creyentes y también para discípulos maduros?

Para responder a las necesidades sugeridas en la figura 12.1, una iglesia debe diseñar oportunidades de aprendizaje y seleccionar recursos de currículo que tengan relación con cada objetivo.

Se les debe dar atención, sin embargo, a las necesidades especiales de las familias cuyos hijos necesiten ser evangelizados y criados en la fe cristiana. Por ejemplo, sería útil adaptar un programa para padres que quieran proveerles a sus hijos guía y recursos en el crecimiento espiritual en vez de depender de la iglesia.

DESARROLLANDO UNA ESTRATEGIA PARA CRIAR Y ENSEÑAR

Para poder llevar a cabo estos tres objetivos, una iglesia debe desarrollar una estrategia para asimilar a los nuevos creyentes. La asimilación es el proceso de incorporación de los creyentes dentro de la vida y el ministerio de la iglesia. La estrategia comienza con una articulación clara de las etapas que van desde un interés expresado en la fe cristiana hasta la madurez.

Figura 12.1

OBJETIVOS PARA CRIAR Y ENSEÑAR A LOS NUEVOS CREYENTES

1. **Iniciación cristiana y formación espiritual**

   Guiar a cada creyente hacia una madurez personal y permanente en Cristo a través de una comprensión profunda de la fe cristiana, y de una devoción e integridad personal en la vida familiar, los intereses vocacionales y las actividades de descanso.

2. **Asimilación dentro de la iglesia local**

   Guiar a cada cristiano hacia la asimilación en el compañerismo, en la participación de la adoración, y en el servicio a través del testimonio y el ministerio.

3. **Programando para el desarrollo del discipulado**

   Desarrollar un currículo para la iniciación del nuevo cristiano y para el desarrollo del discipulado que integre tanto el alcance como la educación.

Etapas de la iniciación cristiana
hacia la madurez en Cristo

Aunque fueron conocidos bajo diferentes nombres, la Biblia y los registros de la iglesia primitiva dan testimonio de la importancia de la iniciación y la formación espiritual. Hoy, muchas iglesias consideran este enfoque como nuevo, pero en realidad es un regreso a los esfuerzos primitivos para guiar y criar a los nuevos creyentes. Hay siete etapas en el desarrollo de un cristiano desde que inquiere hasta la madurez. En cada etapa hay señales identificables que sugieren la clase de desarrollo de fe que debe ocurrir.

Etapa # 1: Buscador. Durante esta etapa la persona está lo suficientemente interesada como para tener algún contacto con la iglesia. La experiencia más común es asistir a los cultos de adoración. Pero los buscadores también pueden ser contactados por la iglesia a través de la consejería, los grupos pequeños o los eventos especiales. O pueden desear que sus hijos tengan educación religiosa y llegar a estar indirectamente afiliados de esa manera. Los miembros de la iglesia pueden contactar al individuo a través de reuniones evangelísticas en sus casas y de ahí extender la invitación para que asistan a eventos especiales en la iglesia. O tal vez un miembro puede invitar a un compañero de trabajo o a un vecino a la iglesia o a la clase de la Escuela Dominical.

Si la persona visita un culto de la iglesia, debe haber un plan para contactar a esa persona en el término de 24 horas y continuar los contactos con el maestro de Escuela Dominical, un diácono y otros por un período de dos semanas. De cualquier manera que suceda, la iglesia necesita llegar hasta el buscador con cariñoso cuidado y, en cierto punto, animar a la persona a considerar la demanda de Cristo. Hay muchas formas de lograr esto, desde un evangelismo amistoso hasta una serie de reuniones evangelizadoras. Otra forma es usar un video evangelizador para confrontar a la persona con la demanda de Jesucristo sobre su vida. Los padres pueden ayudar a sus hijos llevándolos a la iglesia y a otros lugares donde sean expuestos al amor de Dios y al evangelio. Los pastores pueden visitar a los niños y discutir su relación con Dios cuando éstos estén alrededor de su décimo cumpleaños.

Paso # 2: Evangelización. En esta etapa del desarrollo, la persona ha oído el evangelio y es confrontada con la necesidad de hacer una decisión. Esta etapa probablemente ocurrirá cuando una persona responda a una invitación a la conclusión del culto, o al finalizar la proyección de un video. Algunos consejeros entrenados deben estar listos para guiar al nuevo convertido a través de los pasos de una profesión de fe en Cristo. Los que respondan deben firmar una tarjeta de decisión y ser presentados a un miembro del personal pastoral; luego se le debe pedir que describa el compromiso que ha hecho.

El entrenamiento del consejero debe incluir cómo dar un testimonio personal y cómo guiar a una persona a encontrar una nueva vida en Cristo. Se pueden usar pasajes como Romanos 6:23 y Romanos 10:9, 10; también se puede usar un tratado como *Las cuatro leyes espirituales*. Los padres también necesitan guía de la iglesia en cómo dirigir a los hijos hacia una relación con Cristo. Ellos necesitan entender las edades apropiadas para tal instrucción y ser sensibles a cuándo sus hijos están listos para recibirla.

Etapa # 3: Bautismo y membresía de la iglesia. Después de hacer la profesión personal de fe en Cristo, comienzan formalmente los procesos de iniciación cristiana y formación espiritual. En la tradición libre de la iglesia, una persona entra al compañerismo de la misma a través del bautismo, de una declaración de fe o por carta de transferencia de otra iglesia. El bautismo del creyente significa que luego de la profesión de fe el candidato será sumergido. La declaración de fe significa que la persona ha hecho una profesión de fe y ha sido bautizada previamente, pero no hay disponible una carta de otra iglesia. La carta de transferencia significa que una persona viene de otra iglesia de la misma fe y ha sido bautizada. Las iglesias de otras tradiciones querrán seguir sus propias prácticas. Es importante conocer el desarrollo espiritual de la persona para poder ayudar al nuevo creyente a encontrar consejo significativo, y oportunidades de compañerismo y enseñanza.

Si la persona llega como creyente, el consejero deseará hacer algunas valoraciones del nivel de madurez del candidato. Por ejemplo, un nuevo creyente es aquel que ha sido cristiano seis meses o menos. Un creyente inmaduro es uno que ha mostrado poca evidencia de su crecimiento. Otros pueden ser clasificados como creyentes promedio, o sea, uno que ha sido cristiano por algún tiempo, puede explicar su fe, pero muestra poca evidencia de su madurez. Un cristiano maduro es el que da clara evidencia de su crecimiento.

Al momento del compromiso, se debe invitar a la persona a una clase de miembros nuevos y asignársele a alguien para el cuidado pastoral de la familia o del individuo. Un equipo de esposo y esposa, un diácono u otra persona entrenada lo haría bien. Algunos medios importantes para ayudar en este proceso pueden ser un recorrido por las instalaciones de la iglesia, y proveerle literatura con información de la hora y el lugar de los cultos. La responsabilidad por la nueva persona pasa entonces del consejero inicial a la persona asignada para el cuidado pastoral. Esta persona puede invitar y llevar al nuevo convertido o miembro de la iglesia a las actividades de la iglesia. La clase de la Escuela Dominical, una cena de la iglesia, reuniones de oración y eventos sociales son buenas oportunidades para involucrar a la nueva persona en la vida de la iglesia. Esto la ayudará a que participe en las actividades regulares de la congregación.

Los padres pueden querer que sus hijos sean instruidos en el bautismo, la Cena del Señor y la membresía de la iglesia cuando los hijos estén en la mitad o los últimos años de la niñez. Después de los cultos en los que estos eventos ocurran, los padres deben estar listos para interpretar y discutir el significado. Los padres necesitan animar a los hijos, pero no deben manipularlos hacia la membresía de la iglesia.

Etapa # 4: Sanando y cuidando. Muchas personas llegan a la iglesia con situaciones difíciles en el hogar o con heridas personales. Otros llegan con problemas de abuso o de adicciones por los que necesitan ayuda. Las personas que han experimentado recientemente un divorcio necesitarán ayuda para recuperarse. Los padres solteros a menudo necesitarán ayuda para desarrollar habilidades que les ayuden a sobrellevar su situación. Las iglesias pueden proveer oportunidades para que los miembros reciban consejería individual. Pueden también proveer clases que les enseñen a funcionar efectivamente. También pueden proveer oportunidades para involucrarse en grupos de terapia.

Para hacer que este trabajo sea efectivo, sin embargo, se deben descubrir a tiempo las necesidades del individuo. Estas personas deben ser colocadas en situaciones de ayuda que promuevan alivio, consuelo, sanidad y restauración. Este aspecto del ministerio es importante ya que es difícil para una persona llegar a ser un cristiano maduro y funcionando a totalidad sin primero tratar con la angustia y el dolor.

Los niños pueden ser víctimas de situaciones de abuso. Las cicatrices emocionales son muy dolorosas. Los maestros de la Escuela Dominical y otros que trabajan con los niños y con los jóvenes necesitan ser sensibles e informar sobre situaciones potenciales de abuso. Los pastores necesitan estar conscientes de las responsabilidades éticas y legales en situaciones así.

Una iglesia debe proveer cuidado espiritual y oportunidades de establecer relaciones cristianas significativas para todos los creyentes. Muchas iglesias han encontrado que tener cenas hogareñas para las personas en áreas geográficamente cercanas facilita el desarrollo de las relaciones. Otros han descubierto que los grupos pequeños son uno de los lugares más importantes para brindar cuidado a todos los miembros. En algunas iglesias se apartan los lunes en la noche para los grupos de interacción. Estos grupos a menudo se encuentran en los hogares de los miembros.

Un grupo debe reunirse por un período de una a dos horas, ya que es difícil lograr una interacción significativa en un período más corto. Cada grupo debe tratar un solo tema por un período establecido, como de 13 semanas. Conviene que los miembros se comprometan a asistir a las sesiones, a menos que haya un fuerte impedimento. Los grupos deben estar diseñados para tener compañerismo, estudio bíblico, evangelismo, misiones, oración, estudio o carrera (como ética médica para los practicantes de medicina). Los grupos efectivos tienen un propósito definido, recursos para el estudio y un horario planificado.

Etapa # 5: Crianza y enseñanza. Vivir como cristiano a veces requiere que los nuevos creyentes hagan un cambio radical. A veces el propósito de la vida, los valores personales, el comportamiento, la ética, el amor y la fidelidad a Dios y el amor hacia otras personas se ven afectados por la fe en Jesucristo. Estos necesitan tomar forma a través de la crianza.

Las clases de discipulado son uno de los medios para lograr este resultado. La interacción en los grupos pequeños provee medios efectivos para darle forma a las vidas en la dirección cristiana. Pueden reunirse los domingos en la noche o a otra hora conveniente. Estas nuevas actitudes y estos hábitos necesitan promoverse de manera que ayuden a los cristianos inmaduros a establecer prioridades en el uso del tiempo, dedicarse a la lectura para el crecimiento espiritual, y comprometerse a la oración y el estudio de las Escrituras.

Las iglesias fuertes proveen modelos efectivos para los comportamientos y las actitudes que ellas quieren desarrollar. Las personas a cargo de la guía y el discipulado ayudarán a los nuevos cristianos a descubrir relaciones significativas, y los motivarán a profundizar su relación con Dios y con los miembros de la iglesia.

Las iglesias efectivas también ayudarán a los nuevos creyentes a establecer un sistema de creencias cristianas que esté fundamentado en un enfoque bíblico y teológico sobre la vida. Para lograr esto, una iglesia necesitará recuperar la tradición de la sinagoga y de la iglesia primitiva como un centro de aprendizaje.

Un currículo central debe proveer el contenido de conocimiento necesario para madurar en la fe. Debe haber cursos especializados para profundizar y ampliar los intereses de los alumnos con necesidades e intereses especiales. La iglesia pondrá a los nuevos creyentes a participar en estudios de temas como orientación de la Biblia, historia de la iglesia, doctrina y ética cristianas.

Aunque mucho del aprendizaje en la iglesia está íntimamente ligado a la crianza, la enseñanza también juega un papel importante. Los cristianos no pueden enfrentar las dificultades del mundo si no tienen una comprensión adecuada de la fe cristiana y de lo que se espera de ellos como creyentes.

Los padres pueden ayudar a los hijos en la memorización de la Biblia. También pueden ayudarlos a aprender los conceptos cristianos como la salvación, la santificación, la gracia y la fe. Los padres pueden ayudar a los hijos a comprender las razones por las que se debe orar, estudiar la Biblia, testificar y hacer misiones. La iglesia debe proveer una clase para preparar a los padres para estas tareas y también enseñarles a ayudar a los niños a aprender cómo usar la Biblia, cómo hacer decisiones morales, cómo orar y cómo encontrar una nueva vida en Cristo.

Etapa # 6: Descubrir los dones y prepararse para el ministerio. Esta etapa puede comenzar mientras el nuevo creyente todavía está en la etapa de crianza y enseñanza. Es importante que el nuevo cristiano esté sólidamente fundamentado en la fe antes de intentar que esa persona esté habilitada para el ministerio. Es también esencial que el nuevo creyente dé evidencia de su vivir cristiano. A medida que uno se mueve hacia la madurez, se debe desafiar al cristiano para servir. No es necesario que un creyente esté totalmente maduro para que ministre. Es útil animar al nuevo cristiano a participar en algún ministerio acorde a su nivel de madurez. Valorar los dones espirituales y las habilidades, combinando la personalidad con esos dones, ayudará al cristiano a descubrir la clase de ministerio que se le ajuste mejor.

A esta valoración le sigue el proceso de equipar o preparar. El equipar involucra preparar a los miembros para los ministerios tanto dentro como fuera de la iglesia. Después de que los miembros hayan sido preparados, necesitan ejercitar y probar sus nuevas habilidades y conocimientos en el crisol de la experiencia de la vida. Ellos necesitan el ánimo y el apoyo del grupo. Si se les deja que luchen solos, se sentirán desanimados y puede que abandonen el ministerio y también la iglesia.

Los nuevos miembros que lleguen por transferencia de otra iglesia deben estar listos para ministrar inmediatamente o luego de algún entrenamiento especializado. Es importante para el consejero que valore el desarrollo espiritual del nuevo miembro desde el primer encuentro. Si la persona está bien encaminada hacia la madurez, es posible que pronto esté participando en algún ministerio. Después de ayudar al nuevo miembro a descubrir sus dones, puede guiarlo hacia un ministerio importante.

A medida que los niños avanzan hacia los años de la preadolescencia y la adolescencia, los padres pueden ayudar a sus hijos a entender cómo puede expresarse el amor de Dios a través de la iglesia. Es importante exponerlos a las misiones, la pobreza, la injusticia social y a otros problemas del mundo para que sean sensibles. Ayudar a la juventud a encontrar maneras de oponerse a las maldades sociales los puede ayudar a crecer.

Etapa # 7: Creciendo hacia la madurez. Después de la conversión, la vida es un peregrinaje de formación espiritual para el creyente. Dios trabaja moldeando la vida del cristiano hasta que sea una persona madura y fiel. El carácter, los valores y el estilo de vida de un cristiano en crecimiento están dirigidos hacia la santidad; ellos se yerguen en completo contraste al carácter, valores y estilo de vida sostenidos por el mundo. Jesús identificó el carácter de un creyente en el gran mandamiento de la Ley. Él lo resumió diciendo que debemos amar a Dios y a nuestro prójimo. El apóstol Pablo explicó la madurez como permitir al Espíritu de Dios controlar la vida de la persona. Aunque no siempre es fácil definir la madurez, uno puede identificar algunas de sus facetas.

El perfil de la madurez es observable. Comienza con lo que Elizabeth O'Connor describe como el viaje hacia adentro, seguido por el viaje hacia afuera[3]. Uno debe comenzar el viaje hacia adentro con la relación con Dios. Esta relación se basa en el conocimiento. Conocer quién es Dios y lo que Dios espera involucra entender la Biblia, la vida de Cristo y la doctrina básica. El conocimiento y el entendimiento son fundamentales para crecer.

Sin embargo, crecer involucra más que saber; se refleja en una relación con Dios profunda y continua. Esta relación construye el carácter. El carácter está descrito en las Bienaventuranzas (ver Mat. 5:3-10), en el fruto del Espíritu (ver Gál. 5:22-26) y en la obediente servidumbre de Cristo.

La madurez continúa con la comprensión de uno mismo. La mayordomía del tiempo y de los talentos es parte de esa búsqueda hacia adentro. La piedad personal a través de la oración, el estudio de la Escritura, la práctica de las disciplinas espirituales, la devoción a Dios, y la autodisciplina proveen otros ingredientes. Todas estas características tienen relación con una vida cristiana que afecta el punto de vista de la persona sobre la vida, la integridad moral y la habilidad para enfrentar las crisis.

El viaje hacia afuera involucra alcanzar a otras personas. Dios creó a los humanos como seres sociales. La vida no fue hecha para vivirla centrada en uno mismo. La madurez involucra una vida de liderazgo y servicio. Esto se expresa en diferentes áreas. Una de ellas es la del testimonio personal hacia otras personas que exprese la necesidad de una nueva vida que está disponible en Cristo.

Practicar el liderazgo de siervo, sea en el servicio de la iglesia o en el trato en los negocios, es otra evidencia de las expresiones externas de un cambio interno que ha ocurrido. Denunciar y tratar con la injusticia de cualquier procedencia, y expresar compasión, cuidado, sanidad, reconciliación y guía son otros signos de una vida cambiada. Como fundamento de todas estas evidencias está la verdadera humildad.

Las etapas anteriores de crecimiento están dirigidas hacia una vida cambiada en Cristo. Durante esta etapa de crecimiento cristiano, el creyente llega a ser un guía para dirigir a otras personas en la misma dirección.

Ocho funciones de la iglesia

Para lograr los tres objetivos de la crianza y la enseñanza expuestos anteriormente, la iglesia debe desarrollar un currículo para los nuevos creyentes. Se pueden identificar en la Escritura ocho funciones básicas para la iglesia. El diseño de un currículo efectivo incluye la integración de estas ocho funciones en el crecimiento de un individuo. Las ocho funciones son las siguientes:

Función # 1: Adoración. La adoración es central para la vida de la iglesia. La adoración es la respuesta del corazón del creyente a Dios, dándole valor y honor a través de la alabanza, la adoración y la gratitud. Las áreas de estudio relacionadas son la predicación y la música. Se necesita enseñar la adoración en ambientes individuales y de grupo.

Función # 2: Compañerismo. El compañerismo está compuesto de las relaciones compartidas con las personas que tienen el vínculo común de su fe y de su relación con Jesucristo. Esto sucede entre creyentes en la iglesia y puede expresarse a través de la hospitalidad, el cuidado y el compartir.

Función # 3: Proclamación. La proclamación empieza con el desarrollo de amistades fuera de la iglesia para compartirles el testimonio de la fe en Cristo Jesús. También incluye el testimonio misionero con las personas alrededor del mundo. Más allá de eso, la proclamación también incluye el testimonio de fe en Cristo Jesús que la iglesia comparte en los medios políticos y empresariales.

Función # 4: Criar y entrenar. La crianza y la enseñanza son funciones que enseñan las verdades de la fe, incluyendo la doctrina, el estudio de la Palabra de Dios, el estilo de vida cristiano y el desarrollo de una vida espiritual disciplinada. Incluye también el cuidado que la iglesia ejerce hacia la comunidad de fe. La crianza y la enseñanza se hacen principalmente en la iglesia, donde los cristianos entran a aprender, pero salen a servir.

Función # 5: Formación espiritual. La formación espiritual es el proceso de depositar la vida de uno en Jesucristo. Esto ocurre a través de la lectura, clases y estudios, además del compañerismo con otros creyentes. Vivir la instrucción de la clase, guiar, ofrecer amistad, y tener devoción personal en oración y estudio son parte de la formación espiritual

Función # 6: Ministerio. El ministerio llega a medida que la persona crece en la fe. Involucra dar de su tiempo y energía para llenar las necesidades de otras personas a través de actos de misericordia, amor y servicio. Es muy importante para aquellos que están sufriendo en dolor y en pobreza. El ministerio se hace en el mundo cuando los cristianos salen a servir.

Función # 7: Vida familiar. Nutrir la vida familiar es una función importante de la iglesia; es esencial para el bienestar espiritual tanto de los jóvenes como de los mayores. El evangelio trabaja dentro del núcleo de la familia así como en otras áreas de la sociedad.

Función # 8: Liderazgo. El liderazgo ocurre a medida que uno crece en madurez y responsabilidad. Es necesario para lograr el trabajo de la iglesia.

Cuando estas funciones de la iglesia se integran a las etapas de iniciación y formación de la vida cristiana, surgen una estructura y un currículo, como se ilustra en la figura 12.2: "Currículo y funciones de la iglesia".

Cursos para la iniciación y la crianza espiritual

Probablemente, el horario óptimo para programar estos cursos es el domingo en la noche. También pueden ser efectivos otros horarios como las clases de los miembros nuevos, que podrían ser más efectivas el domingo en la mañana durante la hora de la Escuela Dominical. Esto sacaría a la persona de la clase solamente unas pocas semanas.

Su editorial denominacional o librería religiosa tiene información acerca de cursos que llenarán las necesidades de su programa. Hay materiales disponibles para una variedad de temas, con muchos recursos que contienen materiales del alumno, recursos en video, materiales promocionales y guía del líder. La figura 12.3 da ejemplos de cursos que pueden ofrecerse a diferentes niveles en diferentes categorías.

Los ingredientes para un programa efectivo están comenzando a formar un todo, ahora que el programa está armado. La estructura y el tiempo son los últimos componentes de un programa que cría y enseña a los nuevos creyentes.

Proveyendo estructura y currículo para criar y enseñar

La estructura para el currículo involucra el tiempo de reunión y el tamaño del grupo. En ninguna etapa del desarrollo se debe sobrecargar al nuevo convertido con ningún tipo de estructura, ni el aprendiz debe ser cargado con muchas horas durante la semana. Las horas óptimas para la familia son los domingos en la mañana, los domingos en la noche y los miércoles en la noche. Para otros propósitos especiales, como un grupo de gimnasia, sería aceptable un jueves en la mañana. Aunque el horario parezca lleno desde la perspectiva de la iglesia, considere un programa de cuatro a cinco años a través del cual un nuevo convertido se desarrollará y crecerá. Esto permite una variedad de cursos y actividades.

Sería conveniente desarrollar una gráfica de cada etapa del desarrollo del nuevo miembro y examinar la factibilidad de un perfil completo para el individuo y para la familia. Debe haber un balance en las estructuras de la enseñanza.

Figura 12.2

EL CURRÍCULO Y LAS FUNCIONES DE LA IGLESIA

ADORACIÓN
Escuchar a Dios
Amar a Dios
Predicación

MINISTERIO
Ancianos
Afligidos
Pobres/enfermos

COMPAÑERISMO
Hospitalidad
Cuidado
Consejería

FORMACIÓN ESPIRITUAL
Estilo de vida cristiano
Devoción personal
Oración
Dones espirituales

CRIANZA/ENSEÑANZA
Doctrina
Biblia-AT/NT
Historia de la iglesia
Origen de la Biblia

VIDA FAMILIAR
Enriquecimiento del
matrimonio
Educación de los hijos
Recuperación después
del divorcio

LIDERAZGO
Habilidades del líder
Relaciones
interpersonales
Habilidades para la
enseñanza

PROCLAMACIÓN
Testificar
Misiones
Visitación

Figura 12.3

CURSOS PARA LA CRIANZA Y LA ENSEÑANZA

CURSOS BÁSICOS:
Orientación de la iglesia
Clase de nuevos
miembros

BIBLIA
Panorama de la Biblia
Métodos de estudio
bíblico

DOCTRINA
Creencias básicas

MINISTERIO
Testimonio de fe

CURSOS AVANZADOS:

BIBLIA
Estudio del Antiguo
Testamento
Estudio del Nuevo
Testamento
Cómo nos llegó la Biblia

DOCTRINA
Ética

FORMACIÓN ESPIRITUAL
Oración/devoción
Disciplinas cristianas

EVANGELISMO
Describir su testimonio
Guiar a una persona a Cristo

CRECIMIENTO PERSONAL
Autoentendimiento
Relaciones interpersonales

CURSOS ESPECIALIZADOS:

VIDA FAMILIAR
Enriquecimiento
matrimonial
Paternidad cristiana
Padres solteros
Recuperación después
del divorcio

MINISTERIO
Ministerio al afligido
Ministerio a los
ancianos

ADORACIÓN
Adoración en la iglesia
Música de la iglesia

LIDERAZGO
Habilidades de liderazgo
Habilidades interpersonales

MISIONES
Misiones mundiales
Misiones de corto tiempo

Figura 12.4
Crianza y enseñanza en la iglesia

Etapas	Día/hora				
	Domingo 11 a. m.	Lunes 7 p. m.	Martes 9 a. m.	Miércoles 6 p. m.	Jueves 9 a. m.
Buscador	Adoración	Amigos	Gimnasia aeróbica	Oración	
Evange-lismo	Adoración	Amigos	Gimnasia aeróbica	Oración	
Bautismo	Adoración		Gimnasia aeróbica	Oración	Estudio bíblico
Cuidado	Adoración		Gimnasia aeróbica	Oración	Estudio bíblico
Enseñar	Adoración	Paternidad	Gimnasia aeróbica	Oración	Estudio bíblico
Dones	Adoración	Liderazgo	Gimnasia aeróbica	Oración	Estudio bíblico
Madurez	Adoración	Visitación	Gimnasia aeróbica	Oración	Estudio bíblico
Funciones de la igle-sia					
	Adoración	Compañe-rismo	Proclama-ción	Adoración	Crianza y enseñanza
	Crianza y enseñanza	Familia	Compañe-rismo	Formación espiritual	Compañe-rismo
		Liderazgo			
		Ministerio			
Estructura					
	Grupo grande	Grupo pequeño	Clase	Grupo grande	Grupo pequeño
		Mentor		Grupo pequeño	

Estas incluyen un grupo grande (como la adoración del domingo en la mañana), un grupo pequeño (como un grupo de compañerismo), clases (como clases para padres), mentor/discipulado individual (como la visitación en la casa de la persona). Es esencial que se incluyan grupos pequeños ya que ellos proveen un contacto cercano que mantendrá a la persona asistiendo a la iglesia. Las experiencias de la clase le proveerán una mejor estructura al aprendizaje. El resultado es que un miembro necesita una multiplicidad de experiencias en los grupos pequeños, las aulas y aun en los grupos grandes de adoración. Estudie la figura 12.4 para que observe como se vería un horario.

A estas alturas es importante armar los diferentes componentes presentados en este capítulo y trazar una estrategia para llenar las necesidades de los nuevos convertidos y los nuevos miembros en su congregación.

LIDERAZGO EDUCATIVO EN LA IGLESIA LOCAL

Un mandamiento nuevo os doy: que os améis los unos a los otros. Como os he amado, amaos también vosotros los unos a los otros.
Juan 13:34

CAPÍTULO TRECE

RENOVANDO EL MINISTERIO EDUCATIVO

James F. Hines

A los ganianos, de la tribu Mamprusi de Ghana, África Occidental, se los puede escuchar frecuentemente expresándoles a los misioneros para quienes trabajan, el siguiente proverbio: *Yoma yoma devela ama bala bala n-soa*. Traducido al castellano, el proverbio dice: "Despacio despacio es mucho mejor que rápido rápido". Este es un buen consejo para los líderes que quieren construir fundamentos saludables para un ministerio educativo eficaz en la iglesia.

Despacio despacio puede aplicarse mejor en el sentido de ser deliberado en el proceso de planificación. Esto desafía a los líderes a tomar el tiempo necesario para entender el enfoque exclusivo que cada iglesia usa cuando planifica un nuevo trabajo. El proceso de planificación debe también formar un equipo donde haya cooperación que tenga como su enfoque un espíritu de servicio y que, a la vez, esté guiado por una creencia y un compromiso a las funciones y tareas programadas de la iglesia. El proceso deliberado de edificación de esta sinergia de equipo requiere que los líderes desarrollen un compromiso de la congregación hacia el ministerio educativo, y un deseo de mejorar a medida que sea necesario. El propósito de este capítulo es establecer un fundamento fuerte para una educación cristiana efectiva.

EVALUACIÓN DE LA SITUACIÓN: ENTENDIENDO SU ESTRUCTURA EDUCATIVA

Los prerrequisitos para comenzar una auditoría en el campo educativo incluyen (1) una comprensión clara de las tareas asignadas para cada programa o área de trabajo, (2) líderes educativos que entiendan y se comprometan con las tareas asignadas, y (3) el compromiso de la congregación y su confianza en los programas y sus valores dentro de la comunidad de fe. Si falta uno de estos prerrequisitos, los beneficios educativos mermarán. Esto puede llevar a que los programas sigan su propio camino, cuando la gente mantiene estructuras tradicionales en vez de hacer los cambios necesarios para lograr el propósito original de esos programas. Una auditoria de la situación asegurará que las tareas de los programas, la organización y el liderazgo estén enfocadas en capacitar a la iglesia para (1) proveer experiencias que cambien la vida de cada aprendiz, y (2) desarrollar no solamente programas buenos, sino programas apropiados.

En este momento se debe hacer una distinción entre un *programa básico de la iglesia y un diseño de programa para la iglesia*. Un programa básico es una organización continua de la iglesia que tiene tareas específicas, líderes aprobados por la iglesia, un currículo establecido, reuniones y horarios regulares, un personal adecuado y apoyo financiero.

Un diseño de programa, por otro lado, puede entenderse mejor como el desarrollo de un nuevo programa o como el ajuste de un programa ya establecido para tener una versión nueva o mejorada. Un diseño de programa de la iglesia requiere que una iglesia reinterprete o establezca tareas, liderazgo, currículo, personal y apoyo financiero nuevos.

Para evaluar los programas educativos, los líderes deben reconocer los elementos comunes que sostienen cualquier estructura de programa de la iglesia: objetivos, participantes, núcleo del programa, apoyo del liderazgo y organigrama (la ilustración en la fig. 13.1 muestra la relación entre estos componentes)[1].

OBJETIVOS

Los objetivos, tal como se estudiaron en el capítulo anterior, son declaraciones de un resultado esperado que le dan dirección al trabajo. Los objetivos educativos deben evaluarse en relación con (1) la misión y visión de la iglesia, y (2) la efectividad de los programas existentes para lograr los objetivos específicos. Esto preserva a la congregación de que limite su enfoque únicamente en los programas existentes y los objetivos ambiguos que apelan principalmente a los fieles. La evaluación continua mantiene a los miembros unidos al propósito de la iglesia, mientras asegura que los programas educativos sirvan a las necesidades espirituales, sociales y personales de aquellos que participan.

Por supuesto, los objetivos educativos deben apuntar a *dos receptores* en la iglesia, uno se enfoca hacia el *creyente* y el segundo hacia el *no creyente*. Ambos tipos de programa deben reflejar objetivos divinos, institucionales y personales.

Participantes

Las auditorías de la situación deben darle atención considerable a la gente para quienes está diseñado el programa básico. Usted debe determinar la respuesta del participante a las preguntas clave:

Figura 13.1

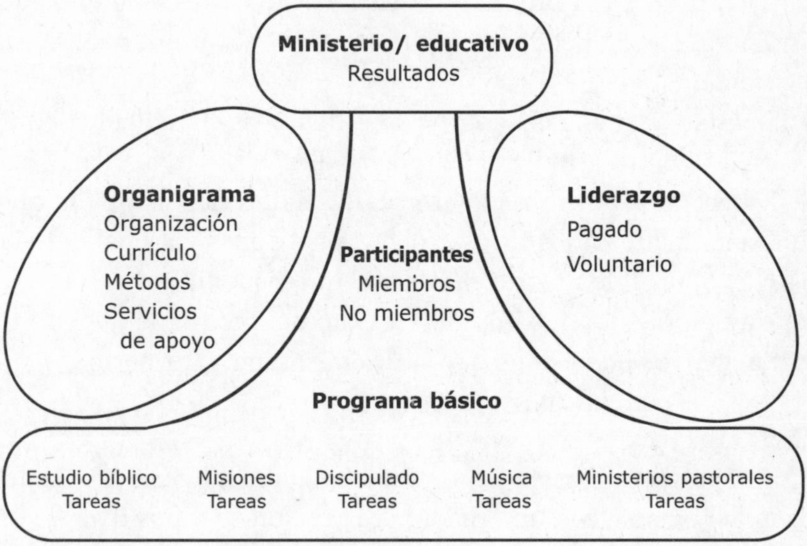

- ¿Es claro el propósito del programa?
- ¿Hay serios conflictos de intereses entre los programas o entre los participantes en los programas?
- ¿Hay problemas de comunicación?
- ¿Hay problemas con quienes tienen la responsabilidad de la toma de decisiones?
- ¿Se consulta adecuadamente a los participantes cuando las decisiones los afectan?
- ¿Son razonables las normas y los procedimientos?
- ¿Hay conflictos sin resolver que estén relacionados con los programas o con los participantes?[2].

Programa básico

El programa básico contiene los programas que se consideran críticos para la vida de la iglesia y comunes a la identidad denominacional de la iglesia. Cada programa se responsabiliza por tareas que le dan forma a algún aspecto del crecimiento y del desarrollo cristiano. Las auditorias de la situación evalúan el compromiso congregacional, el entendimiento, y el apoyo o la resistencia a cada tarea del programa, y si la iglesia se beneficia del programa.

Apoyo del liderazgo

Dentro de cada programa básico, existe el desafío de mantener un liderazgo competente y comprometido. Un auditor considera lo siguiente:

• ¿Se están usando las descripciones de traeas claramente definidas con los líderes actuales y los potenciales?
• ¿Está clara la información acerca de los horarios y las reuniones?
• ¿Están identificados y desarrollados los dones y las habilidades?
• ¿Hay oportunidades de entrenamiento disponibles?
• ¿Hay problemas que impiden el éxito del programa?
• ¿Sienten los líderes que hay suficiente ánimo/afirmación?

Organigrama

Un programa básico y un equipo de liderazgo de la iglesia deben complementarse con un organigrama poderoso y positivo. La organización tiene que mostrar cómo están relacionadas las responsabilidades y tiene que definir las líneas claras de responsabilidad y de rendimiento de cuentas. El currículo debe estar definido para cada programa y se debe decidir el nivel aceptable de enseñanza, aprendizaje y metodologías de ejecución.

Complementar la organización, el currículo y los métodos de un programa son servicios de apoyo, de los que se habló detalladamente en el capítulo 7: "Administrando las organizaciones educativas de la iglesia". Estos realzan el programa básico brindando apoyo administrativo, registros de membresía, recursos educativos y promocionales, suministros y otros. Los servicios de apoyo pueden existir dentro de la iglesia a través de centros de información/biblioteca, personal y apoyo de secretariado, suministros o información computarizada. Fuera de la iglesia, los servicios de apoyo deben ser provistos por las casas editoriales religiosas, los programas de servicio comunitario (despensas de comida, servicios de consejería, programas de asistencia financiera, etc.) o grupos de servicio denominacionales.

Comenzando

Primero usted debe tener una idea clara de qué es y qué hace la iglesia. Las iglesias que no entienden su misión serán fácilmente convencidas por cada tendencia que aparezca. Las iglesias deben encontrar la visión específica que las guíe a llevar a cabo su papel en la voluntad de Dios para la iglesia.

Las iglesias deben estar dispuestas a evaluar su situación ministerial, metas y objetivos, programas, asignación de presupuesto y apoyo, e implementación y evaluación de métodos. Las iglesias que fallan en el compromiso de hacer evaluaciones periódicas crearán, por omisión, obstáculos para una planificación y un diseño educativo eficaces.

Forme un comité de evaluación

Este grupo puede ayudarlo a usted a combinar las ideas y el liderazgo nuevos con el liderazgo y las estructuras de programa ya existentes. La membresía del equipo de evaluación debe incluir líderes y miembros seleccionados de todos los programas, más algunos miembros respetados que no estén participando actualmente en el ministerio educativo de la iglesia. Es crucial una selección balanceada de la membresía, no solamente para el éxito del equipo de acción, sino también para ayudar a reducir la mala comunicación y el problema de la lucha por el control del poder. La aprobación de la iglesia para este equipo dependerá de los reglamentos y/o las políticas de la iglesia.

Este equipo debe (1) servir como catalizador en la toma de decisiones, y en la clarificación del propósito y el contenido de la educación cristiana, (2) guiar un proceso continuo de planificación y evaluación, y (3) ayudar a la congregación a entender y trabajar dentro de la misión de la iglesia.

Antes de comenzar el trabajo, hay que planificar una orientación para el comité. Durante una reunión extensa o un retiro de fin de semana, se debe revisar lo siguiente:

1. la declaración de la misión/visión de la iglesia, y la organización del liderazgo;
2. la historia de los programas de educación cristiana;
3. las tareas establecidas del equipo y la estructura organizacional;
4. una agenda para el trabajo del grupo;
5. las descripciones y la asignación de tareas para los programas futuros y los existentes; y
6. los recursos humanos, financieros, materiales y físicos disponibles para los programas educativos actuales.

Antes de concluir, cada miembro del equipo debe saber:

- fechas, horas y lugar de las reuniones,
- quiénes son las personas que planificarán y serán responsables de los puntos de la agenda,
- la importancia de la toma de decisiones en conjunto.

Una vez que el comité esté en su lugar, se debe llevar a cabo una investigación honesta y una evaluación de las necesidades en relación con los dos grupos de receptores (los creyentes y los no creyentes) comentados anteriormente en este capítulo. Esta evaluación ve las necesidades y los valores en relación con los participantes, la organización de la iglesia y los ambientes internos y externos de la iglesia. Esto incluye una comprensión clara de las doctrinas y los valores de la congregación en relación con las del personal de la iglesia, la comunidad, la sociedad y la denominación (como en la fig. 13.2).

El comité debe también analizar la herencia tanto de la iglesia como de la comunidad. Para entender las dinámicas históricas, el equipo debe investigar a fondo las categorías sugeridas en la lista de la figura 13.4 en la p. 344.

La información que se obtenga será de ayuda para:

1. la interpretación de las metas y de los objetivos,
2. la revisión de la efectividad de los actuales programas,
3. la identificación de las necesidades educativas que se puedan encontrar,

Figura 13.2

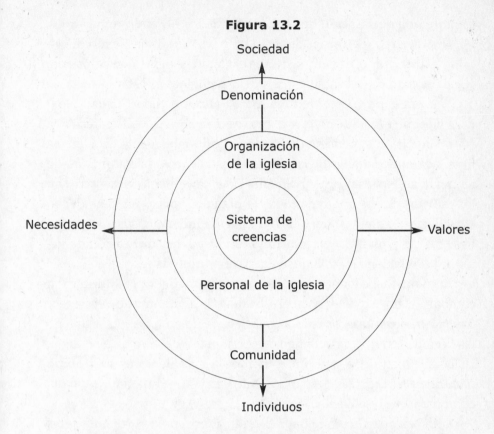

Sociedad

Denominación

Organización
de la iglesia

Necesidades

Sistema de
creencias

Valores

Personal de la iglesia

Comunidad

Individuos

4. ayuda para los líderes de programa en la planificación, la elaboración de un presupuesto y en la programación, y

5. la capacitación de los miembros del equipo para que participen personalmente en el diseño educativo de la iglesia.

Al obtener la información anterior, usted podrá identificar las áreas fuertes en las cuales puede trabajar y los problemas que pueden impedirle que comience o que estorben una planificación efectiva.

Cuando descubra los diferentes trabajos internos de la iglesia y de la comunidad, descubrirá áreas comunes de servicio y ministerios que se ofrecen. Esto proveerá caminos donde su iglesia pueda conectarse con otras valiosas organizaciones para evitar la repetición de servicios. Un compañerismo de ese tipo reduce la tensión en el presupuesto de la iglesia y en la participación de los líderes.

Elabore una declaración de propósito y de los objetivos educativos

Una vez que el trabajo descubierto haya sido investigado, registrado y distribuido, es tiempo de que el comité estudie la información. ¿Qué oportunidades significativas de crecimiento se están proveyendo y necesitan proveerse? Existen muchos tipos de oportunidades para el crecimiento educativo, y el reto es descubrir aquellas áreas a la luz de la misión y la visión de la iglesia. Indudablemente debe investigar las oportunidades de crecimiento que lleven a la comunidad de fe más allá de pensar principalmente en el crecimiento numérico o en los cambios de los programas o de las organizaciones. También deben considerarse aquellas áreas más difíciles o inconmensurables como lo son el crecimiento y el desarrollo espiritual, la clarificación de valores, las relaciones familiares y la enseñanza de la fe.

El comité debe tener suficiente tiempo para digerir la información compartida en el diálogo y en el estudio. Los miembros no deben sentirse apurados o presionados a completar todo en un período que no les permita tener suficiente tiempo para que se desarrolle la sinergia. Usted también debe permitirles tiempo a los miembros del equipo para que procesen los descubrimientos con su red de amigos, en la comunidad y en la iglesia.

Una vez que el comité haya llegado a término con los hallazgos, se elabora una declaración de propósitos para el ministerio educativo. La declaración debe tener un punto de contacto con la declaración de la misión y/o visión de la iglesia. Entonces, el equipo está listo para desarrollar objetivos basados en la declaración de propósito y en las necesidades descubiertas. Estos objetivos deben reflejar la información descubierta en la evaluación de las necesidades, considerando oportunidades para mejorar o crecer. (Ver el capítulo 4: "Cómo planificar y evaluar", para tener una información completa sobre cómo desarrollar una declaración de misión, objetivos y metas).

Este es un buen momento para que el equipo comparta la declaración educativa y los objetivos con los grupos clave de liderazgo (como diáconos, concilio de la iglesia, y líderes de programa que no participaron en el estudio), y luego con la congregación. Dependiendo de las normas de la iglesia, debe lograrse una aprobación formal de la declaración de los propósitos y de las metas o debe disponerse de un amplio apoyo.

Convierta las necesidades y los objetivos en metas

Al usar la declaración del propósito educativo como brújula, y los objetivos como una guía, el comité está listo para preparar las metas educativas, siguiendo los pasos del capítulo 4: "Cómo planificar y evaluar".

Todo el tiempo que se necesita para los preparativos involucrará en el proceso a tantos individuos como sea posible. Los adultos responden a los desafíos importantes y a expectativas elevadas, así que fallar al no incluirlos a ellos en el establecimiento de las metas educativas reprimirá la motivación y fomentará la falta de interés y de entusiasmo. Cuando usted le da liderazgo apropiado y el tiempo suficiente a la preparación de la metas, ahorrará energía y tiempo, y le pondrá limites a la confusión.

ESTRUCTURANDO EL PROGRAMA Y EL CURRÍCULO

El siguiente paso es determinar las posibilidades de liderazgo para estructurar el programa educativo y el currículo.

Asignaciones del programa y/o diseño de un nuevo programa

A la luz de los objetivos y metas educativas, se hacen planes para mejorar los programas existentes y/o para el desarrollo de los diseños de nuevos programas. Se le da consideración a que las nuevas metas a desarrollar puedan lograrse a través de programas centrales existentes, el organigrama, y los sistemas de apoyo al liderazgo; esto es mejor que comenzar de nuevo. El enfoque a estas alturas, sin embargo, es asegurar el mejor programa para las necesidades educativas de su iglesia. Así que, generalmente, una iglesia debe renovar los programas existentes y desarrollar otros nuevos. Un proceso práctico para el análisis de los diseños actuales y para la proyección de futuros diseños está ilustrado en la figura 13.3

Consideración de recursos

Una vez que el programa básico de la iglesia ha sido establecido, se le da consideración a los recursos necesarios para alcanzar las metas educativas. Esto se puede lograr especificando todos los recursos necesarios importantes para el éxito de cada programa: liderazgo, materiales/suministros, presupuesto, normas de la iglesia, instalaciones, equipo y mobiliario, y otros.

Desarrollo del presupuesto

Una vez decidido el programa básico, se debe preparar un estimado de presupuesto para todos los componentes. Se deben considerar los planes como tentativos hasta que los fondos estén aprobados. Es necesario expresar una palabra de precaución en relación con la preparación del presupuesto: la iglesia debe evitar la mentalidad de mercado que dice que los programas ministeriales de la iglesia deben pagarse a sí mismos. El ministerio efectivo requiere una administración competente y eficiente de parte de los líderes y un dar con sacrificio de parte de los miembros de la iglesia.

Un buen programa educativo involucrará previsión en el presupuesto. La figura 13.5 muestra una planilla para preparar el presupuesto del programa.

Promocione, implemente y evalúe

La última fase incluye la promoción de los programas nuevos o revisados, la implementación y organización de actividades, y la evaluación de los cambios para encontrar si estos llenan las necesidades identificadas.

Si va a ocurrir la implementación apropiada, se deben examinar y redefinir los programas existentes; el organigrama debe ser evaluado y se deben hacer los cambios necesarios; se debe evaluar el liderazgo; los voluntarios deben estar en sus lugares; y todos los resultados anticipados deben ser aceptados y apoyados. El mayor peligro es llegar a estar tan satisfecho con la planificación, que el liderazgo nunca implemente exitosamente los programas.

IMPLEMENTACIÓN

Antes de empezar cualquier programa, se debe desarrollar un fuerte apoyo que incluya lo siguiente:

• Grupos de liderazgo: personal de la iglesia, cuerpo de diáconos, concilio de la iglesia, comités clave, como mayordomía/finanzas, nominación y publicidad.

Figura 13.3

ANALIZANDO LOS DISEÑOS ACTUALES
Y PROYECTANDO LOS FUTUROS

EXAMINE LOS PROGRAMAS BÁSICOS EXISTENTES
Revise los programas en relación con las metas de los proyectos educativos para determinar cuáles de los programas existentes pueden lograr los resultados deseados. Las metas que no puedan ser logradas a través de los programas existentes necesitarán la creación de nuevos programas o redefinir las tareas de los programas existentes. El propósito es crear la mejor estructura del programa básico que llene los desafíos de su iglesia.

EVALÚE EL ORGANIGRAMA
Alinee cada elemento del organigrama con la estructura deseada del programa básico. Se deben hacer y responder todas las preguntas necesarias acerca de los ajustes del programa básico, el currículo, los métodos (tanto los de enseñanza como los de aplicación del ministerio) y los servicios de apoyo.

EVALUACIÓN DEL APOYO AL LIDERAZGO
Conseguir que las personas espiritualmente dotadas usen sus dones es una tarea crucial y potencialmente difícil. Esto requiere ayudar a los individuos a identificar sus dones específicos, a comprometerse a desarrollar esos dones, y usarlos en el servicio cristiano dentro de la iglesia y la comunidad. Se le debe dar atención a las oportunidades de desarrollo del liderazgo; al número de líderes necesarios en relación con las personas disponibles; los sistemas de apoyo; las descripciones de las posiciones dentro del programa básico, el reclutamiento y las expectativas del liderazgo.

EFECTIVIDAD DEL MINISTERIO EDUCATIVO
Hay un alto grado de objetividad y subjetividad en la evaluación. Es objetiva porque a usted se le requerirá que determine cosas como: el número de personas tocadas por los programas básicos; la efectividad para proveer para la gama de grupos por edad; y planes para asegurar que la iglesia esté logrando un ministerio balanceado tanto para la iglesia como para los individuos fuera de ella. Es subjetiva en los siguientes resultados: cambio en los valores y en el comportamiento, mejoramiento en las relaciones familiares, compromiso en el transitar de la fe y el impacto del aprendiz en la iglesia y en la comunidad.

Figura 13.4
Análisis de las influencias históricas y culturales

Historia y cultura de la comunidad	Historia y cultura de la iglesia
Líderes clave: elegidos, ciudad, clubes, étnicos	Actas de la iglesia: lea todas las actas de la iglesia (para valorar las normas y el procedimiento para tomar decisiones)
Sistema escolar: actitudes regionales, prejuicios regionales	Normas de la iglesia: descubra las normas formales e informales
Eventos comunitarios: desfiles, festivales, feriados, ferias	Patrones de liderazgo: en relación con los programas, los comités, los diáconos, los tesoreros, los dones espirituales
Lugares comunales: restaurantes, centros cívicos, clubes comunales, centros/organizaciones de servicio, áreas pobres	Patrones de presupuesto: gastos, patrones anuales y mensuales de la iglesia para ofrendar, obligaciones financieras, estabilidad financiera
Base económica: fincas, negocios clave, industrias (petróleo, minas, producción, etc.), universidad, necesidades relacionadas con la clase económica pobre	Calendario del año anterior: actividades de los feriados, horarios de verano, eventos anuales
Base de comunicación: biblioteca, boletín de la comunidad, periódico local, red de rumores, otros grupos eclesiásticos	Patrones de crecimiento numérico: la asistencia de los últimos 10 años (patrones en los estudios bíblicos, adoración, etc.), compare los patrones de crecimiento en el liderazgo de anteriores pastores, promociones especiales, transición en la comunidad y/o la iglesia
Descubrimiento de la impresión de los residentes: trate de descubrir la postura de los residentes (en relación con la imagen e influencia de su iglesia), las relaciones étnicas en la comunidad, la posición en medio de los líderes de negocios y comunales	Descubra la actitud de la membresía: descubra la postura de los miembros (en relación con la visión personal, opiniones, sueños, temores, etc.); pídales a los miembros fundadores que le cuenten la historia de la iglesia, descubra la comprensión de los miembros y el compromiso a las tareas del programa

Figura 13.5

Planilla para la proyección de presupuesto para los programas básicos

	Costo del programa 1	Costo del programa 2	Costo del programa 3	Costo del programa 4
Liderazgo Pagado Voluntario				
Materiales y suministros				
Equipo				
Mobiliario				

Recursos de currículo
  Materiales para el maestro
  Materiales para el alumno
  Materiales de apoyo (Biblias, libros, diccionarios, guías para el maestro, etc.)
  Muestra de materiales				

Entrenamiento de líderes
  Talleres
  Oradores
  Asesores				

Misceláneos
  Impresos
  Franqueo
  Envíos
  Promociones
  Anuncios				

Costo total del programa				
Menos: cuotas y fondos actuales reservados Costo del proyecto				

- Programa de liderazgo: coordinadores de grupo por edad, directores de programa, directores de departamento, directores de alcance, maestros, obreros.
- Participantes clave: Membresía anticipada y participación de los no miembros.

Seguidamente, se prepara un esquema que ordene todos los preparativos importantes necesarios para comenzar el programa. Esto incluiría lo siguiente:

- Horario de los programas: horas de comenzar y de terminar cada programa establecido; coordinación con otras actividades para evitar conflictos.
- Sistemas de control: metas asignadas, responsabilidades delegadas, y líneas de comunicación establecidas, sistemas de registro en su lugar (asistencia, información de los visitadores, comités, etc.), asignaciones hechas del presupuesto, y procedimientos para solicitar apoyo a los servicios establecidos.
- Aspectos del liderazgo: reclutamiento, entrenamiento y preparación completada de todos los líderes.
- Lugar físico: aulas asignadas y arregladas, equipo en su lugar, y materiales educativos de recursos/currículo disponibles.
- Arreglos de publicidad: el modo de anunciar decidido, las horas y las fechas establecidas, y la impresión y distribución del material de relaciones públicas y promocional completado.

Los cambios exitosos requieren el apoyo y el mantenimiento de un clima de organización que anime los esfuerzos de equipo y personales. El desarrollar, usar y afirmar las habilidades personales para resolver problemas, animar y apoyar a los obreros, e involucrar a los miembros en la toma de decisiones aumenta la confianza e incrementa la moral dentro de las organizaciones educativas. La resolución de problemas, como se sugiere en este capítulo, es un enfoque proactivo de la administración: anticipando las necesidades, estando listos para resolver los problemas y proveyendo liderazgo efectivo para implementar las soluciones. Esto requiere líderes que busquen aislar los "verdaderos" problemas y no solamente los problemas "superficiales", que hagan observaciones sin ser intimidadores o críticos, y que examinen las opciones antes de actuar.

Sólo resolver los problemas, sin embargo, no es suficiente para asegurar el éxito del programa. Debe combinarse con ánimo que permita el espacio para equivocarse. Son pocos los obreros dentro de la iglesia que son programadores, maestros o líderes profesionales; ellos necesitan una atmósfera de comprensión dentro de la cual puedan funcionar.

El desafío es encontrar vías de apoyo y ánimo auténticos a través del año, no solamente durante los eventos especiales o cuando se hayan logrado las metas principales.

EVALUACIÓN

La evaluación viene al final, pero también es un proceso continuo. Los resultados son monitoreados, las necesidades identificadas, y las acciones correctivas son tomadas. Por lo tanto, la evaluación identifica logros pero también señala la necesidad de renovación; lo cual inicia el ciclo otra vez.

Planificando el proceso de evaluación

Estas preguntas son parte del proceso:

* ¿Se completó la auditoria?
* ¿Fueron efectivamente implementados los cambios identificados, o fueron inadecuados?
* ¿Se reunió y usó efectivamente la información?
* ¿Cuáles cambios en la declaración del programa y/o en las metas se necesitan hacer?
* ¿Hay necesidad de reexaminar los programas básicos y/o la estructura?
* ¿Continúan funcionando apropiadamente los puestos de liderazgo?
* ¿Funcionó efectivamente el proceso de preparación del presupuesto?
* ¿Creyó el liderazgo que las cosas fueron bien organizadas, o estuvieron desordenas y en caos?
* ¿Qué fallas existieron en la implementación del programa?

Evaluación del programa individual

* ¿Se lograron las metas del programa?
* ¿Está el contenido de cada programa apuntando continuamente hacia las metas educativas establecidas?
* ¿Están los métodos del programa apoyando apropiadamente el programa y/o el currículo?

- ¿Está la estructura organizacional ayudando a la comunicación y al compromiso del programa?
- ¿Ayudaron los sistemas de apoyo?
- ¿Están los sistemas de apoyo y de entrega realizando sus tareas?

Evaluación del progreso de los participantes

- ¿Se identificaron y llenaron las metas personales?
- ¿Cuáles actitudes de mejoramiento personal se promovieron y se lograron?
- ¿Fue consistente el compromiso hacia el/los programa(s)?
- ¿Se relacionaron efectivamente los métodos usados con el individuo/alumno?

CAPÍTULO CATORCE

LIDERAZGO EN LA IGLESIA PEQUEÑA

Bob I. Johnson

La llamada fue tan esperada como bienvenida. La iglesia "Colina del Oeste" sería el lugar para el ministerio pastoral de Merle —de acuerdo con el decano Dennington, presidente del comité de búsqueda— si Merle aceptaba. Él sintió que el Espíritu lo estaba guiando y aceptó la invitación de la iglesia. Esta sería su primera experiencia pastoral, y Merle serviría como el único miembro pagado del personal. Recordó un comentario casual que hizo un miembro durante el proceso de la entrevista: "Pastor, haremos cualquier cosa que usted nos ponga a hacer". También recordó las palabras de uno de sus maestros: "Una iglesia te llama porque ellos piensan que los puedes guiar a ser la iglesia que ellos quieren (o deben) ser".

La siguiente pregunta de Merle fue: "¿Cómo guío a una iglesia no sólo para que la gente se sienta realizada sino también para agradar a Dios?". Este capítulo considera la pregunta enfocándose en cómo un pastor que dedica medio tiempo o tiempo completo puede ayudar a una congregación pequeña a desarrollar su ministerio educativo. Debido a que la educación cristiana puede definirse ampliamente incluyendo todo lo que la iglesia hace, el enfoque no es tanto en los programas (como en las iglesias grandes), sino en toda la vida y el ministerio de la congregación. Esto frecuentemente se menciona como el *currículo congregacional* de la iglesia pequeña.

COMENZANDO

Va más allá de todo razonamiento esperar que un corto capítulo

347

pueda darle al único miembro pagado del personal toda la ayuda necesaria para guiar una congregación. Sin embargo, hay factores comunes a todas las situaciones que pueden estudiarse. Uno es que siempre hay un *punto de partida*.

Una forma de comenzar es haciendo todos los cambios necesarios, tantos como sean posibles, durante el primer año o tiempo de la "luna de miel". Esto no funciona muy bien en el matrimonio, y con pocas excepciones, tampoco es válido en la iglesia. La mayoría de las situaciones apelan a un proceso de cambio uniforme y a largo plazo; la excepción es una iglesia con historia de fallas y/o confusión que llama específicamente a un pastor para que haga cambios rápidos.

Evalúe la situación

Estas preguntas son importantes: ¿Es una iglesia nueva? ¿Una congregación vieja? ¿Rural? ¿Urbana? ¿Tiene una historia de conflictos *destructivos*? ¿Ha servido el pastor mandatos largos o cortos? ¿Cuáles son las capacidades y los compromisos de los líderes laicos? ¿Cuáles son los recursos disponibles?

¿Parece que la iglesia necesita remodelar el edificio existente y/o proveer un nuevo espacio? ¿Cómo son las otras congregaciones del área? ¿Cuán efectivo es el ministerio de esas iglesias? ¿Ha hecho la iglesia planes formales? Si es así, ¿cuáles fueron los resultados? ¿De qué manera la iglesia toma decisiones? ¿Prepara un presupuesto para sus recursos? ¿Nomina y escoge a los oficiales? ¿Quiénes son los controladores? ¿Están ellos entre los líderes electos? Después de otras preguntas similares, usted debe preguntar: "¿Quién soy yo? ¿Soy yo la persona que puede guiar a esta congregación a ser el pueblo de Dios, o a estar en una misión para Dios?".

Infórmese

Comenzar con una agenda formal de planificación *no* es el siguiente paso. En cambio, la informalidad de la pequeña congregación le puede permitir a usted hablar con la gente y con los grupos acerca de lo que es la iglesia y lo que tienen que estar haciendo para realizar el llamado de Dios.

Su énfasis es que como pastor usted quiere guiar a la iglesia a lo que Dios quiere que sea y a ayudar a sus miembros a crecer. Después de todo, la iglesia lo ha escogido a usted porque creyó que usted era la persona correcta para la iglesia. Usted puede pedir sugerencias en relación a cómo ser el pastor más efectivo que pueda ser.

Decida lo básico

Cuando la gente haga sugerencias relacionadas con su liderazgo, usted tiene que oír sin hacer comentarios. Ya habrá tiempo para decir lo que tiene que decir. Puede programar una reunión con un grupo o con toda la congregación y tener un pizarrón listo o una hoja grande de papel pegada a la pared donde se puedan escribir las sugerencias en forma resumida. A estas alturas, cada sugerencia debe ser recibida como si tuviera el mismo valor que las demás. Esto animará a la gente a creer que usted quiere oír lo que ellos tienen que decir.

Cuando terminen las sugerencias, es bueno que usted mencione cualquier punto omitido que crea que es de consideración importante. Luego, puede mirar la lista y decir algo como: "Gracias. Parece que tenemos varias cosas que ustedes sienten que son importantes, más de las que podemos realizar a corto tiempo. Tenemos que decidir cuáles hacer primero".

Luego discuten los diferentes puntos relacionados al ministerio de la iglesia. Podría ser apropiado pedirle al grupo que escoja dos o tres puntos por orden de prioridad. O podría ser mejor descubrir si una necesidad tiene un fuerte apoyo y puede servir como líder para el énfasis (por ejemplo, el ministerio a los niños).

Comenzar con uno de los énfasis no significa que no se les pondrá atención a los otros. Simplemente, significa que la iglesia va a discutir los otros ministerios a medida que se relacionen con el ministerio líder. Debido al enfoque en un punto de fuerte acuerdo, este planteamiento puede ser especialmente útil en iglesias donde han ocurrido conflictos enfermizos u otra clase de problemas.

Durante esta actividad, es apropiado introducir el concepto de *soñar*. Se puede animar a la gente a pensar en el sueño original de los fundadores, si es una iglesia antigua, y a retomar ese sueño en el contexto del ministerio actual. Con este planteamiento informal, el clérigo puede llevar a los miembros un paso a la vez a lo largo de toda la planificación.

En las primeras etapas, el líder se puede enfocar en la autoimagen de la iglesia. Una forma de hacer esto es pedirle a la gente que responda a preguntas como: ¿Qué es lo que nuestra iglesia hace bien? ¿Cuáles son nuestras áreas fuertes? ¿Cuáles son las cosas buenas acerca de nuestra iglesia de las que comenta la comunidad? ¿Cuáles cosas acerca de nuestra iglesia le gustaría a usted que comentara la comunidad?

Evite llevar a cabo una evaluación "fortalezas *versus* debilidades". La gente muy fácilmente conoce las debilidades. Si usted se enfoca en las fortalezas, se van a mencionar las debilidades. Cuando una congregación expande sus fortalezas, la iglesia se vuelve más efectiva en su misión. La verdad que la acompaña es que cuando una iglesia sólo piensa en sus debilidades, comienza a perder las fortalezas que tiene.

Usted debe retener la información que ha reunido para usos futuros. A medida que este material se vuelva vivo para usted, ayudará a decir la historia de la iglesia. Puede estudiarla para sus propias ideas acerca de cuáles pasos son los que se deben tomar a continuación, y usarla en la predicación para mostrar las fortalezas y desafíos de la iglesia.

AVANZANDO

Ir hacia adelante significa permanecer conectado al pasado de la iglesia. En realidad, en muchas iglesias con un solo personal pagado, la gente está mucho más atada al pasado que enfocada hacia el futuro. El ignorar o luchar contra este apego casi siempre puede traer problemas para los líderes pastorales. Para sobreponerse a una preocupación con el pasado y para usarla para bien, usted debe celebrarla y aprender a atar nuevos ministerios a los aspectos útiles del pasado. Cuando sea posible, muestre también cómo los cambios son fieles a las tradiciones de la iglesia.

Use un grupo de líderes

Si la iglesia tiene un concilio o gabinete consistente de líderes de programa y comités principales, lo puede usar como base de planificación y apoyo para el ministerio educativo. Si no existe un grupo así, usted puede organizar uno con la aprobación de la iglesia o simplemente reunirse con tales personas de una manera informal.

En una iglesia muy pequeña donde hay poca gente calificada disponible para las tareas del concilio o del comité, debe formar *un* grupo. Debe incluir a un líder de cada área principal de ministerio de su iglesia (como adoración, estudio bíblico, ministerio de jóvenes, mayordomía y misiones). El liderazgo y propósito del grupo dependen de los asuntos a discutirse. Cuando el enfoque es el estudio bíblico, entonces el líder de estudio bíblico es el presidente, y todos los demás sirven en el comité de estudio bíblico. Lo mismo se aplica en las otras áreas importantes. Este grupo, bajo el liderazgo del pastor, puede servir como concilio de la iglesia para coordinar todo el ministerio de la iglesia.

Escoja los recursos del currículo

Recuerde, currículo es todo lo que la iglesia hace para llevar a cabo su comisión para ser la iglesia. Los *recursos* del currículo son la Biblia, las guías de lecciones, los materiales audiovisuales y otros artículos usados en las diferentes actividades.

Como el líder pastoral, usted necesitará involucrarse en la selección de los recursos del currículo, aun cuando esté involucrado en ayudar a la iglesia a determinar su currículo. Esto ocurrirá cuando estudie lo que la iglesia dice que quiere ser y hacer; cuando reúna información de las oficinas denominacionales y de otras fuentes acerca de los materiales de currículo apropiados para su iglesia, y cuando pida muestras de ese estudio.

El *grupo de líderes* mencionado anteriormente (u otro grupo apropiado) lo ayudará a valorar las necesidades actuales y los materiales de currículo que se están usando. Si se quieren cambios, se deben hacer las recomendaciones a través del proceso normal de toma de decisiones de la iglesia. Una vez adoptado para el uso, las sesiones de interpretación mostrarán cómo usar los materiales del currículo. Usted debe mantenerse leyendo los materiales regularmente para garantizar su relevancia a las necesidades de la iglesia.

Movilice a los obreros

Recuerde las palabras de la persona que dijo: "Pastor, haremos cualquier cosa que usted nos ponga a hacer". Le guste o no, esta declaración coloca la carga del liderazgo en el único ministro con sueldo del personal. Esto también implica que hay gente que compartirá las responsabilidades ministeriales si ellos están reclutados, entrenados y apoyados apropiadamente.

La gente quiere saber hacia dónde son dirigidos. Por lo tanto, los líderes deben saber qué es lo que se tiene que llevar a cabo y cómo. Una vez que estos asuntos estén establecidos, es tiempo de reclutar personas para los puestos ministeriales.

Reclutamiento. Algunas veces, el pastor es la persona más apropiada para reclutar obreros. Reclutar requiere habilidades especiales además de oración y paciencia.

Usted debe ser sensible a las necesidades de cada persona. Algunos de los nominados necesitan conocer todas las implicaciones reales acerca del ministerio potencial que usted les está pidiendo que consideren. Otros se sienten atraídos por el desafío de la responsabilidad o interesados en cómo esto ayudará a la gente. En ese caso, hay quienes quieren ser parte de ese equipo de esfuerzo.

Con la apropiada sensibilidad hacia las preferencias de las personas, use los siguientes pasos para un contacto cara a cara con las personas que van a ser reclutadas:

1. Programe una hora conveniente para la persona. Algunos no pueden ser presionados a hacer decisiones apresuradamente o en un lugar que no es propicio para una consideración atenta de su petición.
2. Reclute en una atmósfera de oración. Usted debe orar por la persona a la que le va a pedir que sirva y por usted; especialmente por usted si esta no responde positivamente.
3. Explique claramente la responsabilidad ministerial que usted le está pidiendo que acepte. Debe incluir lo que se espera, los posibles gozos y dolores de cabeza, los recursos disponibles, los nombres de otros con quien la persona trabajará de cerca y el potencial para el crecimiento personal.
4. Tenga información impresa para dejar a la persona. Esta puede incluir una breve lista de responsabilidades, recursos disponibles, copias de los materiales de currículo (si corresponde) y cualquier documento pertinente de la iglesia.

5. Permítale a la persona suficiente tiempo para pensar y orar antes de tomar la decisión. Se le debe preguntar al líder potencial si una semana es suficiente tiempo para llegar a una decisión. Usted le puede sugerir que lo llamará en unos días para hacer otra cita para que le dé su respuesta.

6. Complete la tarea como lo prometió. En unos pocos días usted debe llamar para saber si es necesaria más información y hacer otra cita para recibir la decisión. Si la respuesta es negativa, agradézcale su consideración y deje abierta la posibilidad de otro servicio. Si la persona responde positvamente, entonces próveale cualquier otra información que necesite y revise la información que le dio anteriormente.

Desarrollando obreros. El pastor debe obtener alguna ayuda de fuentes externas, como son los eventos de entrenamiento denominacional, pero la mayoría del desarrollo del trabajo voluntario será la responsabilidad del pastor. Este es un papel bíblico, como lo indica Efesios 4:11, 12. Los pastores y los maestros han de equipar a los santos para el trabajo del ministerio.

Primera de Pedro 2:9 describe a todos los cristianos como ministros, o sacerdotes. Cada miembro de la familia de fe a través de Jesucristo ha de hacer el trabajo de la iglesia. Una tarea primordial para el pastor que equipa es inculcar este papel bíblico del ministro en la mente de la gente.

Además, el concepto de 1 Pedro 4:10 es vital para la identidad del colaborador. Este versículo nos recuerda que todos los dones espirituales han de ser usados para servirnos los unos a los otros, no para ser aprovechados para uno mismo. Para mucha gente, el mejor uso de sus dones no es siempre paralelo a la manera en que ellos ganan su salario. La expresión más creativa de sus dones debe ser a través de un ministerio voluntario.

Como líder pastoral, usted probablemente tendrá más entrenamiento en conocimiento bíblico que los voluntarios con los que trabaja. Ayudarlos a crecer en tal conocimiento puede ser uno de sus mejores retos y tareas más provechosas. Los estudios bíblicos sistemáticos pueden tratar con los intrincados problemas teológicos y bíblicos, así como con los materiales bíblicos que son fáciles de interpretar. Si un estudio así es dirigido por alguien en quien los obreros confían, ellos pueden tomar a su cargo más de lo que uno podría suponer. Eso significa que ellos sienten que son dignos de confianza y luego harán aquello.

Los obreros necesitan a alguien que camine con ellos y que esté disponible para proveerles guía cuando hacen su trabajo. Como el pastor, puede que usted deba tomar el liderazgo de un ministerio por un tiempo mientras entrena a un colaborador nuevo que es un líder potencial.

Tome, por ejemplo, el ministerio de los jóvenes. Como ministro joven, usted puede haber servido como líder de jóvenes y puede ofrecer experiencia que nadie más en la iglesia posee. Usted podría encontrar que la mejor forma de usar su tiempo es trabajar con los jóvenes hasta que pueda entrenar a alguien para que tome el liderazgo.

Los obreros necesitan saber cómo manejar el conflicto y los problemas. Usted puede ofrecer clases o seminarios en esos temas antes de que florezcan los conflictos. La gente necesita saber que aparecerán los problemas y que los conflictos se presentarán. Deben saber que no todo conflicto es malo y que los conflictos pueden ocurrir debido a diferencias sobre cómo la iglesia puede hacer mejor su trabajo. Cuando a la gente le preocupa algo profundamente, estarán en desacuerdo acerca de qué es lo mejor. Usted tendrá que afinar sus propias habilidades y conocimientos acerca de cómo solucionar problemas y cómo manejar conflictos antes de que pueda compartir con otros.

Los voluntarios quieren saber cómo están haciendo su trabajo. Debe haber un tiempo específico para que los obreros digan cómo se sienten en lo que están haciendo. Usted debe animarlos a que ellos hagan preguntas; debe hacerles preguntas, ofrecerles ayuda y alentarlos. Al mismo tiempo, esto ayuda a vigilar los síntomas del estrés y/o los deseos de abandonar el trabajo; hace un trabajo de prevención, y muestra que tiene interés genuino en ellos. Siempre es bueno y apropiado hacerles llegar una nota de seguimiento, a través de la cual les puede dar una sustanciosa evaluación y ánimo.

Reconocimiento. ¿Cómo muestra reconocimiento siendo usted el único miembro del personal? Lo mejor es ser específico; las notas escritas son efectivas. Alabe en frente de otros cuando sea apropiado. El reconocimiento de logros y servicios se puede hacer durante un culto de adoración o en otra reunión de la iglesia. Debe ser consistente, auténtico y cristiano al practicar la alabanza pública.

Celebración. Los logros inolvidables, tanto pequeños como grandes, se pueden celebrar con gran beneficio para toda la iglesia y también para los obreros. Usted y su iglesia deben saber la mejor forma de celebrar cada cosa, desde una bienvenida hasta unas bodas de oro. Debe haber pautas específicas para la celebración de eventos cuando planifica el ministerio con el concilio o con un comité. Sin embargo, si decide celebrar, debe ser intencional y consistente, pero no superficial.

Concluya un ministerio

Concluir un ministerio depende en mucho de las condiciones presentes. En el cierre usual, la celebración y el enfoque en el futuro pueden mezclarse con las lágrimas de la partida para ayudar a fortalecer a todos los involucrados. Si las condiciones no son agradables, la negociación debe ser el mejor enfoque.

Como el ministro que parte, usted quiere dejar la iglesia preparada para la vida y el ministerio sin usted. Eso significa que no debe comenzar ministerios que no puedan subsistir sin usted, o asegurarse de que los nuevos ministerios tengan líderes en su lugar y puedan funcionar bien cuando usted se haya ido (por lo general, esto requiere algunos años). Todos los aspectos de la iglesia idealmente deben estar en un estado más saludable que cuando usted llegó. Recuerde que la iglesia le pertenece a Dios, y que usted es un mayordomo de la expresión local de esa institución divinamente ordenada.

PARA TODO EL TRAYECTO

Algunos asuntos son vitales durante todo el camino. Recuerde, la gente no quiere ser controlada; quiere ser guiada. Si usted quiere controlar a alguien, contrólese a usted mismo.

Usted debe controlar su tiempo y sus recursos. Necesita un calendario de bolsillo o una agenda. Ahí usted anota los eventos más importantes primero, como reuniones de evangelización y compromisos de familia; luego anota otros eventos y compromisos de acuerdo a las prioridades. Anotar cosas específicas es vital. Hay un proverbio chino que dice: "La peor tinta es mejor que la mejor memoria". Si aprende a imponerse un enfoque disciplinario a la memoria ofenderá a menos gente y logrará más.

Otras sugerencias que lo guiarán a lo largo del camino están enumeradas en "Consejos para el viaje", figura 14.1.

Siéntase seguro de su llamado

El llamado a ser el único miembro pagado del personal es desafiante. Sin embargo, no es imposible. El éxito depende de muchas cosas. Sea tan astuto como una serpiente y tan inofensivo como una paloma.

Recuerde que, de acuerdo a Romanos 8:28, Dios trabaja en cada cosa buena y mala (aunque Dios no es el autor de lo malo) para producir bien en aquellos que son llamados para el propósito de Dios. Usted está conectado con un poderoso compañero en su ministerio, y eso asegura el fundamento de su ministerio.

Figura 14.1

CONSEJOS PARA EL TRAYECTO

1. Comuníquese clara y persistentemente.
2. Descubra lo que se necesita lograr y prosígalo.
3. Mantenga su agenda decente y abierta.
4. Esté dispuesto a tomar riesgos debido a que el éxito no está asegurado.
5. Mantenga un calendario y anuncie los eventos con bastante anticipación.
6. Siga buenas prácticas de los negocios que sean consistentes con los principios bíblicos.
7. Conozca la diferencia entre guiar y empujar, y practique el guiar.
8. Esté dispuesto a compartir el poder.
9. Desarrolle su propio ministerio de modo que sea más que solamente un ministro "profesional".
10. Aprenda y use buenos modales por teléfono.

11. Cuide su tiempo de estudio y oración, y hágale saber a la gente cuándo estará dedicado a ellos.

12. Cuide y practique tiempo familiar de calidad, aun si su familia es sólo uno.

13. Practique la buena comunicación.

14. Relaciónese con otros ministros en maneras mutualmente útiles; forme un grupo de apoyo para el estudio/la consejería.

15. Vea a cada persona como uno por quien Cristo murió, y como el objeto del ministerio de la iglesia.

16. Pídale ayuda específica a la gente que se la pueda proveer.

17. Haga que la oración, el estudio bíblico y la dirección espiritual sean prioridades en su ministerio.

18. Descubra, refuerce y practique la importancia de la educación cristiana en la congregación.

19. Aprenda buenas habilidades para escribir y practíquelas.

20. Practique la buena comunicación.

21. Cumpla sus promesas.

22. Haga una meta de por vida de ser un líder siervo capaz de acuerdo al modelo de Jesucristo.

CAPÍTULO QUINCE

EL PAPEL DEL PASTOR EN LA EDUCACIÓN CRISTIANA

C. Ferris Jordan

Cada iglesia tiene un pastor o está buscando uno. Estos hechos revelan la reconocida importancia del liderazgo pastoral en las iglesias contemporáneas. Esta percepción es bíblica; Pablo y sus compañeros misioneros fueron muy cuidadosos en guiar la selección de ancianos o de creyentes maduros para que guiaran a las nuevas congregaciones (ver Hech. 14:23).

Tito fue dejado en Creta para completar el trabajo que Pablo había dejado cuando se trasladó a otras responsabilidades. Entre las tareas que Tito recibió estaba la responsabilidad de designar a los líderes (llamados "ancianos" en Tito 1:5 y "obispos" o "administradores" en Tito 1:7).

Las comunidades predominantemente judías en las iglesias del Nuevo Testamento se inclinaban por usar el término "anciano" mientras que las comunidades griegas usaban más a menudo el término "obispo" para referirse a esos los líderes eclesiásticos. De esos antiguos líderes elegidos evolucionó el cargo del Nuevo Testamento de pastor.

Así como el liderazgo pastoral era importante en la iglesia del Nuevo Testamento, el ministerio de la educación cristiana era integral a la vida y la misión de la iglesia del Nuevo Testamento. El cargo pastoral y la función educativa de la iglesia estaban vitalmente relacionados.

La educación cristiana no se presenta en el Nuevo Testamento como una opción de la misión de la iglesia o del rol del pastor. Ponerle atención a la educación cristiana es indispensable para la mismísima vida de la iglesia, ya que la iglesia siempre está una o dos generaciones distante de perder la vitalidad o inclusive de la extinción. La eficacia pastoral demanda que el pastor le dé atención apropiada al ministerio de educación cristiana.

El trabajo del pastor es multifacético y demandante. ¿Cómo puede el pastor relacionar apropiadamente el ministerio educativo de manera que su rol vital en el trabajo de la iglesia no se vea menguado, y que las áreas del trabajo pastoral no sean ignoradas?

LA MISIÓN DE LA IGLESIA Y EL PAPEL DEL PASTOR

El papel del pastor en la educación cristiana y su compromiso con ese ministerio se entenderán mejor cuando se comprenda la misión de la iglesia del Nuevo Testamento. Por otra parte, a la dimensión de la educación cristiana de la misión de la iglesia se le dará su apropiada prioridad solamente cuando los pastores sean capaces de interpretar la misión de la congregación.

La comisión dada por Jesús a sus primeros seguidores (ver Mat. 28:18-20) permanecerá como el plan divino para la misión de las iglesias del Nuevo Testamento. Un estudio cuidadoso y una interpretación veraz de este pasaje revelan dos intereses principales: evangelismo y alimentación. Cada inversión de los recursos de la congregación tiene que hacer su propia contribución a estos dos objetivos. Las actividades y las asignaciones de recursos que no estén relacionadas con esta dualidad son lujos que la iglesia no se puede dar.

La misión está marcada por la urgencia. Las necesidades son enormes. El tiempo es corto. Cada persona que está en medio de la multitud de perdidos del mundo debe ser llevada a Cristo, quien es el único que puede perdonar el pecado y dar una nueva naturaleza. Luego, cada creyente tiene que aprender a obedecer a Cristo y a ser formado a la imagen de Cristo a través de un proceso de disciplina de toda la vida.

Como se anotó en un capítulo anterior, una función de la iglesia del Nuevo Testamento es la de educar. Esta función es indispensable para lograr la misión de la iglesia. En el mandato de Jesús en Mateo 28:19, el enfoque está en hacer discípulos. *Discípulo* viene de la palabra griega que significa "alumno" o "pupilo". El significado del mandato de Jesús de hacer discípulos requiere, entonces, que la comisión sea interpretada como un mandato de enseñar o instruir.

Este mandato también deja en claro que la enseñanza está asociada no solamente al principio de las relaciones entre maestro y alumno sino también a la relación constante que el discípulo tiene con Jesús. La misión de la iglesia es "mantenerse enseñando", y la meta de la instrucción es producir discípulos que obedezcan todo lo que Jesús mandó (ver Mat. 28:20).

La palabra *discípulo* va más allá de "convertido", pero más definitivamente incluye la transformante conversión que ocurre cuando una persona le rinde su vida a Jesús como Salvador y Señor y nace de nuevo. El camino del discipulado nunca comienza hasta que una persona no haya sido redimida a través de la fe en Jesús. Esta es la razón de por qué el evangelismo es una de las partes de la dualidad de la misión de la iglesia. El mandato de hacer discípulos será llevado a cabo cuando los creyentes en todo el mundo geográfico —y dentro del mundo personal de la familia, vocación e interacción social— estén dando testimonio de Jesucristo.

Pero el Señor deja en claro que la conversión es solamente el principio. Jesús está vitalmente preocupado acerca de la fidelidad de la iglesia al nutrir a los salvos. Muchas iglesias funcionan muy por debajo de su potencial porque no le están poniendo suficiente atención a la nutrición de los discípulos más allá de la infancia espiritual, y a ayudarlos a descubrir y a usar sus dones espirituales para el crecimiento de la iglesia. La educación es vital para la efectividad de la iglesia en el evangelismo y el discipulado.

La función educativa de la iglesia está basada en la Biblia. Obedecer el mandato del Señor no es opcional. Los pastores tienen que permitir que estas verdades penetren muy dentro de su corazón, y tienen que predicar y enseñar constantemente esas percepciones bíblicas con convicción y pasión a la congregación.

¿Cómo edifican los pastores sobre este fundamento bíblico? Algunos pastores serán privilegiados al trabajar con un personal ministerial que guíe a los laicos a lograr la función educativa de la iglesia. Sin embargo, la mayoría de los pastores servirán en iglesias que no tienen el beneficio de un personal ministerial. El resto de este capítulo presenta pastores en ambos tipos de iglesias donde el cargo pastoral en sí mismo se relaciona con la dimensión educacional del ministerio.

El predicador

El pastor es el predicador. En esta fase del ministerio, el pastor proclama las buenas nuevas del trabajo redentor de Jesucristo e interpreta todo el consejo de Dios. Por consiguiente, la tarea de predicar del pastor abarca los mensajes que son tanto evangelizadores como de edificación para la iglesia. En ambas dimensiones de la predicación, el pastor tiene la oportunidad de apoyar la función educativa de la iglesia.

Como predicador evangelizador, el pastor habla acerca del camino de vida en Cristo e invita al perdido a hacer una decisión pública. Este proceso a menudo comienza con los programas educativos de alcance, y continúa después de la conversión con la enseñanza y la nutrición del convertido.

Como edificador del cuerpo, el ministerio pastoral del púlpito aclara la función educativa de la iglesia, anima a los líderes laicos en el ministerio educativo, y desafía a cada miembro del cuerpo a crecer hacia la semejanza de Cristo.

Ninguna iglesia va a tener un ministerio educativo fuerte sin el apoyo pastoral desde el púlpito. Sin una fuerte convicción desde el púlpito en cuanto a la función educativa de la iglesia, los pastores pronto tendrían una congregación tibia en un campo donde Jesús habló con urgencia.

Pastor del rebaño

El cargo pastoral también incluye el papel de pastor del rebaño (ver Hech. 20:28; 1 Ped. 5:2). Como pastor del rebaño, el pastor guía, alimenta, protege y nutre. Pastorear requiere atención al ministerio educativo de la iglesia a través de la enseñanza bíblica, el entrenamiento en el discipulado, la educación misionera y el desarrollo familiar. De esa manera el rebaño puede recibir una dieta bien balanceada, estar protegido en contra de la falsa enseñanza, ser dirigido a caminar rectamente, y recibir fortaleza para la jornada diaria.

Maestro

En un sentido, convertirse en miembro de una iglesia es matricularse en la escuela de Cristo. El pastor es el maestro principal de la iglesia y tiene que ser inquebrantable en su lealtad a la palabra segura que está siendo enseñada. Entre las cualidades que Pablo enumeró para el cargo pastoral está una aptitud para la enseñanza ("apto para enseñar", 1 Tim. 3:2). Como jefe de maestros en la congregación, el pastor debe ser un modelo de buena enseñanza para otros que han sido escogidos por la congregación para la tarea de enseñar.

Pablo no solamente instruyó a Timoteo, a Tito y a todos los pastores a enseñar sino que le puso un fuerte énfasis a la enseñanza en su propio ministerio. En Corinto "Pablo se quedó allí por un año y seis meses, enseñándoles la palabra de Dios" (Hech. 18:11). Más de una vez "discutió con" sus oidores en las sinagogas (Hech. 17:2; 18:19). El origen griego de la palabra "discutió" se relaciona con razonar, conversar, dialogar con otros. De ahí se deriva la palabra "diálogo". Pablo usó los monólogos efectivamente, pero también fue adepto al estilo dialogístico de la enseñanza.

El papel del pastor contemporáneo incluye la enseñanza a través de la proclamación desde el púlpito, a través de diálogos uno a uno y en grupos pequeños, y animando a los miembros de la iglesia a participar en grupos pequeños o en clases. El pastor es el maestro. El mandato del gran Maestro lo requiere. Las cualidades neotestamentarias para el cargo pastoral lo fundamentan.

Capacitador

Pablo dejó claro en Efesios que los pastores están constituidos "a fin de capacitar a los santos para la obra del ministerio, para la edificación del cuerpo de Cristo, hasta que todos alcancemos la unidad de la fe y del conocimiento del Hijo de Dios, hasta ser un hombre de plena madurez, hasta la medida de la estatura de la plenitud de Cristo" (Ef. 4:12, 13). El pastor es un capacitador.

Comparar diferentes versiones de la traducción nos da una percepción de la instrucción de Pablo. En la versión Reina-Valera del 60, los pastores están para: "perfeccionar a los santos para la obra del ministerio". En la Nueva Versión Internacional encontramos: "capacitar al pueblo de Dios para la obra de servicio".

¡Qué reto! Los pastores están para ayudar a los creyentes a descubrir sus dones espirituales y luego prepararlos para usar esos dones de manera que toda la iglesia sea edificada. El pastor tiene la delicada tarea de poner los dones juntos así como un cirujano ortopedista coloca los huesos quebrados o un neurocirujano reconecta diferentes nervios. Esta es la responsabilidad principal del pastor, bajo la dirección del Espíritu Santo.

Los pastores sabios reconocerán que sus energías serán usadas mejor en la medida que ellos preparen a los líderes que a su vez equiparán a otros. Un arreglo así sugiere la necesidad de un ministerio educativo bien organizado a manera de vehículo.

Administrador

Administrar significa manejar o dirigir la ejecución o aplicación de los asuntos de la iglesia.

El pastor administra a través de:

* servir como la persona de recurso;
* reclutar la ayuda del personal y líderes laicos para planificar, implementar y evaluar;
* promover la participación del máximo número de los miembros de la congregación;
* delegar responsabilidades; y
* supervisar las asignaciones de finanzas, el espacio y equipo, el personal y otros recursos de acuerdo a las prioridades de la iglesia, basadas en la Biblia.

La administración es una parte integral de la relación del pastor con el ministerio educativo de la iglesia. Algunos pastores ven esto como puramente secular y dudan en dedicarle tiempo a la administración. Sin embargo, en Romanos 12:8 la Biblia dice: "Si debemos dirigir a los demás pongamos todo nuestro empeño..." (TLA). Esto quiere decir que si Dios le ha dado a usted habilidades administrativas debe tomar la responsabilidad con seriedad.

La verdad es que los pastores no pueden dejar de administrar. Lo harán ya sea efectiva o pobremente. Ser un administrador pobre es debilitar el potencial de la iglesia como una fuerza viable de santidad en un mundo sin santidad. Una pobre administración pastoral ciertamente producirá un ministerio educativo desconectado, desenfocado y falto de vitalidad.

Líder

La iglesia es el cuerpo de Cristo, un organismo vivo compuesto de creyentes que funcionan bajo su jefatura. Como organismo vivo, el cuerpo tiene una estructura organizacional esencial que funciona en forma similar a la estructura del cuerpo humano. Para que el cuerpo de la iglesia logre su misión, Jesús ha ordenado que tenga un líder que sirva bajo el pastorado del Gran Pastor (1 Ped. 5:2-4). El pastor tiene que ser el líder.

Una iglesia necesita ese líder. El Señor ha provisto un líder pastoral. Los líderes tienen que tener seguidores, así que la congregación busca que el pastor la lidere. Los pastores siempre deben recordar, sin embargo, que ellos tienen su cargo por virtud del llamamiento de Dios y de la congregación. Ellos se ganan el derecho a guiar a medida que edifican relaciones, desarrollan confianza y comunican una visión para la iglesia en la cual la congregación puede compartir el derecho de propiedad.

En un sentido, ser "líder" involucra todas las cinco dimensiones antes citadas, con énfasis específico en *visión* y *dirección*. Aunque el "administrador" se enfoque en el manejo, el líder tiene que tener un sueño, compartir el sueño y obtener apoyo para el sueño.

El sueño puede originarse con el pastor, puede ser sugerido por un miembro de la congregación, o puede haber nacido en un grupo de liderazgo laico como el compañerismo de diáconos o el concilio de la iglesia. De cualquier forma, el pastor tiene que apoyar el sueño y permitir tiempo para que la iglesia lo exprese, lo nutra y se apropie de él hasta que la congregación sienta el liderazgo de Dios para el futuro.

Entonces, el pastor guía a través del apoyo en oración, la entusiasta promoción y la estructura organizacional para lograr el resultado deseado. Un buen líder tiene una pasión contagiosa por el sueño, expone a la congregación a la carga y busca a través del liderazgo del Espíritu Santo mantener a la iglesia enfocada en su sueño.

La efectividad es una preocupación mayor que la eficiencia para el pastor que es un líder. La eficiencia se enfoca primeramente en el manejo del tiempo y en el uso de los recursos. La efectividad le da prioridad a las relaciones. Los líderes efectivos evitan la manipulación, la presión, la intimidación y la gratificación inmediata. Dirigen por el ejemplo y valoran más las consecuencias a largo plazo sobre el logro de las metas inmediatas.

Ser un líder efectivo está vitalmente relacionado con el rol del pastor en el ministerio educativo. La educación trata sobre el proceso de desarrollar a los creyentes hacia la madurez personal cristiana y hacia la unidad de la iglesia. Los líderes clave que sirven en el concilio general de la iglesia y en los concilios del programa de educación se distinguen en que sueñan el sueño y participan en su implementación. Los pastores eficaces cultivan relaciones con esos líderes laicos; usan los dones de ellos otorgados por el Espíritu Santo, y los afirman en sus esfuerzos.

Los líderes pastorales tienen que mirar a Jesús, quien dio el ejemplo e instruyó a sus seguidores a vivir un estilo de liderazgo de siervo. Él tenía pasión por la misión que el Padre le había dado (ver Juan 9:4). Cualquiera que fueran los obstáculos y la oposición, él se negó a ser distraído de su misión (ver Luc. 9:51).

No solamente su visión, su pasión por la visión y su ministerio enfocado, sino también sus modales y actitudes son modelos para los líderes pastorales. Con humildad, él les lavó los pies a los apóstoles y dijo que él estaba entre ellos como el que sirve (ver Luc. 22:27). Él enseñó con mucha paciencia cuando ellos eran lentos para aprender (ver Luc. 9:46-48; 22:24-27) y les mostró un amor fuerte (Mat. 16:15-21; Luc. 22:31-34). El pastor que guía de la manera modelada por el Señor de la iglesia será un líder eficaz en el ministerio educativo.

Cuando los pastores consideran su papel, a menudo fallan en comprender todo el ámbito de sus tareas y, por lo tanto, limitan su efectividad. Cada pastor tendrá más habilidades en algunas dimensiones que en otras, pero ninguno puede darse el lujo de ignorar el hecho de que el cargo pastoral incluye por lo menos las funciones de predicador, pastor del rebaño, maestro, preparador, administrador y líder. Todas estas dimensiones tienen el potencial de dar buena información al ministerio de educación divinamente encomendado.

PROMOVER UN AMBIENTE PARA EL APRENDIZAJE TOTAL

Los pastores necesitan reconocer que el aprendizaje en la iglesia no está limitado a los estudios formales de grupo. El aprendizaje perdura más cuando viene de la participación de los creyentes en toda la vida de la iglesia. La iglesia es un compañerismo dinámico. Lo que experimenta un nuevo convertido a través de la participación en toda la vida del cuerpo es una dimensión poderosa del ministerio educativo de la iglesia. Lo que los niños que crecen en la familia de la iglesia oyen y observan en la interacción congregacional es altamente importante. Si las actitudes y las acciones de la congregación no están en armonía con el material enseñado en los grupos de estudio bíblico, la ambigüedad creará confusión y resultará en un aprendizaje deficiente. Hechos 2:42-47 provee un modelo de la interdependencia espiritual descrita.

Sin ayuda el pastor no puede por sí solo monitorear y modelar la vida de la congregación de acuerdo al modelo del Nuevo Testamento. El pastor, más que ningún otro líder de la iglesia, crea el tono para la vida del cuerpo que provee un ambiente de aprendizaje totalmente saludable. Los pastores no pueden hacer nada más significativo educacionalmente para la iglesia que ser un ejemplo, de la misma manera que lo hizo Pablo (ver 1 Cor. 11:1).

Decir las palabras correctas en las clases, mantener la sana doctrina en el púlpito, y proveer el mejor ambiente de aprendizaje dentro del aula (como tamaño del grupo, de espacio y del equipo) son importantes.

Pero la excelencia en esa áreas no es suficiente si el compromiso es bajo, si es avaro al ofrendar, si hay falta de interés misionero y evangelizador; o si hay cultos de adoración que procuran agradar a la gente más que reverenciar a Dios, y hay reuniones de negocios que son más como el juego de tirar a la cuerda entre niños inmaduros que un tiempo de toma de decisiones en oración. Los pastores que hacen todo lo posible por promover una calidad de vida de la iglesia que provea un ambiente saludable y de total aprendizaje harán una contribución significativa al ministerio educativo de la iglesia.

LOGRAR ESTAR PERSONALMENTE CAPACITADO

Otro paso importante es lograr estar personalmente capacitado para el rol de pastor en el ministerio de educación. Los pastores están divinamente llamados y dotados por el Espíritu Santo con recursos para cumplir su llamamiento. Esto, sin embargo, no los libera de la responsabilidad de estar cada vez más calificados para el ministerio educativo. Las siguientes son formas de realizar su comprensión y contribución como educador pastoral.

Nutra su relación con Dios

El lugar para comenzar es en el andar personal del pastor con el Señor. El rango más alto en un sistema de prioridad del ministro debería ser *llegar a ser*, seguido por *hacer*. Con cuánta facilidad las tareas rutinarias pueden meterse en el camino y quitarle valor a la vida espiritual. Las relaciones de amor deben ser nutridas o de lo contrario se estancarán. El pastor que desatiende la constancia en Cristo se volverá infructuoso (ver Juan 15:4-6). El fruto del Espíritu sólo se puede producir cuando hay una continua sumisión a él.

Un pastor cuya vida no manifiesta amor, gozo, paz, paciencia, benignidad, bondad, fe, mansedumbre y templanza se verá seriamente impedido como líder. Las disciplinas de la vida cristiana deben tener una alta prioridad. Solamente entonces el espíritu de Caleb (ver Núm. 14:24) dominará al pastor y se convertirá en un espíritu contagioso dentro de la congregación.

El pastor que crece espiritualmente está marcado por la integridad; una característica que significa "plenitud" en el sentido de que las creencias del pastor y su comportamiento están en completa armonía. El autor de Proverbios aconseja sabiamente: "Su integridad guiará a los rectos, pero la perversidad arruinará a los traicioneros" (Prov. 11:3). Actuar con integridad significa que los pastores aceptan las fallas como base para aprender y crecer. Significa que los demás y sus puntos de vista son tratados con respeto.

Desarrolle el potencial de su liderazgo

El liderazgo es tanto una habilidad aprendida como un arte. Los pastores siempre pueden aumentar su potencial de liderazgo. ¿Cómo se puede hacer esto?

A través de la oración se descubrirá el potencial y se identificarán las debilidades. El Espíritu Santo moldeará, formará y renovará diariamente cuando el pastor se entregue al liderazgo divino.

La experiencia ayudará al pastor a crecer como líder. La buena experiencia es un excelente maestro. La experiencia pobre provee oportunidad para la evaluación, la corrección y el mejoramiento.

Estar abierto a la evaluación de otros puede llevar al crecimiento en el liderazgo. No toda la crítica es destructiva. Aun aquella que se hace con la intención de ser negativa puede usarse positivamente. Además, los pastores que tienen buenas relaciones con compañeros ministros pueden buscar sus evaluaciones y recomendaciones concernientes a su estilo de liderazgo y habilidades. Las evaluaciones escritas y sin firma que el pastor solicita a algunos líderes laicos responsables también pueden proveerle puntos de vista útiles.

Finalmente, el potencial para el liderazgo puede ser desarrollado asistiendo a seminarios y leyendo libros sobre el liderazgo. Los líderes de la denominación a menudo proveen tal tipo de entrenamiento y sugieren recursos. Los talleres sobre liderazgo y el material de lectura obtenidos de fuentes seculares han probado que pueden ser también muy útiles. Sin embargo, estos últimos deben usarse con el completo conocimiento de que la iglesia es mucho más que una institución o una estructura organizacional. La naturaleza y el ministerio de la iglesia tiene dimensiones espirituales que no se tratan adecuadamente por los principios que se usan en los negocios, o por la perspectiva que tienen los ejecutivos y oficiales, o por los criterios de éxito que tiene el mundo.

Mantenga un programa de lectura

Otra acción responsable es mantener un programa de lectura. La primera cosa en la lista debe ser la lectura bíblica devocional. Leer regularmente de diferentes fuentes, desde el periódico y revistas hasta los libros más vendidos lo mantendrá a usted en contacto con los eventos mundiales, y con los problemas, los intereses y las necesidades de la gente. Estudiar comentarios y otros auxiliares para estudios bíblicos realzará su habilidad y comprensión para interpretar la Palabra. Incluir obras actuales en teología, ética cristiana, crecimiento de la iglesia, cuidado pastoral, predicación, historia de la iglesia y administración eclesiástica le asegurará un balance en el programa de lectura.

Frecuentemente pasamos por alto recursos relacionados con la educación cristiana. Si embargo, si se les pone atención a artículos de las siguientes categorías se pueden realzar las cualidades del pastor para guiar el ministerio de educación cristiana: (1) filosofía y principios educativos; (2) fundamentos históricos de la educación cristiana; (3) psicología evolutiva; (4) teoría de la enseñanza/aprendizaje; (5) administración de la enseñanza bíblica, discipulado y programas de educación misionera; (6) información actual relacionada con administración de los programas de educación en la iglesia.

Asista a sesiones de entrenamiento

Una última acción que realzará las cualidades personales es asistir a sesiones de entrenamiento relacionadas con la educación cristiana. El pastor que espera que los líderes laicos reserven tiempo y dinero para esas ocasiones tiene que mostrar un ejemplo a través de su asistencia personal.

Generalmente, el pastor seleccionará conferencias designadas para pastores. Sin embargo, ocasionalmente él o ella deben escoger conferencias relacionadas con la administración de programas educativos para los preescolares, escolares, jóvenes y adultos; conferencias relacionadas con el alcance y la enseñanza a personas en cada uno de esos grupos; y conferencias relacionadas con el desarrollo y el mantenimiento de ministerios especializados con grupos como adultos mayores, adultos solos y familias.

Ningún pastor puede ser un experto en todas las dimensiones de la educación cristiana ni en todas las agrupaciones por edad, pero todos los pastores deben tratar de estar más capacitados. Al hacerlo, ganan confianza, ameritan credibilidad dentro de su gente y hacen un mejor trabajo.

Al inicio de este capítulo se mencionaron dos tipos de iglesia: aquella que es servida por personal de educación y aquella que es servida solamente por un pastor. La parte restante de este capítulo se enfocará en los deberes educativos del pastor en cada uno de los tipos de iglesia.

TRABAJANDO CON UN PERSONAL EDUCATIVO

En las iglesias grandes, el pastor y uno o más de los ministros pagados proveen el liderazgo en la educación cristiana. Algunas veces, una iglesia llama a un ministro con responsabilidades combinadas, como música y educación, o educación y jóvenes. Otras iglesias tienen ministros con responsabilidades singulares, como educación, jóvenes, adultos solos, adultos mayores o niños. Las iglesias escogen diferentes patrones de personal y títulos de acuerdo a sus circunstancias. Las formas en las que el pastor se relaciona con el personal educativo dependerá del número de personas, el nivel de experiencia, el tamaño de la iglesia, los dones del pastor y el nivel de supervisión y de interacción que se necesite.

Las siguientes sugerencias proveen maneras para que los pastores se relacionen responsablemente con otros ministros del personal y del ministerio educativo de la iglesia. Generalmente, este será como el entrenador del equipo.

Tener un personal múltiple no garantiza un equipo de personal. Los equipos se forman por el esfuerzo intencional, la paciencia y el esfuerzo conjunto. El pastor debe funcionar como el entrenador de jugadores cuando se trata de formar un equipo del personal y dirigir su juego.

Valore el concepto de equipo

Un prerrequisito para la eficacia del pastor al formar un equipo es tener la convicción de que el planteamiento de equipo es importante. Una paráfrasis de un pasaje de Eclesiastés ofrece pensamientos para considerar: "Dos hombres pueden más que duplicar el trabajo de uno, porque el resultado puede ser mucho mejor. Si uno cae, el otro lo levanta; pero si el hombre solitario cae, grave es su problema" (Ecl. 4:9, 10, BAD). Por supuesto, la suposición aquí es que los dos están trabajando juntos, no en contra ni en competencia uno contra el otro.

Se pueden citar modelos bíblicos de equipos de ministerio. Son ejemplos del trabajo en equipo el trabajo de Moisés con jueces designados (ver Éxo. 18), la decisión de Jesús de trabajar con un equipo de apóstoles, y los diferentes equipos misioneros de Pablo y sus compañeros. Estos equipos no eran perfectos. Uno de los doce era un traidor. En los equipos apostólicos y misioneros también había conflictos acerca de la grandeza y metodología, además de los conflictos de personalidad. Los equipos del personal de la iglesia no son perfectos tampoco, pero tienen potencial para trabajar juntos y servir bien al Señor.

Trabajo de equipo significa trabajar juntos. Para formar un equipo del personal los pastores necesitan tener claridad en sus propias identidades, estar cómodos en sus funciones y no sentirse amenazados por los dones y logros de otros miembros del personal. Necesitan tener un alto nivel de respeto y confianza en los demás, y generar respeto y confianza entre los otros jugadores del equipo.

Nutra relaciones saludables entre el personal

Al formar y dirigir un equipo, el pastor tiene que ponerles constante atención a las relaciones. Como entrenador, el pastor tiene que enseñar y modelar los principios de relaciones interpersonales que Pablo le enseñó a toda la congregación en Romanos 12: "...nadie tenga más alto concepto de sí que el que deba tener (v. 3); "El amor sea sin fingimiento... amándoos los unos a los otros con amor fraternal... no siendo perezosos en lo que requiere diligencia... sirviendo al Señor; gozosos en la esperanza, pacientes en la tribulación, constantes en la oración" (vv. 9-12); "Bendecid a los que os persiguen... Gozaos con los que se gozan... Llorad con los que lloran. Tened un mismo sentir... No sean sabios en vuestra propia opinión. No paguéis a nadie mal por mal. Procurad lo bueno delante de todos los hombres. Si es posible, en cuanto dependa de vosotros, tened paz con todos los hombres" (vv. 14-18).

Los equipos son frágiles. Una de dos, o ellos cambian y maduran o se estancan. Los equipos se quiebran y separan fácilmente. Lo hacen por diferentes razones, pero más comúnmente la raíz es la falta de humildad y necesidad de madurez espiritual en cada jugador. Someterse al Espíritu Santo en busca de renovación y practicar los principios de Romanos 12 unirán al equipo. El personal que practica las enseñanzas del Nuevo Testamento trabajará como equipo, y será un modelo para la congregación en cómo relacionarse entre sí como pueblo de Dios en una misión.

Además de ocuparse de las relaciones interpersonales saludables, un pastor tiene que ponerle atención a los otros aspectos del trabajo de un entrenador: enseñar los fundamentos del juego, diseñar una estrategia de equipo, servir como guardián de la visión, soñar un nuevo sueño cuando haga falta, descubrir potencial escondido y ponerlo en uso, animar al equipo, proveer inspiración, dar crédito por los éxitos y aceptar la responsabilidad por las fallas. Los pastores efectivos encontrarán formas de lograr estas tareas, comunes a todas las relaciones entrenador/equipo, al relacionarse con sus colegas del personal.

Realizar reuniones regulares del personal

En las reuniones regulares del personal se debe promover la apertura a nuevas ideas y la libertad de expresión. La meta es lograr la comunicación total. Las negociaciones llevan hacia un consenso en la toma de decisiones. El personal se mantiene enfocado en la misión de la iglesia y en las prioridades esenciales para esa misión. Hay un tiempo adecuado en retiros de planificación del personal y en las reuniones normales del personal para proyectar planes, metas y estrategias relacionadas con el ministerio de educación de la iglesia.

Aclare responsabilidades

El comité de personal de la iglesia trabaja para proveer descripciones de trabajo bien formuladas para cada miembro del personal educativo. La participación del pastor con el comité que entrevista a posibles miembros del personal asegura una clara comunicación de las expectativas.

Respete las líneas de supervisión

Será de ayuda que, cuando los pastores sirvan con un ministro de educación y otros ministros del personal, se establezca que el ministro de educación sea directamente responsable ante el pastor y que se le permita a él o a ella supervisar el trabajo de los otros miembros del personal de educación. Un acuerdo de esa clase, cuando es aprobado por el comité de personal o por otro cuerpo apropiado, aclarará las líneas de responsabilidad y le dará al ministro de educación la autoridad y liderazgo necesarios para proveer un ministerio eficaz.

Conducir evaluaciones anuales o semestrales del trabajo del ministro de educación le permitirá al pastor ofrecer afirmación en las áreas fuertes y ofrecer ayuda en las áreas débiles. El ministro de educación puede realizar revisiones similares con los otros miembros del personal.

Provea apoyo

Como entrenador del equipo, el pastor debe representar al personal educativo y sus intereses en cada esfera apropiada. Dar reconocimiento público y afirmación, compartir la plataforma en los cultos de adoración y apoyar las necesidades educativas en las reuniones de planificación de presupuesto son ejemplos de un fuerte apoyo pastoral. Además, el pastor puede interpretarles el ministerio educativo a los diáconos y a otros líderes, animar que ellos lo apoyen con sus oraciones y su asistencia, y desafiarlos a que estimulen el apoyo de la congregación para los programas y ministerios educativos.

Dirigir un culto anual de adoración para reconocer y comisionar a los líderes y maestros voluntarios es otra contribución positiva al equipo ministerial. La presencia pastoral en los eventos educativos reforzará la prioridad de la enseñanza cristiana y el aprendizaje.

El pastor como ministro de educación

En las iglesias pequeñas y en algunas misiones, el pastor (o evangelista) a menudo es el único ministro y tiene que llevar a cabo los deberes de un ministro de educación. Los estudiantes ministeriales deben reconocer este hecho y escoger un programa de estudios y cursos electivos que los preparen para esta posibilidad.

Las sugerencias ofrecidas anteriormente para los pastores de iglesias grandes tienen aplicación para los pastores que son los únicos miembros del personal. Algunos énfasis presentados en esta sección se aplican también al pastor de iglesias con personal múltiple. Sin embargo, en la situación de único miembro del personal, el pastor tiene que trabajar más directamente con los laicos voluntarios.

Reclute líderes

El ministerio educativo de la iglesia es solamente tan eficaz como lo son los que lo dirigen. Toda la oración y el pensamiento que se le dé a la selección de los líderes laicos para el programa educativo son esfuerzos que valen la pena.

Use el comité de nombramientos. Los comités de nombramientos pueden coordinar la selección y el reclutamiento para el mejor interés de todo el programa de la iglesia. El pastor hace bien en guiar en la selección de las personas a servir en el comité, buscando personas de un nivel de madurez espiritual y que tengan un buen conocimiento de la iglesia. Los miembros tienen que respetar la confidencialidad, estar concientes de los dones espirituales de los posibles obreros, y evitar decisiones basadas en los sentimientos personales y las preferencias en vez de buscar el bienestar de toda la iglesia. Los directores de los programas educativos pueden sumarse a este comité conforme son elegidos.

Una vez que el comité de nombramientos haya sido seleccionado, el pastor tiene la responsabilidad de entrenar a los miembros. Los siguientes temas han de ser incluidos en la sesión de orientación: el papel del laico en el plan de Dios con respecto a los dones espirituales; el papel de la oración en la búsqueda de obreros; maneras de solicitar a los miembros sus preferencias en cuanto a puestos en la iglesia; aptitudes adoptadas por la iglesia para el servicio; y cualquier información acerca de puestos (pactos de obreros, descripciones de trabajo y documentos similares).

Es importante explicar la necesidad de la franqueza en la discusión y la confidencialidad acerca de las deliberaciones del comité. Todos deben darse cuenta de que la continuidad será importante, pero que algunas veces los cambios serán necesarios para el bienestar de los involucrados. El entrenamiento puede concluir con una discusión del proceso de reclutamiento que se va a usar.

Siga un proceso bien diseñado de reclutamiento. Un reclutamiento defectuoso contribuirá a la mediocridad, la frustración y tal vez al fallo en el servicio que rindan los líderes voluntarios. Pero los procedimientos de reclutamiento de buena calidad permitirán una selección sabia y generarán un alto nivel de compromiso. Este proceso comienza involucrando líderes para que ellos recomienden y busquen a aquellos con quienes van a trabajar.

El proceso continúa, como se anotó en el capítulo 14, a través de estos pasos:

1. Haga una cita con el posible colaborador a la hora y lugar apropiados para una conversación seria.
2. Durante la visita, revise la información acerca del trabajo (use una descripción del trabajo y/o un pacto de obreros si está disponible), recursos de currículo actuales y otros documentos relacionados.
3. Permita tiempo para preguntas, respuestas y discusión.
4. Termine con una oración.

5. Haga una cita para el seguimiento dejando un lapso apropiado para orar por la toma de decisión.

6. Haga el contacto y reciba la respuesta. En caso de una respuesta negativa, el pastor debe evitar presionar, manipular o emplear tácticas de culpabilidad. Se le agradece a la persona por el tiempo invertido y se le pregunta si hay otro puesto de servicio en el que estaría interesada.

Dedique a los líderes. El proceso de reclutamiento toma tiempo y trabajo, pero es tiempo y trabajo bien invertidos. Cuando ese reclutamiento es reforzado por un culto público de dedicación, es probable que los líderes tomen su función seriamente y se incremente el servicio fiel.

Himnos y música especial cuidadosamente seleccionados, pasajes bíblicos bien escogidos, un sermón enfocado en el compromiso del liderazgo y el apoyo congregacional, y la lectura de una respuesta significativa pueden combinarse para proveer una experiencia dinámica de adoración. Los líderes serán afirmados y la responsabilidad congregacional será intensificada. Se establecerá entre el personal ministerial, los líderes laicos y la congregación un sistema de darle cuentas a Dios.

Entrene líderes

Así como son importantes el reclutamiento y el culto de dedicación, el entrenamiento de los líderes es esencial. Pedirle a una persona que ocupe un puesto de liderazgo y no proveerle el entrenamiento y los recursos adecuados es injusto para los líderes y nocivo para la misión de la iglesia.

Entrenamiento previo. El entrenamiento comienza con los esfuerzos previos al trabajo. Estos esfuerzos deben incluir el entrenamiento para los líderes potenciales, el cual está enfocado en los miembros de la congregación que tienen liderazgo potencial pero que todavía no están sirviendo en su puesto. El reclutamiento uno a uno de los candidatos, un alto nivel de compromiso, un sistema de dar cuentas y una ceremonia pública de graduación son los componentes que fortalecerán el entrenamiento de los líderes en potencia.

Entrenamiento durante el servicio activo. Una vez que la persona asuma el cargo, el entrenamiento periódico hará su trabajo más eficaz y agradable además de que disminuirá las probabilidades de frustración, desánimo y renuncia. Un programa balanceado de entrenamiento incluirá componentes bíblicos y doctrinales, el desarrollo de habilidades de liderazgo en las áreas requeridas de pericia, y estudios personales sobre el crecimiento cristiano[1].

Planifique con los laicos

Planificar es una dimensión vital pero muchas veces descuidada del ministerio de educación cristiana. El progreso de los creyentes hacia la madurez espiritual se estorba, y se limita la eficacia de la iglesia para lograr su misión, debido a que los esfuerzos carecen de objetivos claros, metas y estrategias. Los pastores que reconocen el valor de la planificación e involucran a los líderes laicos en ese proceso son líderes sabios en la educación cristiana. Tal planificación generalmente ocurre en un concilio (o coordinador) de la iglesia, y en concilios de programa, o comités[2].

En el concilio de la iglesia, los líderes laicos reconocidos representan tanto el interés de toda la congregación como los intereses de sus áreas particulares de liderazgo. A medida que el pastor trabaje con los líderes clave en la planificación, coordinación y evaluación de todo el programa de la iglesia, el resultado probable será un enfoque total del ministerio de la iglesia y un programa educativo balanceado. Un valioso segundo beneficio es el desarrollo de los laicos y el realce del concepto de liderazgo compartido en la iglesia.

Los concilios de programa son dirigidos por los líderes laicos de cada programa educativo y están formados por personas laicas responsables de diferentes niveles de trabajo. Cada concilio se enfoca en establecer metas, planificar estrategias, asignar recursos, coordinar actividades y evaluar el progreso. Cuando estas funciones son bien realizadas, cada programa no solamente es fortalecido sino que además contribuye más eficazmente a todo el trabajo de la iglesia. De nuevo, los laicos se fortalecen, se rinden cuentas unos a otros y permiten el funcionamiento a un nivel de importancia sugerido por las enseñanzas del Nuevo Testamento.

Afirme a los líderes

El compromiso hacia un servicio eficaz y continuo se profundizará cuando los voluntarios sean apropiadamente confirmados. Dar por sentado su colaboración, descuidar el conocimiento de sus logros y fallar al expresarles gratitud a los líderes contribuye a una baja moral y a un breve mandato.

El papel del pastor en la educación cristiana incluye ofrecer afirmación en cada manera apropiada. Reconocimientos públicos, palabras de gratitud en las publicaciones de la iglesia y en las notas personales, reconocimiento oral a los líderes en forma individual y privada, banquetes de apreciación a los obreros y reconocimiento público a personas que han servido bien durante largo tiempo están entre las maneras de afirmar a los obreros.

Celebre las victorias

Las iglesias pequeñas pueden perder de vista su importancia y desarrollar fácilmente una actitud pasiva y de complacencia. El liderazgo pastoral sabio en la educación cristiana guiará a los líderes laicos y a toda la congregación a celebrar cada logro. Tal celebración le da gloria al Señor, anima a los laicos, refuerzas los lazos congregacionales y ofrece incentivo al esfuerzo continuo.

La celebración debe tomar la forma de un reconocimiento público a unidades organizacionales por un trabajo bien hecho, una congregación disfrutando junta por el bautismo de un nuevo convertido alcanzado a través del ministerio educativo, o un buen culto de adoración enfocado en celebrar una meta alcanzada[3].

EL PAPEL DEL PASTOR

El pastor es el líder principal en la congregación. El éxito de una empresa tan integral a la misión de la iglesia como lo es el ministerio educativo está directamente relacionado con el interés del pastor, la inversión personal y la participación apropiada. El papel del pastor en el ministerio de educación cristiana nunca puede delegársele a nadie más. Los pastores que aceptan este papel y lo llenan como buenos mayordomos de un depósito divino logran una dimensión significativa de su llamado y contribuyen noblemente a la misión de la iglesia.

Recursos para estudios posteriores

SECCIÓN UNO: Fundamentos para la administración y el liderazgo

Armstrong, Hayward. *Bases para la educación cristiana*. El Paso, Texas: Casa Bautista de Publicaciones, 2005.

Biblioteca electrónica para maestros. El Paso, Texas: Casa Bautista de Publicaciones, 2006.

Díaz, Jorge Enrique. *Los llamados a enseñar*. El Paso, Texas: Editorial Mundo Hispano, 2006.

Edge, Findley. *Pedagogía fructífera. Edición actualizada y ampliada*. El Paso, Texas: Casa Bautista de Publicaciones, 2003.

Edge, Findley B. *Metodología pedagógica*. El Paso, Texas: Casa Bautista de Publicaciones, 2003.

Hemphill, Ken. *Revitalice el dinosaurio dominical*. El Paso, Texas: Casa Bautista de Publicaciones, 2000.

Quiñones, Gilberto y Rodríguez, Sonia. *Dinámicas. Actividades para el proceso de enseñanza-aprendizaje*. El Paso, Texas: Casa Bautista de Publicaciones, 2004.

Taulman, James E. *El maestro como consejero*. El Paso, Texas: Casa Bautista de Publicaciones, 1999.

Varios autores. *El fabricante de lecciones T 1*. El Paso, Texas: Editorial Mundo Hispano, 2002.

Varios autores. *El fabricante de lecciones T 2*. El Paso, Texas: Editorial Mundo Hispano, 2004.

SECCIÓN DOS: Principios y procedimientos administrativos

Davis, Deena. *101 Mejores ideas para trabajar con grupos pequeños*. El Paso, Texas: Editorial Mundo Hispano, 2000.

Finnell, David. *Iglesias célula*. El Paso, Texas: Editorial Mundo Hispano, 2001.

SECCIÓN TRES: Liderazgo educativo en la iglesia local

Recursos para actividades educativas especializadas

• **Preescolares**

Deiros, Norma de. *Mi primer encuentro con la Biblia. Libro 1*. El Paso, Texas: Casa Bautista de Publicaciones, 2003.

Salvatierra, Graciela de. *Mi primer encuentro con la Biblia. Libro 2*. El Paso, Texas: Casa Bautista de Publicaciones, 2004.

• **Escolares**

Drescher, John. *Siete necesidades básicas del niño*. El Paso, Texas: Editorial Mundo Hispano, 2004.

Martínez, José Luis. *Más objetos que enseñan de Dios*. El Paso, Texas: Casa Bautista de Publicaciones, 2003.

McConnell, Cecilio y Alarcón Grace McConnell de. *Dedito y sus hermanos aprenden de la Biblia*. El Paso, Texas: Editorial Mundo Hispano, 2003.

McConnell, Cecilio y María. *Dedito y sus hermanos aprenden de Dios*. El Paso, Texas: Casa Bautista de Publicaciones, 1999.

McConnell, Cecilio y María. *Objetos que enseñan de Dios.* El Paso, Texas: Casa Bautista de Publicaciones, 2005.

McDowell, Josh y Johnson, Kevin. *Los niños demandan un veredicto.* El Paso, Texas: Editorial Mundo Hispano, 2005.

• **Jóvenes**

Fajardo, David. *Ideas para actividades juveniles.* El Paso, Texas: Casa Bautista de Publicaciones, 2004.

Fajardo, David. *Cómo administrar el ministerio juvenil.* El Paso, Texas: Casa Bautista de Publicaciones, 2002.

McDowell, Josh y Hostetler, Bob. *Manual para consejeros de jóvenes.* El Paso, Texas: Editorial Mundo Hispano, 2002.

Sánchez, Carlos Guillermo y Echeverri, Anthony. *Lecciones para nuevos creyentes. Edición juvenil.* El Paso, Texas: Casa Bautista de Publicaciones, 2004.

Varios, *¡Joven, tú vales!* El Paso, Texas: Casa Bautista de Publicaciones, 2000.

Ruiz, Billy, *¡Aventúrate día a día!,* El Paso, Texas: Editorial Mundo Hispano, 2004.

• **Adultos**

Ashker, Helene. *Jesús cambia a la mujer.* El Paso, Texas: Casa Bautista de Publicaciones, 2003.

Briscoe, Jill. *Mujer, cambia tu mundo.* El Paso, Texas: Editorial Mundo Hispano, 2000.

Eskelin, Neil. *101 Promesas dignas de cumplir.* El Paso, Texas: Editorial Mundo Hispano, 2001.

Farrar, Steve. *El hombre guía.* El Paso, Texas: Editorial Mundo Hispano, 2001.

Miller, Calvin. *El líder con poder.* El Paso, Texas: Editorial Mundo Hispano, 2002.

Varios. *El crecimiento espiritual de sus hijos.* El Paso, Texas: Editorial Mundo Hispano, 2003.

Young, Ed. *Vida de alta definición.* El Paso, Texas: Editorial Mundo Hispano, 2005.

Zorzoli, Alicia. *¿Y ahora qué hago? "Primeros auxilios" para las emergencias de la vida.*

MINISTERIO FAMILIAR

Bedrossian, Nydia de. *Familias sanas en un mundo enfermo.* El Paso, Texas: Casa Bautista de Publicaciones, 2004.

McDowell, Josh y Johnson, Kevin. *Devocionales para la familia.* El Paso, Texas: Editorial Mundo Hispano, 2005.

Medina, Amparo de. *Libres de la violencia familiar.* El Paso, Texas: Editorial Mundo Hispano, 2001.

Maldonado, Jorge. *Programa de enriquecimiento matrimonial.* El Paso, Texas: Editorial Mundo Hispano, 2004.

Notas

Capítulo uno

1. Muchos eruditos y teólogos en mis años formativos estuvieron redescubriendo el papel de la familia en la educación cristiana. Roger Shinn, sin embargo, fue el primero en captar mi atención a través de sus escritos. Esta idea en particular vino de "The Educational Ministry of the Church", en *An Introduction to Christian Education*, ed. Marvin J. Taylor (Nashville: Abingdon Press, 1966), p. 12.

2. Ibíd.

3. Para información adicional, ver capítulo 4: "Cómo planificar y evaluar".

4. James D. Smart, *The Teaching Ministry of the Church* (Philadelphia: Westminster Press, 1954), p. 107.

Capítulo dos

1. W. O. Carver, "Introduction", *What is the Church?*, ed. Duke K. McCall (Nashville: Broadman Press, 1958), p. 3.

2. E. Glenn Hinson, *The Integrity of the Church* (Nashville: Broadman Press, 1978), p. 47.

3. Ibíd., p. 44.

4. H. Richard Niebuhr, *The Purpose of the Church and Its Ministry* (New York: Harper and Row, 1956), p. 19.

5. Ibíd., p. 31.

6. Albert McClellan, comp., A. *Basic Understanding of Southern Baptist Mission Coordination* (Nashville: Inter-Agency Council, SBC, 1972), p. 10.

7. James Smart, *The Teaching Ministry of the Church* (Philadelphia: Westminster Press, 1954), p. 85.

8. Randolph Crump Miller, *The Clue to Christian Education* (New York: Charles Scribner's, 1950), p. 37.

9. John Westerhoff, *Will Our Children Have Faith?* (New York: Seabury Press, 1976), p. 38.

10. Ibíd., p. 39.

11. Miller, *Clue to Christian Education*, p. 37.

12. The *Oxford English Dictionary*, I (Oxford: The Oxford University Press).

13. Blaise Pascal; *Pensees*, trads. H. F. Stewart (New York: The Modern Library), p. 13.

14. Ibíd., p. 31.

15. Benjamin Jacob in Westerhoff, *Will Our Children?*, p. 83.

16. Westerhoff, *Will Our Children?*, p. 83.

17. Roger Shinn, "Education is a Mystery", *Colloquy on Christian Education*, John Westerhoff, ed. (Philadelphia: Pilgrim Press, 1972), p. 19.

18. Maria Harris, *Fashion me a People* (Louisville, Kentucky: Westminster / John Knox Press, 1989), p. 68ss.

19. Arthur Adams, *Effective Leadership for Today's Church* (Philadelphia: Westminster Press, 1978), p. 5.

Capítulo seis

1. Carolyn C. Brown, *Developing Christian Education in the Small Church*, (Nashville: Abingdon, 1982), p. 47.

2. Ibíd., p. 56.

3. Philip Kotler, *Marketing for Non-profit Organizations* (Englewood Cliffs: Prentice-Hall, Inc., 1975), p. 55.

4. Stephen R. Covey, *The 7 Habits of Highly Effective People: Powerful Lessons in Personal Change*, (New York: Simon y Shuster, 1989), p. 178.

5. Ibíd., p. 188.

6. Ibíd., pp. 195-197.

7. Ibíd., p. 199.

8. Ibíd., p. 221.

9. James K. Van Fleet, *Power with People* (West Nyack, N. Y.: Parker Publishing Co., Inc., 1970), p. 73.

10. Ibíd., pp. 108-110.

11. Reginald M. McDonough, *Working With Volunteer Leaders* (Nashville: Broadman Press, 1976), p. 58.

12. Van Fleet, pp. 145-158.

13. Reginald M. McDonough, *Keys to Effective Motivation* (Nashville: Broadman Press, 1979), p. 80.

14. McDonough, *Working with Volunteer Leaders*, pp. 59, 60.

15. Ibíd., p. 63.

16. Ibíd., pp. 58-65.

17. McDonough, *Key to Effective Motivation*, pp. 125-128.

Capítulo siete

1. Esta es una suposición que frecuentemente existe solamente como un ideal. Los líderes de la iglesia son propensos a orientarse al trabajo o a las personas. Este autor ve el ideal como viable y práctico en iglesias en las cuales la evaluación y el ajuste son partes normales de la administración educativa.

2. Para ayuda, ver el capítulo 11: "Dirigiendo el alcance y el reclutamiento".

3. Porciones de la información en esta sección son adaptadas de la primera edición. El editor le expresa su aprecio a Charles A. Tidwell por sus ideas sobre este tema.

4. Ibíd.

5. Para información específica y orientación relacionada a un programa u organización, consulte su oficina denominacional o su casa publicadora religiosa para los recursos recomendados.

Capítulo ocho

1. Los recursos para cada una de las siguientes categorías están mencionados en la sección: "Recursos para estudios adicionales", al final del libro.

2. William H. Halbert, Jr., *The Ministry of Church Weekday Early Education* (Nashville: Convention Press, 1977), pp. 9-11. Este libro fue uno de los primeros recursos en esta área de ministerio.

3. Ibíd., pp. 12-14.

4. El libro de Halbert provee información relacionada a estas preguntas. Hay información adicional en *Church Weekday Early Education Director's Guide* de William H. Halbert Jr. (Nashville: Convention Press, 1972); y en *Church Weekday Early Education Administrative Guide* de Robert A. Couch (Nashville: Convention Press, 1980).

5. John LaNoue, *Day Camping Director's Guide* (Nashville: Convention Press, 1985), p. 1.

6. Richard Ross, *Youth Ministry Council Guidebook* (Nashville: Convention Press, 1987). Este folleto provee información práctica relacionada con el concilio de jóvenes.

7. Ann Alexander Smith, *How to Start a Single Adult Ministry* (Nashville: The Sunday School Board of the Southern Baptist Convention, 1980), pp. 23, 24.

Capítulo nueve

1. Nancy T. Foltz, "Overview of Religious Education en the Small Membership Church", en *Religious Education in the Small Membership Church* (Birmingham: Religious Education Press, 1990), p. 8.

2. Ibíd., p. 17.

3. Donald L. Griggs y Judy McKay Walter, *Christian Education in the Small Church* (Valley Forge: Judson Press, 1988), p. 17.

4. D. Campbell Wyckoff, "Curriculum in the Small Membership Church", en Foltz, *Religious Education*, p. 181.

5. Carolyn C. Brown, *Developing Christian Education in the Smaller Church* (Nashville: Abingdon, 1982), p. 91.

6. Ibíd., p. 33.

7. Griggs y Walther, *Christian Education*, p. 27.

8. Pamela Mitchell, "Educational Ministry, the CCD, and the Sunday School", en Foltz, *Religious Education*, p. 83.

9. Ibíd.

10. Bob I. Johnson, "Lay Religious Leadership and the Planning Process: Volunteers", en Foltz, *Religious Education*, p. 139.

11. Foltz, *Religious Education*, p. 14.

12. Brown, *Developing Christian Education*, p. 37.

13. Ibíd., pp. 37, 38.

14. Lyle E. Schaller, en el libro de Douglas V. Johnson *The Care & Feeding of Volunteers* (Nashville:

Abingdon Press, 1978), p. 8. (También Bob I. Johnson, "Lay Religious Leadership", en Foltz, *Religious Education*, p. 142.

15. Brown, *Developing Christian Education*, p. 47.

16. Ibíd., p. 51.

17. Ibíd., p. 54.

18. Ibíd.

19. Ibíd., p. 40.

20. Una planilla para evaluar los materiales de currículo está incluida en el capítulo 7: "Administrando las organizaciones educativas de la iglesia".

21. Griggs y Walther, *Christian Education*, p. 78.

22. Brown, *Developing Christian Education*, p. 43.

23. Wyckoff. "Curriculum", en Foltz, *Religious Education*, p. 182.

24. Ibíd., p. 182.

25. Ibíd.

26. David R. Ray, *The Big Small Church Book* (Cleveland: The Pilgrim Press, 1992), p. 87.

27. Griggs y Walther, *Christian Education*, p. 70.

Capítulo diez

1. Ver Robert J. Havinghurst, *Developmental Tasks and Education* (New York: Longmans, Green and Company, 1952), p. 5.

Capítulo doce

1. Ver *The Ante-Nicene Fathers, Translations of the Writings of the Fathers down to A.D. 325*, A. Roberts y J. Donaldson, ed. (Grand Rapids, Mich.: Wm. B. Eerdmans Publishing Company, reprinted 1979-1989), vols. 1-10.

2. *Luther's Large Catechism*, J. N. Lenker, trads. (Minneapolis, Minn.: Augsburg Publishing House, 1967).

3. Elizabeth O'Connor, *Journey Inward, Journey Outward*. (New York: Harper and Row, 1968).

Capítulo trece

1. Adaptado de Henry Mintzberg, *The Structure of Organizations* (Englewood Cliffs, N.J.: Prentice Hall, 1979).

2. Adaptado de Alan C. Filley, *Inter-Personal Conflict Resolution* (Glenview, Ill.: Scott, Foresman, 1975).

Capítulo quince

1. Los materiales para el desarrollo del liderazgo están disponibles a través de librerías religiosas y editoriales denominacionales. Para una guía adicional en el entrenamiento de liderazgo, ver el capítulo 10: "Entrenando a maestros y líderes".

2. Para información adicional, ver el capítulo 5: "Cómo organizar y coordinar".

3. Ver los precedentes bíblicos para tales celebraciones conjuntas (1 Crón. 29:9-20; 2 Crón. 6:1—7:10; Hech. 11:1-18; 21:17-20a).